Georg Markus

*Neues von Gestern*

# GEORG MARKUS

## Neues von Gestern

GESCHICHTEN MIT GESCHICHTE

Mit 59 Abbildungen

AMALTHEA

*Bildnachweis (für den Fototeil):*

Deutsches Literaturarchiv Marbach, Heeresgeschichtliches Museum Wien, Privat-archiv Dreihann-Holenia/Repro: Markovsky, Privatarchiv Hörbiger/Repro: Gerhard Bartl, Joseph Kriehuber, Ruth Deutschmann, Weco, UPI, Viennareport, AP, Eli-sabeth Hausmann, EPA-Foto Martin Keene, Simone Rethel, Privatarchiv Karl Matysik, Frank G. Quade, Archiv David Axmann, Donauland, A. Blumenthal, Rosy-Press Berlin, Kövesdi, Österreichische Nationalbibliothek, Votava, Sammlung Robert Dachs, Jüdisches Museum der Stadt Wien, Wien Museum, KURIER-Archiv, Privatarchiv des Autors.

Rechteinhaber von Abbildungen, die nicht geltend gemacht werden konnten, wer-den gebeten, sich wegen eventueller Ansprüche an den Amalthea Verlag Wien zu wenden.

Besuchen Sie uns im Internet unter:
http://www.amalthea-verlag.de

Umschlaggestaltung: Wolfgang Heinzel, München
Umschlagillustrationen: Stephan Boroviczeny (Foto von Georg Markus)
und Imagno/Austrian Archives (Café Central in Budapest, 1910)
Herstellung und Satz: VerlagsService Dr. Helmut Neuberger
& Karl Schaumann GmbH, Heimstetten
Gesetzt aus der 12,5/17 Punkt Goudy
Druck und Binden: Bercker, Kevelaer
Printed in Germany
ISBN 3-85002-519-5

*Meiner Frau Daniela*
*in Liebe*

# INHALT

# Neues von Forschern, Pionieren und Lebenskünstlern

◆

# Neues aus der Kriminalgeschichte

◆

# Neues von berühmten Dauergästen

◆

# Neue Typen und alte Originale

◆

# Neues von prominenten Hundertjährigen

9

◆

## Neue Musik aus alten Zeiten

◆

# Neue Porträts aus alten Zeiten

◆

# Neues aus der alten Donaumonarchie

◆

## Neues & Kurioses aus alten Zeiten

◆

## Neues Altes aus dem Hause Habsburg

◆

## Neues aus letzten Stunden

◆

# Eine neue Begegnung, die nicht stattfand

# GESTERN IST HEUTE

## Vorwort

Was kann denn neu sein, wenn man von Gestern schreibt? Erstaunlich vieles. Denn die Geschichte bleibt nicht stehen an jenem Tag, an dem sich etwas Außergewöhnliches, auch spätere Generationen Bewegendes ereignet. Neue Erkenntnisse kommen hinzu, aktuelle Begebenheiten rücken historische Stunden ins Heute. Wenn, um ein Beispiel zu nennen, neunzig Jahre nach Sarajewo die Rückgabe jenes Autos bei Gericht eingeklagt wird, in dem Erzherzog Franz Ferdinand und seine Frau Sophie erschossen wurden – dann wird ein Stück Geschichte lebendig.

Noch dazu, wenn sich zu den damaligen Geschehnissen neue, bisher unbekannte Dokumente finden – wie im vorliegenden Fall die Aufzeichnungen des Grafen Harrach, der nicht nur der rechtmäßige Besitzer des Fahrzeugs, sondern auch Kronzeuge des Attentats war. Stand er doch auf dem Trittbrett des Wagens, nur wenige Zentimeter von den beiden Mordopfern entfernt, als die Schüsse fielen, die das 20. Jahrhundert verändern und ins Chaos stürzen sollten.

Neues findet sich auch, wenn in Wiens Kunsthistorischem Museum bei Nacht und Nebel die weltberühmte *Saliera* gestohlen wird, man aus diesem Grund dem Lebensweg ihres Schöpfers nachgeht – und dabei herausfindet, dass der geniale Künstler ein mehrfacher Mörder war.

In einem anderen Kapitel berichte ich von acht prominenten Personen, die eines gemeinsam haben: Sie alle wurden mehr als ein-

17

hundert Jahre alt. In den Lebenswegen von Rose Kennedy, »Queen Mum«, Irving Berlin, George Burns, Liane Haid, Francis Lederer, Rosa Albach-Retty und Johannes Heesters findet sich manche Gemeinsamkeit, die vielleicht die eine oder andere Erklärung für das Erreichen ihres Methusalem-Alters liefern mag.

Ziemlich lebendig erschien mir die Geschichte auch, als ich auf Informationen stieß, die besagen, dass eine der berühmtesten Filmmelodien aller Zeiten – das *Harry-Lime-Thema* aus dem *Dritten Mann* – angeblich nicht vom Wiener Heurigenmusiker Anton Karas stammt, sondern von einem Musikalienhändler auf der Alser Straße. Ich ging dem »Fall« ebenso nach wie einem anderen aus der Musikgeschichte: Aus der Korrespondenz zwischen Richard Strauss und einem Gymnasialdirektor geht hervor, dass der Komponist nach dem Zweiten Weltkrieg eine ganze Oper komponiert hat – damit sein Enkelsohn in die nächsthöhere Klasse aufsteigen kann.

Neues zeigt die Geschichte im Fall des amerikanischen Nationalhelden Charles A. Lindbergh, aus dessen Leben jetzt erst Details auftauchten, die alle bisher geschriebenen Biografien auf den Kopf stellen.

Oder wenn man in Sachen Mayerling recherchiert und dabei ausnahmsweise einmal nicht auf die Baronesse Mary Vetsera stößt, sondern auf Mizzy Caspar, die tatsächliche letzte Geliebte des Kronprinzen Rudolf, deren freizügiges Privatleben von Detektiven der Polizeidirektion Wien minuziös durchleuchtet wurde.

In anderen Kapiteln zeigt sich die Geschichte auch von ihrer originellen Seite. So machte ich es mir zur Aufgabe, Österreichs wohl berühmtester Tante auf die Spur zu kommen: der Tante Jolesch. Friedrich Torberg hat ihr ein hinreißendes literarisches Denkmal gesetzt, doch galt es nun ein wenig von der Identität jener Tante zu lüften, die längst zum Synonym für den jüdischen Humor der Zwischenkriegszeit geworden ist.

Ich wusste zwar, um ein weiteres, eher erheiterndes Beispiel zu nennen, dass sich Poldi Waraschitz den Ehrentitel eines »Schnorrerkönigs« redlich und hart erarbeitet hat, doch wurde mir erst dreißig Jahre nach seinem Tod ein Manuskript zugespielt, in dem er die Geheimnisse seines einst vielbeachteten Schnorrerdaseins kundtat.

Zu guter Letzt hat es das Schicksal zugelassen, dass ich drei Monate vor seinem Tod Gelegenheit hatte, mit Österreichs großem Kirchenfürsten, Franz Kardinal König, ein ausführliches, sehr persönliches Gespräch zu führen. Der langjährige Erzbischof von Wien erinnert sich an sein 98 Jahre währendes Leben, er kommt in dem Kapitel aber auch auf die geheimnisvolle Welt des Vatikans, auf sein hohes Alter und auf das Abschiednehmen zu sprechen. Schließlich verrät er noch manch interessantes Detail aus dem Konklave, an dem er bei drei Papstwahlen teilgenommen hat.

Neben den bisher beschriebenen Kapiteln findet sich auch Neues/Altes aus der Welt des Theaters und der Liebe, aus dem Kaiserhaus, der Kriminalgeschichte, von Forschern, Pionieren und Lebenskünstlern, von Typen und Originalen. Ein Bericht befasst sich schließlich mit jenen Ländern, die bis 1918 Teil der Donaumonarchie waren und seit kurzem – durch ihren Beitritt zur Europäischen Union – wieder in enger Verbindung mit Österreich stehen.

Zwei tragische Abschnitte sind Anne Frank und ihrem Tagebuch sowie dem Leben und Sterben des großen Tenors Joseph Schmidt gewidmet.

Deren Schicksale hätten ganz anders verlaufen können, wäre es tatsächlich zu dem fiktiven Treffen gekommen, das im letzten Kapitel beschrieben wird: Adolf Hitler begibt sich in Sigmund Freuds Ordination in die Wiener Berggasse.

Dieses Buch will aufzeigen, dass es in der Geschichte nicht um trockene Daten aus fernen Zeiten geht, sondern um die Lebenswege vieler einzelner Menschen. Und damit um unsere eigene Vergangenheit, um das Geschehen, das ins Heute führt.

Gestern ist heute.

GEORG MARKUS
Wien, im Juli 2004

# Neues vom süssen Wiener Mädel

# DAS SÜSSE MÄDEL ...

*... und was aus ihm wurde*

Wir schreiben das Jahr 1887. Die Christlichsoziale Partei wird gegründet, Katharina Schratt erhält aus den Händen des Kaisers das Dekret für den Titel »Hofschauspielerin«, und auf der Ringstraße wird das Maria-Theresia-Denkmal fertig gestellt. In den ersten Septembertagen dieses Jahres spaziert Arthur Schnitzler an eben diesem Denkmal vorbei, über die noch in Bau befindliche Prachtstraße im Zentrum der Haupt- und Residenzstadt. Da kommt ihm eine bildhübsche junge Frau entgegen, deren erotische Ausstrahlung ihn fesselt. Er spricht sie an – und hat damit, ohne es vorhersehen zu können, das »süße Wiener Mädel« geschaffen.

Die junge Dame heißt Jeanette Heeger und sollte zum Prototyp eines völlig neuen Frauentyps werden, der eine ganze Epoche prägen wird.

Jeanette jedenfalls geht sofort freudig auf den Flirtversuch des 25-jährigen Dichters ein, sie zeigt jene spontane, natürliche Herzlichkeit, die ihn dazu verleitet, sie näher und intim kennen lernen zu wollen.

Jeanette wohnt mit ihren vier Geschwistern in äußerst bescheidenen Verhältnissen in der Vorstadt, von der aus sie jeden Tag ins Zentrum kommt, um hier Stickereiarbeiten im Auftrag eleganter Modegeschäfte auszuführen. Zwischen ihr und Schnitzler entwickelt sich nun eine leidenschaftliche Affäre, die zwei Jahre anhalten wird. Natürlich bleibt sie, wie es sich für ein süßes Mädel gehört, nicht die einzige Geliebte des Dichters. In einer Tagebucheintragung teilt Schnitzler jede seiner gerade aktuellen Freundinnen als »Symbol für was anderes« ein: Olga (Waissnix) steht in seinem Liebesleben für die »Grande Passion«, Fifi ist »die Behaglichkeit«, Jenny und Mimi »die Leichtlebigkeit«, Fännchen »die Jugendliebe – also gewiss nicht die Liebe«, »Dilly« (Adele Sandrock) ist für ihn »die Sensation, eine Berühmte zu besitzen« und Mizzi »die wahre Liebe«.

Für Jeanette Heeger bleibt nur ein Wort: »Sinnlichkeit«.

Fast jedes erotische Abenteuer, das Schnitzler durchlebt, wird in die Literaturgeschichte eingehen, so auch die Affäre mit Jeanette. So wie Adele Sandrock für die Männer verzehrende Schauspielerin im *Reigen* Pate stand und die Wiener Nobeldirne Mizzi Veith für seine *Komtesse Mizzi*, so wurde die Heeger zum Vorbild für das »süße Mädel«, wobei er den Ausdruck zum ersten Mal in seinem Einakter-Zyklus *Anatol* verwendet.

»Nach einer Nacht mit Jeanette«, erinnert sich Schnitzler später, »war es, dass ich dieses Schmeichelwort vom süßen Mädel erstmals in mein Tagebuch schrieb, ohne zu ahnen, dass es bestimmt war, einmal gewissermaßen literarisch zu werden.«

Geburtsort und -stunde des wienerischen Pendants zur Pariser Grisette waren kein Zufall. Die Vorstädte der Haupt- und Residenzstadt verschmolzen in jenen Tagen der Wende vom 19. zum 20. Jahrhundert mit den inneren Bezirken, nachdem der Kaiser den Linienwall hatte niederreißen lassen. Der Wegfall der Stadtmauer, der Bau der Ringstraße und das gleichzeitige Einsetzen des industriellen Zeitalters gaben den unterschiedlichen Klassen die Möglichkeit, einander nahe zu kommen. Sicher, Affären zwischen Grafen und Stubenmädeln hat es auch im Biedermeier schon gegeben, jetzt aber fand das romantische Treiben über die Grenzen der ungleich Geborenen hinaus auf breitester Basis statt.

Die süßen Mädeln kommen also neuerdings, ohne die unüberwindlich scheinende Stadtmauer passieren zu müssen, in die City und sehen dort zum ersten Mal seit Menschengedenken die Möglichkeit, am Wohlstand teilhaben zu können.

Umgekehrt erkennen die jungen Leutnants, Assistenzärzte und Rechtsanwaltsanwärter – teils adliger, teils bürgerlicher Herkunft –, dass diese entzückenden Wesen in ihrer ganzen Anmut und Freizügigkeit viel eher ihren erotischen Vorstellungen entsprechen als die verzopften Damen aus »gutem Hause«, deren sexuelle Aktivitäten tunlichst erst nach Eheschließung erfolgen sollen.

Die meist ziemlich laszive Bühnendarstellung des süßen Mädels tat dann ihr Übriges, um den Reiz zu fördern, ein solches Wesen »besitzen« zu dürfen. Zwei fremde Kulturen, Groß- und Kleinbürgertum, stießen aufeinander, das Neue, Verbotene entpuppte sich für beide Seiten als anziehend, machte das süße Mädel zum Mythos.

Die ersten Begegnungen zwischen den Vorstadtschönen und den Galans aus dem Zentrum fanden da wie dort statt, es gab keinen Heimvorteil. Innerhalb oder außerhalb der Ringstraße, vor einem eleganten Geschäft, in der Hauptallee, beim Heurigen, in der Freudenau. Es ist nicht schwer, miteinander ins Gespräch zu kommen, »Hallo, Fräulein, was machst du in der Stadt? Wie heißt du? Ah, Gusti. Und, hast schon was vor heut' Abend?«

Die reflexartige Abwehr, »Aber Herr Leutnant, warum denn gleich so stürmisch?«, entpuppt sich meist – wie der erfolgsgewohnte Dandy weiß – als nicht wirklich ernst gemeint. Das ist ja das Angenehme bei den süßen Mädeln: Sie müssen auf keine Konventionen achten, sich nicht zieren. Ganz im Gegenteil, sie genießen es, von jungen, attraktiven und angeblich feinen Herren umworben zu sein und mit deren Hilfe dem Geruch ihrer armseligen Kindheit zu entfliehen.

Von der »gnädigen Frau« nach der Beschaffenheit seiner neuesten Eroberung befragt, definiert Schnitzlers Anatol das süße Mädel so: »Es ist nicht faszinierend schön, es ist nicht besonders elegant – und es ist durchaus nicht geistreich. Aber es hat die weiche Anmut eines Frühlingsabends und die Grazie einer verzauberten Prinzessin und den Geist eines Mädchens, das zu lieben weiß.«

Ja, ein Mädchen, das zu lieben weiß, das ist das Um und Auf – wobei sich der Ort des Tête-à-têtes als zweitrangig erweist. Bei Schnitzler erfahren wir, dass die süßen Mädeln ihre Verehrer nicht nur in deren elterlichen Stadtpalais oder im Chambre separée trafen, sondern dass diese auch zu ihnen in die Vorstadt kamen. Anatol beschreibt die Behausung einer in ihren eigenen vier Wänden beglückten jungen Dame: »Ein kleines dämmriges Zimmer – so klein – mit gemalten Wänden – und noch dazu etwas zu licht – ein paar alte schlechte Kupferstiche mit verblichenen Aufschriften hängen da, und dort – eine Hängelampe mit einem Schirm. Vom Fenster aus, wenn es Abend wird, die Aussicht auf die im Dunkeln versinkenden Dächer und Rauchfänge! Und – wenn der Frühling kommt, dann wird der Garten gegenüber blühen und duften.«

So also liest sich die poetische Verfälschung des Wortes Bassenawohnung.

Derlei Kleinigkeiten stellten aber kein Problem dar für einen schnauzbärtigen Verführer, denn das vermeintliche Glück sollte ja ohnehin nur von kurzer Dauer sein. Bald, allzu bald, wurde die kaum noch erblühte Knospe wieder »abgelegt«, es gab ja so viele, die süß und aus Wien und vor allem Mädeln waren.

Vom Ende eines solchen Abenteuers erfährt man zwar bei Schnitzler, selten jedoch aus dem wahren Leben. Einmal fallen gelassen, geschwängert vielleicht, war so eine Frau kein Mädel mehr und schon gar kein süßes, sondern nur noch aus Wien. Besser gesagt, jetzt doch wieder aus der Vorstadt, mit der man ja sowieso nie etwas zu tun haben wollte.

Ein paar Jahre nach der Trennung von Jeanette wird Schnitzler hinterbracht, dass sie in die Demimonde abgesunken, also eine bessere Prostituierte geworden sei. Er sieht sie zufällig auf der Straße und hält die Begegnung im Tagebuch fest: »Geh an ihr, die vor mir ist, vorbei. Sie rief mir nach: ›Arthur! – Du! – Du!‹ Ich ging weiter, ohne mich umzuwenden.«

Ach, wären die Wiener Mädeln doch nicht ganz so süß gewesen, ihr Leben wäre vielleicht glücklicher verlaufen.

# Neues von alten Autos

# DER »GRÄF UND STIFT«
## VON SARAJEWO

*Streit um ein weltberühmtes Auto*

In keinem anderen Auto wurde die Weltgeschichte so nachhaltig
verändert wie in diesem. Das amtliche Kennzeichen »A 111 118«
ist heute noch montiert – und das, obwohl der Motor des *Gräf
& Stift*-Wagens seit dem 28. Juni 1914 nicht mehr angelassen wurde.
Seit jenem Tag also, an dem der Thronfolger Franz Ferdinand und
seine Gemahlin Sophie in der offenen Limousine durch Sarajewo
fuhren. Neunzig Jahre nach den Schüssen, die den Ersten Weltkrieg
auslösten, wurde die Geschichte dieses Autos wieder lebendig. Ein
spektakuläres Gerichtsverfahren ließ das Fahrzeug in den Blickpunkt der Öffentlichkeit geraten.

Die alte Dame empfängt mich auf ihrem Gut im oberösterreichi-
schen Aschach. Alice Dreihann-Holenia ist die Tochter des Grafen
Franz Harrach, dem das Auto von Sarajewo gehörte. Er hatte den
Wagen an jenem schicksalhaften Tag dem Thronfolger zur Verfügung gestellt und stand selbst auf dem Trittbrett, nur wenige
Zentimeter von den beiden Opfern entfernt, als die Todesschüsse
fielen.

Graf Harrach hatte Glück, er überlebte das Attentat des Studenten Gavrilo Princip unverletzt. Und doch konnte er mit seinem
Schicksal nicht fertig werden. Der Schock, neben dem sterbenden
Thronfolger zu stehen, ohne ihn schützen zu können, hatte sich tief
in seine Seele gebrannt. Franz Harrach hat das Erlebte aufgeschrie-

ben, doch blieben die Aufzeichnungen des Tatzeugen bisher unver-
öffentlicht. Seine Tochter ließ mich erstmals Einblick nehmen.

»Bin unverletzt. Franz.« Das waren die erlösenden Worte, auf die
seine Familie sehnsuchtsvoll gewartet hatte. Das erste Telegramm
nach dem Attentat traf noch am Abend des 28. Juni 1914 in Karlsbad ein, wo seine Frau gerade auf Kur weilte. »Man muss sich vorstellen, wie groß die Sorge in meiner Familie war, als die Schre-
ckensmeldung aus Sarajewo kam«, erklärte mir Graf Harrachs bald
neunzigjährige Tochter. »Das ahnte mein Vater natürlich, und deshalb hat er meiner Mutter auch sofort in die böhmische Sommer-
frische telegrafiert.«

Ihr Vater war ein enger Freund des Thronfolgers, setzte die Baronin Alice Dreihann-Holenia ihre Erzählung fort, »und das war auch
der Grund, warum er ihm das Auto zur Verfügung stellte, als dieser
durch Sarajewo fuhr«. Harrachs Name ist in jeder Franz-Ferdinand-
Biografie erwähnt, weil er das Leben des Thronfolgers schützen wollte, indem er ihn mit seinem eigenen Körper abzudecken versuchte.
Da der Graf auf dem linken Trittbrett unmittelbar vor Franz Ferdinand stand, die Kugeln des Mörders jedoch von rechts kamen,
schlug sein heldenhaftes Verhalten fehl.

Franz Harrach war ein wohlhabender Mann. Er besaß mehrere
Schlösser in Mähren, ein Stadtpalais in Wien und das Gut in
Aschach. Sein berühmtester Besitz ist aber der *Gräf & Stift*-Wagen,
in dem sich die Geschichte des 20. Jahrhunderts auf dramatische
Weise verändern sollte.

Rund neun Jahrzehnte nach dem Attentat ist um das historische
Gefährt ein heftiger Rechtsstreit entbrannt. Während seine Tochter
die Rückgabe des Wagens fordert, weigert sich die Republik Österreich, diesen dem Heeresgeschichtlichen Museum zu entziehen.

Der 32 PS starke, durch mehrere Einschusslöcher beschädigte Vierzylinder, Jahrgang 1910, wurde wenige Wochen nach dem Mordanschlag in das Wiener Heeresmuseum gebracht, als dessen Prunkstück er seither zu besichtigen ist. Auf einer vor dem Auto aufgestellten Tafel ist bis heute nachzulesen, dass der Wagen dem Thronfolger auf seiner Fahrt durch Sarajewo vom Grafen Harrach »zur Verfügung gestellt« worden war.

Demnach ist unbestritten, dass Harrach zum Zeitpunkt des Attentats der rechtmäßige Eigentümer des Fahrzeugs war. Unterschiedlich sind nur die Ansichten darüber, was danach geschah. Während die Republik Österreich davon ausgeht, dass Harrach das Auto dem Kaiser schenkte, wird dies von Franz Harrachs Tochter bestritten: »Mein Vater hat das Auto, nachdem die Spurensicherung abgeschlossen war, leihweise dem Kaiser Franz Joseph überlassen, der es für Ausstellungszwecke an das Heeresmuseum weiterreichte.«

Tatsächlich gibt es keinen Beleg dafür, dass Harrach das Fahrzeug je verschenkt oder verkauft hätte. Das Museum konnte dem Gericht lediglich einen Brief des Feldzeugmeisters Oskar Potiorek vorlegen, dem zu entnehmen ist, dass der *Gräf & Stift* »vom Besitzer Franz Graf Harrach Seiner Majestät zur Verfügung gestellt« und vom Kaiser »dem k. u. k. Heeresmuseum einverleibt wurde«.

»Von einer Schenkung kann keine Rede sein«, erklären Ludwig Draxler und Partner, die Rechtsanwälte der Klägerin. »Herr Potiorek (er war Landeschef von Bosnien-Herzegowina, Anm.) konnte nicht über ein Auto verfügen, das ihm gar nicht gehörte.«

Die in ihren Augen unkorrekte Beweisführung ist der Grund dafür, dass sich die Anwälte, nachdem das Verfahren sämtliche österreichische Instanzen durchlaufen hatte, an den Europäischen

Gerichtshof in Straßburg wandten, wo das Verfahren zurzeit anhängig ist*.

Die Frage liegt nahe, ob der Fall – neunzig Jahre nach Sarajewo – nicht längst verjährt ist.

»Nein«, erklären die Anwälte, »Eigentum kann nicht verjähren. Die Klägerin bzw. ihr Vater haben nie auf das Fahrzeug verzichtet, es war dem Kaiser 1914 auf unbestimmte Zeit überlassen und von diesem dem Museum übergeben worden, weshalb es bisher auch nie einen Grund für eine Klage gegeben hat. Dies geschah erst, als sich das Museum weigerte, der Baronin Dreihann-Holenia den Wagen auf deren Anfrage rückzuerstatten.«

Sie hatte vorerst einen Brief an das Verteidigungsmuseum gerichtet, »in dem es uns nicht darum ging, den Besitz des Autos einzufordern«, erklärt Nikolaus Dreihann-Holenia, der Sohn der Klägerin. »Wir wollten nur die Eigentumsverhältnisse klarstellen und hätten es auch weiterhin als Ausstellungsstück zur Verfügung gestellt. Erst als Ministerium und Museum uneinsichtig reagierten, gingen wir zu Gericht.«

Dass auf dem Wagen heute noch die amtlichen Kennzeichen »A 111 118« montiert sind, werten die Anwälte als weiteres Indiz dafür, dass Franz Harrach, so lange er lebte, der rechtmäßige Eigentümer der Limousine war, »sonst wären ihm die Nummerntafeln entzogen worden«.

Für Manfried Rauchensteiner, den Direktor des Heeresgeschichtlichen Museums, das den Wagen seit Jahrzehnten beherbergt, handelt es sich »um das bei weitem bedeutendste Fahrzeug der Geschichte des 20. Jahrhunderts. Schließlich hat der Tod des

* Stand bei Manuskriptschluss dieses Buches im Juli 2004

Thronfolgers in diesem Wagen indirekt zwei Weltkriege ausgelöst«. Aus seiner Sicht ist »völlig klar, dass dieses Auto Eigentum der Republik Österreich ist und nirgendwo anders hingehört als in das Heeresgeschichtliche Museum«.

Letztlich führte mich der Prozess um das Auto zu den bisher unveröffentlichten Aufzeichnungen des Kronzeugen Franz Harrach, der sich – als ihm nach dem Attentat die Tragweite des Erlebten fassbar zu werden begann – in einem vier Seiten langen Brief an seine Frau die seelische Belastung von der Seele schrieb. Es ist ein berührendes Dokument, zumal niemand sonst dem tragischen Geschehen so nahe war wie der Aristokrat, dessen Erinnerungen in den zahlreichen einander widersprechenden Zeugenaussagen besonderes Gewicht haben:

»Liebster Schatz«, schreibt er, »unter dem Drucke des Entsetzlichsten, was Menschenphantasie sich bilden kann, schreibe ich dir, gedrückt von dem Gedanken, selbst unberührt geblieben zu sein. Wo man hinsah, krachte etwas, Kapsel, Bombe … es war ein gesperrtes Jagen, es gab kein Entrinnen mehr, die Würfel waren gefallen. Sie waren Helden als Fürsten und als Menschen. Sie starben in Ausübung ihres Berufes, ihrer Pflicht, und als sich vor den zwei Särgen die Fahrer neigten, wenn das Volk, das arme, aufschrie in einem einzigen großen Schrei, der sich mit Elementargewalt zum Himmel erhob, da dachte ich im Herzen: Ihr großen Helden seid nicht ganz umsonst als Opfer eures Vaterlandes geschlachtet worden, nein!«

Nach diesen einleitenden Worten schildert Franz Harrach den Tathergang: »Sie (die Frau des Thronfolgers, Anm.) sagte zu ihm, als sie beide die Schüsse trafen: ›Um Gotteswillen, was ist dir geschehen?‹, sank auf ihre Knie, mit dem Gesicht auf seinen Knien, und es

*Sarajewo, 28. Juni 1914: Attentäter Princip schießt auf Sophie und Franz Ferdinand.*
*Graf Harrach (2. von rechts) steht auf dem linken Trittbrett seines Wagens*
<small>REKONSTRUKTION DES TATHERGANGS</small>

war vorbei. Aus seinem Munde spritzte sofort ein dünner Blutstrahl auf meine Backe, er wurde steif mit aufgerissenen Augen und sagte, die Hände auf ihren Schultern: ›Sopherl, stirb mir nicht, bleib mir für die Kinder.‹ Ich hielt ihn am Kragen und sagte: ›Kaiserhoheit müssen furchtbar leiden.‹

Er sagte: ›Oh nein, es ist nichts.‹ Dann murmelte er weiter, schwieg, worauf Blutröcheln begann, das mit einem Blutsturz endete. Erst nach ca. zehn Minuten starb er. Ihre Kugel hatte die Karosserie durchbohrt, riss ein Stücklein Rosshaar mit in die Seitenwände, die Kugel traf die Bauchschlagader bis etwa zur Halsschlagader.«

Im nächsten Absatz schildert Harrach die Chronologie der Ereignisse: »Beim ersten Attentat\* sauste mir die Bombenkapsel um die

---

\* Tatsächlich wurde unmittelbar vor dem Schussattentat ein Bombenanschlag auf die Wagenkolonne verübt, den Franz Ferdinand und Sophie noch unverletzt überlebt hatten.

Ohren. Der Effekt der Bombe, die von unserem zusammengelegten Dache hinabfiel, dank Loykas* verblüffender Geistesgegenwart, der sofort Vollgas gab, war verheerend. Im 2. Stocke waren die Fensterkreuze eingedrückt ...«

Für Franz Harrach war »alles wie ein böser Traum. Heute** erwachte ich und frag: Ist es möglich? Kann es wahr sein? Wenn man das erlebt hat und Freund und Patriot ist, so ist einem da drinnen etwas gebrochen, was nimmer zu picken ist, wenn man Hass und Neid betrachtet ..., als dann wird man sich fragen: Wozu lebe ich noch? Wozu sind die Großen gestorben, wenn auf dem mit ihrem Blute getränkten Acker Zwietracht und Hass gesät wird. Es umarmt dich«, endet der Brief, »dein vernichteter Gatte.«

Franz Harrach sollte den Weltkrieg, den die beiden, auf seinen Wagen gezielten Schüsse auslösten, in seiner vollen Tragweite miterleben. Er starb im Mai 1937. Womit ihm wenigstens der zweite, letztlich ebenfalls durch die Folgen des Attentats ausgelöste Krieg, erspart blieb.

Sein Erbe ging an dessen Tochter Alice Dreihann-Holenia über.

---

* Leopold Loyka war Franz Harrachs Chauffeur, der dem Thronfolgerpaar auf der Fahrt durch Sarajewo zur Verfügung stand.
** am 3. Juli 1914

# DER LETZTE WAGEN DES LETZTEN KAISERS

*Kaiser Karl verleiht sein Auto*

So weit mir bekannt ist, liegt keine Schätzung über den wahren Wert des *Gräf & Stift*-Wagens vor, in dem der Thronfolger und seine Frau starben. Wie viel bei dem Gerichtsstreit aber auf dem Spiel steht, zeigt der Vergleich mit einem anderen Automobil von historischer Bedeutung: Der in den letzten Jahren der Monarchie im Besitz von Kaiser Karl befindliche Wagen, ebenfalls ein *Gräf & Stift*, ist auf rund vier Millionen Euro versichert. Es ist anzunehmen, dass das Auto, in dem Franz Ferdinand und Sophie ermordet wurden – schon wegen seines dramatischen Anteils an der Weltgeschichte –, einen noch viel höheren Preis erzielen würde, doch erscheint mir eine kleine Geschichte des Hofwagens von Kaiser Karl nicht minder erwähnenswert.

Anton Kuh forderte in der noch jungen Ersten Republik, dass das letzte Hofauto des letzten Kaisers in einem Museum mit dem Titel »Altösterreich« nebst anderen Kuriosa und Denkwürdigkeiten der k. u. k. Monarchie ausgestellt werden sollte. Zumal der Kaiserwagen ein Sinnbild »für die liebenswürdige Form des österreichischen Zusammenbruchs« sei.

Die Geschichte ereignete sich in den letzten Tagen der Donaumonarchie, Anfang November 1918. Victor Adler, der Führer der österreichischen Sozialdemokratie, litt an Herzschwäche, Asthma und Wassersucht, seine angeschwollenen Beine mussten mehrmals täglich bandagiert werden. Obwohl der einstige Armenarzt ganz offensichtlich am letzten Wegstück seines Lebens angelangt war, erlaubte es ihm die Staatskrise nicht, sich zurückzuziehen. Hier eine Besprechung mit dem k. u. k. Außenminister, da vermittelnde Worte mit revolutionären Gruppierungen, in Schönbrunn fast täglich eine Unterredung mit dem Kaiser.

Der Monarch, der in den Gesprächen mit Victor Adler die letzte Chance zur Rettung seines sechshundert Jahre alten Reichs sah, bemühte sich, dem todkranken Mann die Koordination seiner vielen Termine zu erleichtern.

»Ich lasse Sie heute Nachmittag mit dem Wagen aus der Stadt holen«, bot Kaiser Karl dem Führer der Sozialdemokraten an, »und später wird Sie der Chauffeur wieder nach Hause bringen.«

Victor Adler schüttelte seinen Kopf und blieb verlegen vor dem Monarchen stehen. »Das wird nicht gehen«, erklärte er.

»Ja, warum denn nicht?«, fragte Karl.

»Majestät, heute kommt mein Bub aus der Strafanstalt Stein zurück …, ich wollte ihn von der Bahn abholen.«

»Der Bub«, das war Friedrich Adler, Victor Adlers Sohn, der vier Jahre zuvor den k. u. k. Ministerpräsidenten Karl Graf Stürgkh im Hotel *Meißl und Schadn* erschossen hatte. Kaiser Karl hatte den zu lebenslanger Haft Verurteilten wenige Tage davor begnadigt.

»Aber das macht doch nichts«, erklärte der Monarch. »Holen Sie ihn mit dem Auto von der Bahn ab und dann kommen Sie zu mir!«

Und so war's dann auch: Victor Adler holte seinen Sohn, den Mörder des Ministerpräsidenten, mit dem »hofgrün« lackierten Wagen des Kaisers von der Bahn ab. Sie fuhren gemeinsam nach Schönbrunn. Und während sein Vater mit Karl I. sprach, wartete der Bub draußen vor dem Schloss im Hofauto.

Eine Woche später wurden sowohl Victor Adler als auch die österreichisch-ungarische Monarchie zu Grabe getragen.

Die Forderung von Anton Kuh, das Auto in ein Museum zu stellen, hat sich freilich erfüllt. Auch wenn das Museum nicht den Titel »Altösterreich« trägt – das Hofauto kann heute in der Wagenburg von Schönbrunn besichtigt werden.

# Neues von Forschern, Pionieren und Lebenskünstlern

# EIN FORSCHER NAMENS HÖRBIGER

## *Der Vater von Paul und Attila*

Der Name hätte auch dann einen guten Klang, wenn seine Söhne keine bedeutenden Schauspieler geworden wären. Natürlich kann er's mit der Berühmtheit von Paul und Attila nicht aufnehmen, aber das Leben des Hanns Hörbiger ist so interessant, dass man ihn nicht nur als Vater in Erinnerung behalten sollte. Hanns Hörbiger wurde durch zahlreiche Patente und Erfindungen bekannt, vor allem aber durch die von ihm entwickelte »Welteislehre«.

So wie es seine beiden berühmten Söhne einem Zufall verdanken, in Budapest zur Welt gekommen zu sein, so wurde auch Hanns Hörbiger 1860 eher zufällig in Wien geboren. Seine Vorfahren stammten allesamt aus Tirol, genau genommen aus der Wildschönau, in der es heute noch die dreihundert Jahre alte Jausenstation *Hörbig* gibt – deren Name sich vom Wort Herberge ableitet.

Hanns kam als lediges Kind zur Welt und musste als junger Mann mit ansehen, wie schwer es seine Mutter Amalia Hörbiger hatte, allein für den gemeinsamen Lebensunterhalt zu sorgen. Von seinem Vater wusste er nur so viel, dass er Leeb hieß. Und dieser Umstand führt uns auch schon zu einer Geschichte, die ein Schlaglicht auf Hanns Hörbigers Persönlichkeit wirft.

Besagter Herr Leeb hatte sich als Orgelschnitzer in der Kirche von Alt-Lerchenfeld in die Tochter des Orgelbauers Alois Hörbiger verliebt. Diese erwartete bald einen Sohn, den sie Hanns nannte. Freilich war Herr Leeb bei dessen Geburt schon über alle Berge.

Und deshalb entschloss sich Hanns Hörbiger, als er mit 18 Jahren die Maschinenbauschule absolviert hatte, seinem Vater auf die Spur zu kommen. Er fand heraus, dass dieser mittlerweile in Frankreich lebte und machte sich, völlig mittellos, wie er nun einmal war, von Wien aus auf den Weg nach Paris.

Und zwar zu Fuß!

Nach wochenlangem Marsch endlich in der Metropole an der Seine angekommen, fragte sich Hanns Hörbiger so lange durch, bis er herausgefunden hatte, in welchem Café ein Orgelschnitzer namens Leeb sein Frühstück einzunehmen pflegte. Er betrat das Lokal, erkundete beim Kellner, wer die bewusste Person sei, ging auf den Tisch zu und sagte zu seinem leiblichen Vater: »Pardon, Monsieur, ist an Ihrem Tisch noch ein Platz frei?«

Papa Leeb antwortete: »Oui, Monsieur«, und sein Sohn setzte sich. Dann las Leeb in seiner Zeitung weiter. Hanns beobachtete seinen Vater, nahm unterdessen eine Tasse Kaffee zu sich und verabschiedete sich nach einer Viertelstunde. Dann ging's zurück nach Wien.

Wieder zu Fuß!

Abgesehen von der Frage nach der freien Sitzgelegenheit hat Hanns Hörbiger sein Leben lang kein Wort mit seinem Vater gewechselt, er hat ihn auch nie wieder gesehen. Und Herr Leeb hat nie erfahren, dass er einmal mit seinem Sohn an einem Tisch gesessen ist.

Nach Wien zurückgekehrt, inskribierte der junge Mann an der Technischen Hochschule. Als aber ein wohlhabender Onkel, der ihm das Studium finanzieren wollte, über Nacht am Spieltisch sein Geld verlor und Hörbiger ihn im Armenhaus *Zum Blauen Herrgott* wieder fand, musste der Maturant frühzeitig ins Berufsleben treten.

Und er nahm einen außergewöhnlichen Weg. Vorerst technischer Zeichner bei einem Dampfmaschinenhersteller, wurde bald seine besondere Begabung erkannt, so dass man ihn als Konstrukteur in die *Erste Brünner Maschinenfabrik* holte. Er setzte völlig neue Maßstäbe, die 1894 zur bahnbrechenden Erfindung des ersten reibungsfrei geführten Plattenventils für Pumpen und Kompressoren führte. Hanns Hörbiger war aber auch maßgeblich an der Konstruktion der Budapester U-Bahn beteiligt, wobei der Aufenthalt der Familie während der Planungsarbeiten auch der Grund dafür war, dass seine Söhne Paul und Attila in Budapest zur Welt kamen.

Die weltweiten Patentrechte des *Hörbiger-Ventils* machten Hanns Hörbiger wohlhabend, bekannt wurde er freilich durch die von ihm entwickelte Welteislehre.

Hanns hatte schon als dreizehnjähriger Realschüler sein Bett in den Garten geschoben, um dort mit großer Begeisterung »Himmelsbeobachtungen« anzustellen. Später gelangte er durch Forschungen zu der Auffassung, dass eine riesige Eisschicht der Ursprung unserer Erde gewesen sei. Eine Kollision von Heiß und Kalt hätte demnach eine Explosion hervorgerufen, die die Bildung der Sonne und anderer Planeten zur Folge hatte. Alles irdische Leben, schloss Hanns Hörbiger in seiner Welteislehre, stammte aus dem All.

Ich selbst verdanke der Welteislehre die Veröffentlichung meines ersten Buches, nämlich der 1979 erschienenen Memoiren seines Sohnes Paul. Die Vorgeschichte war folgende: Der deutsche Filmregisseur Hans Jürgen Syberberg hatte Hanns Hörbiger in einem

*Club 2* des ORF zum Thema »Hitlers Wurzeln« ins Spiel gebracht. Paul Hörbiger, damals 84 Jahre alt, regte sich über die Unterstellung furchtbar auf und bat mich am Tag danach, die Integrität seines Vaters in einem Zeitungsartikel klarzustellen.

Ich musste nicht lange recherchieren, um Herrn Syberbergs These entkräften zu können. War doch Hanns Hörbiger am 12. Oktober 1931 – also eineinhalb Jahre vor Hitlers Machtergreifung – verstorben. Dass es auch bis dahin keinerlei Berührungspunkte mit den gerade aufkommenden Nazis gegeben hatte, war einem Urteil des Landesgerichts Wien aus dem Jahre 1967 zu entnehmen, in dem ein Schweizer Autor die Behauptung zurücknehmen musste, »Herr Ing. Hanns Hörbiger sei mit nationalsozialistischem Gedankengut in Verbindung zu bringen«.

Richtig ist allerdings, dass sich die Nazis der Hörbigerschen Lehren bedienten und der »Reichsführer-SS«, Heinrich Himmler, dessen Erkenntnisse verfälschte und für seine rassistische Theorie vom »Ahnenerbe« schamlos missbrauchte.

Nach Erscheinen meines Artikels über Hanns Hörbiger hatte sein Sohn Paul Vertrauen zu mir gefasst, weshalb er mich einlud, seine Lebenserinnerungen zu schreiben.

Hanns Hörbigers Theorie, schon zu dessen Lebzeiten ebenso populär wie umstritten, wurde freilich nicht nur von den Nationalsozialisten propagiert. So brachte Egon Friedell die Welteislehre in seiner *Kulturgeschichte der Neuzeit* in einen »unterirdischen Einklang mit der Relativitätstheorie«, und nach dem Krieg sollte sich Werner von Braun – bereits in den USA – als Hörbigers prominentester Fürsprecher erweisen. Immerhin hatte der Vater der bemannten Raumfahrt mit den Kameras der Orbiter-Sonden »Flussläufe festgestellt, die darauf hinzuweisen scheinen, dass sich in einer Tiefe von

10 bis 20 Metern unter der Mondoberfläche ewiges Eis befinde«. Aufgrund dieser Annahme, die Hörbigers Thesen bestätigte, wurde dem Wiener Forscher zu Ehren ein Mondkrater mit dem Namen »Hörbiger« versehen.

Spätere Mondexpeditionen und Satellitenbeobachtungen haben Wernher von Brauns ursprüngliche Vermutung widerlegt, so dass die Welteislehre heute von der Wissenschaft keinerlei Anerkennung findet. Was nichts daran ändert, dass der Mondkrater nach wie vor Hörbiger heißt.

Unbestritten bleibt die andere »Hinterlassenschaft« des Forschers, nämlich dessen vier Söhne. Während Paul und Attila Film- und Theatergeschichte schrieben, gründeten die beiden älteren Söhne Johann und Alfred die *Hörbiger-Ventilwerke* in Wien – heute ein international erfolgreicher Konzern. Alfreds mysteriöser Tod stürzte freilich die gesamte Familie in einen jahrzehntelangen Streit.

Es war im Mai 1945, als Alfred Hörbigers Leichnam in der Nähe von Innsbruck aufgefunden wurde. Bei der Obduktion stellte man eine Vergiftung fest. Würde heutzutage in einem solchen Fall selbstverständlich die Kriminalpolizei ermitteln, fand sich in den ersten Friedenstagen niemand, der die genaueren Todesumstände untersucht hätte. Zu viel Elend war nach Krieg und Nazidiktatur aufzuarbeiten, um jeden einzelnen Fall klären zu können.

Während Paul Hörbiger überzeugt war, dass Alfred ermordet wurde, konnte sein um zwei Jahre jüngerer Bruder Attila diesem Verdacht nichts abgewinnen. Paul ließ nicht locker und beantragte eine zweite Obduktion, deren Ergebnis den Mordverdacht weder bestätigen noch widerlegen konnte.

Dennoch erstattete Paul Hörbiger Anzeige »gegen Unbekannt«. Der Volksschauspieler verdächtigte ein Mitglied der Familie (das, da es nie zu einem Schuldspruch kam, namentlich nicht genannt werden kann – es war aber kein »prominenter Hörbiger«). Ein Prozess folgte dem anderen und verschlang das Vermögen, das Paul Hörbiger sich in Jahrzehnten als Filmstar erarbeitet hatte.

Nach mehr als zehnjähriger Prozessdauer wurde das Verfahren mangels an Beweisen eingestellt. Die genauen Umstände des mysteriösen Todes von Alfred Hörbiger werden wohl für alle Zeiten ein Rätsel bleiben.

Paul und Attila Hörbiger, die bis zu Alfreds Tod in brüderlicher Harmonie verbunden waren, verkehrten während des Streits – über den die Presse in großer Aufmachung berichtete – nur über ihre Anwälte. Wie überhaupt die ganze Familie bis weit über den Abschluss des Verfahrens hinaus zerstritten blieb. Erst im hohen Alter kamen sich die beiden Brüder, hervorgerufen durch ihre gemeinsame Arbeit am Burgtheater, wieder näher.

Hanns Hörbiger blieb die Tragödie seines Sohnes Alfred erspart. Aber auch von jener, eher kuriosen Geschichte, die sich im Zusammenhang mit dem nach ihm benannten Mondkrater ereignete, hat er nie erfahren.

Hier sollte sich ein in Wien oft erzählter Witz bewahrheiten. Sagt eine Kinobesucherin zum Filmoperateur: »Am liebsten hab ich die Filme mit'n *Hörbinger*.«

Der Filmoperateur korrigiert die Besucherin: »*Hörbiger* heißt er.«

Darauf die Besucherin: »Das is der Bruder!«

Den Hintergrund für diesen Witz liefert die Tatsache, dass viele Österreicher die beiden Publikumslieblinge und deren nicht minder berühmten Töchter und Enkel tatsächlich aus unerfindlichen Gründen stets *Hörbinger* nennen. Die Erweiterung um jenes »n«, das der hierorts üblichen Sprachmelodie entgegenzukommen scheint, war nie aus der Welt zu schaffen – man sagt *Hörbinger*, wie man auch *Heester* (statt Heesters) und *Lingens* (statt Lingen) sagt. Unerforscht sind die Eigenheiten des österreichischen Idioms.

Zur Jahrtausendwende, lange nachdem der Hörbiger-Mondkrater seinen Namen erhalten hatte, brachte die NASA eine neue Mondkarte heraus, auf der jeder einzelne Krater fein säuberlich eingezeichnet ist. Von *Archimedes* über *Darwin* bis zum Krater *Galilei*. Doch, als wär's ein österreichischer Witz, steht auf der Karte nicht *Hörbiger*, sondern *Hörbinger*.

So lässt sich der alte Scherz durch einen Druckfehler auf der Mondkarte weit über den Tod des Forschers und den seiner Söhne hinaus nicht aus der Welt schaffen. Oder, wie es in diesem Fall wohl heißen müsste: vom Mond schaffen.

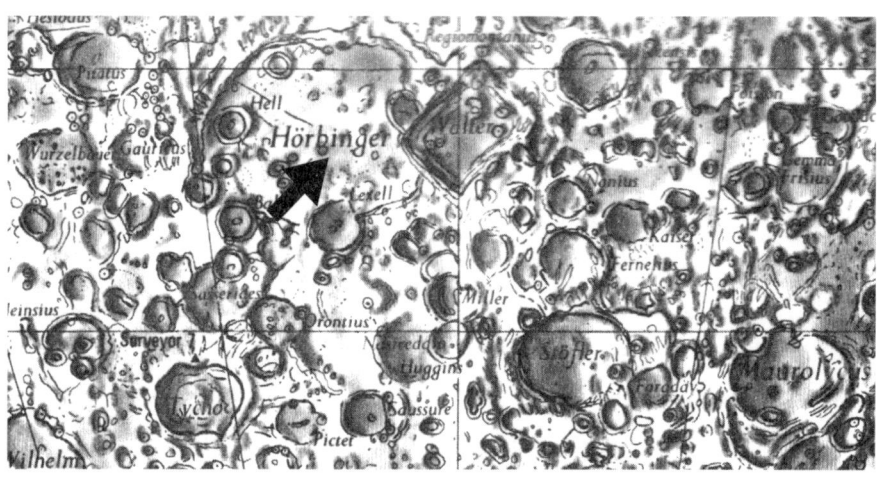

*Auf der offiziellen Mondkarte steht »Hörbinger« statt Hörbiger*

## »RÜCKEN SIE IHRE GLÄSER ZURECHT«

### Die Geschichte der Brille

Einst karikierte man den Grafen Bobby mit Monokel oder Zwicker, um seine Blödheit zu unterstreichen. Der Brillenträger von heute ist weit davon entfernt, als Witzfigur zu gelten. Goethe, Freud und Einstein haben die Welt eines Besseren belehrt: Kurz- oder weitsichtig zu sein, deutet eher auf Belesenheit und Intelligenz als auf das Gegenteil hin.

Sollten Sie, verehrter Leser, zu jenen 52 Prozent der Bevölkerung zählen, die eine »Vorrichtung zum Ausgleich eines Brechungsfehlers der Augen« (so die wissenschaftliche Erklärung) benötigen, dann rücken Sie jetzt Ihre Gläser zurecht. Denn hier erfahren Sie, wie's vor mehr als siebenhundert Jahren zu dieser für uns alle revolutionären Erfindung kam.

Die Habsburger waren gerade erst an die Macht gekommen, damals gegen Ende des 13. Jahrhunderts, als der überwiegende Teil der Bevölkerung weder lesen noch schreiben konnte. Und Analphabeten brauchen keine Brillen.

Das geistige Leben des Mittelalters spielte sich vorwiegend hinter Klostermauern ab, die Ordensleute blieben also Hauptleidtragende des Phänomens, dass die Sehkraft des Menschen etwa mit dem vierzigsten Lebensjahr nachzulassen beginnt. Glas konnte zwar seit langem schon erzeugt werden, doch war man noch nicht in der Lage, es für den optischen Gebrauch zu bearbeiten. Bei den ersten Versuchen wurden daher – neben Quarz und Bergkristall – Halbedelstei-

47

ne verwendet, die *Barille* hießen. Sie gaben der Brille später den Namen.

Diese so genannten »Lesesteine« waren unhandlich, wenig effektiv und konnten sich daher nicht durchsetzen. Kaum aber war das Glas als Sehbehelf entdeckt, fasste ein heute namentlich nicht mehr bekannter Kunsthandwerker aus Murano »zwey Linsen mit gestielten Ringen zusammen, welche Konstruktion man auf die Nase setzen konnte«. So geschehen Anno 1286.

In seinem Roman *Der Name der Rose* beschreibt Umberto Eco, welche Verwunderung der im 14. Jahrhundert lebende Mönch William von Baskerville bei seinen Mitbrüdern auslöste, als er die Bibliothek des Benediktinerklosters betrat und mit Hilfe einer »kleinen zweizackigen Gabel, die zwei dicke mandelförmige Gläser umspannte«, in alten Folianten zu lesen begann: »Die anderen Mönche betrachteten William mit großer Neugier, wagten es aber nicht, ihm Fragen über seine Gläser zu stellen.« Jedenfalls belegt der Chronist, »dass auch ihnen dieses wunderbare Gerät nicht bekannt war«.

Mit diesem »wunderbaren Gerät« war ein Jahrtausende alter Traum Wirklichkeit geworden. Man darf nicht vergessen, dass Gelehrte infolge der Sehschwäche spätestens ab dem fünfzigsten Lebensjahr – so sie dieses Alter überhaupt erreichten – nicht mehr arbeitsfähig waren.

Von Tür zu Tür ziehende »Brillenhausierer« boten nun dem staunenden Volk verschieden geschliffene Gläser an. Und stießen mit ihrem »Werk des Satans« lange Zeit auf Skepsis und Ablehnung. Diese Ur-Brillen wirkten aber auch äußerst komisch, und so wurden die anfangs riesigen Gestelle aus Holz oder Edelmetall zum Gespött der Zeitgenossen. Auch weil das hohe Gewicht der ersten Brillenkonstruktionen zu einer eigenartigen, steifen Kopfhaltung zwang. Während das individuelle Schleifen der Gläser und deren Fassung bald befriedigend gelöst werden konnten, bereitete es große Probleme, das Gestell zuverlässig und bequem am Kopf zu fixieren. Es gab Zwicker, die auf der Nase schmerzten, man konstruierte »Mützenbrillen«, die an einer tief ins Gesicht gezogenen Kappe befestigt waren, in China wurden Brillen entwickelt, die mit Gewichten hinter den Ohren festgehalten wurden. Das »Glas am Stiel« – wie es etwa Goethe trug – raubte die Bewegungsfreiheit der Arme, und das beim Wiener Kongress modern gewordene Einglas oder Monokel bot ein geringes Sehfeld und verlieh dem Träger den wenig schmeichelhaften Ruf eines Gecken.

Erst als ein Pariser Optiker eine »Ohrenbrille mit Haltestangen« konstruierte, deren Bügel hinter dem Kopf zusammengebunden waren, hatte die Geburtsstunde unserer heutigen Augengläser geschlagen. Und von da an konnten sie ihren Siegeszug antreten – zumal auch immer mehr Menschen des Lesens mächtig wurden. Im 20. Jahrhundert entwickelte sich die einst verschmähte Sehhilfe schließlich zum Statussymbol des Intellektuellen, ja oft sogar zum modischen Attribut.

Marilyn Monroe blieb es dann vorbehalten, das Augenglas sexy zu machen. In dem Hollywoodfilm *Wie angelt man sich einen Millionär?* angelt sie erst dann erfolgreich, als sie sich dem Auserwählten mit Brille zeigt.

Seither hab ich sie so gut wie nicht mehr abgelegt.

# »IN DER FINSTERNIS ZU FRÜH ERWACHT«

### Die Erfindungen des Leonardo da Vinci

Er erfand Flugzeug, Auto, Fahrrad und das Kugellager. Er konstruierte Raketen, Fallschirme, Brücken und ein Maschinengewehr. Und das alles vor fünfhundert Jahren. Ach ja, dass ich's nicht vergesse, »nebenbei« schuf er mit der *Mona Lisa* auch noch eines der bedeutendsten Kunstwerke aller Zeiten. Tatsächlich »nebenbei«, denn Leonardo da Vinci sah sich in erster Linie als Forscher und Ingenieur. Er hat der Welt nur dreißig Gemälde, dafür aber Tausende Skizzen und Beschreibungen seiner Erfindungen hinterlassen.

Leonardo kam am 15. April 1452 in dem italienischen Dorf Vinci als unehelicher Sohn einer Magd zur Welt. Sein Vater, der reiche Notar Ser Piero, war viermal verheiratet und hatte zwölf Kinder; als sein letztes geboren wurde, war er 75 Jahre alt. Doch das Universalgenie wuchs weder bei seiner Mutter noch bei seinem Vater auf, sondern ausgerechnet bei einer der geschiedenen Frauen des Vaters. Mit fünfzehn ging Leonardo als Lehrling in das Atelier des Malers Andrea Verrocchio nach Florenz, wo er seine technische Begabung ausleben konnte, zumal er dort auch Bildhauen, Gießen, Goldschmieden, Kostümschneidern und das Ausrichten großer Renaissancefeste erlernte. Als sein Meister die ersten Bilder Leonardos sah, so erzählt man, hörte dieser zu malen auf, weil er erkannte, dass er fortan nur noch im Schatten seines Schülers stehen würde.

Mit 28 Jahren entwickelte Leonardo die erste seiner wahrhaft revolutionären Erfindungen: Eine Maschine, die Feilen zur Holz- und Metallbearbeitung herstellt – derartige Werkzeuge wurden damals noch manuell mit Hammer und Meißel gefertigt. Wie jede seiner Erfindungen hatte er auch diese feinsäuberlich zu Papier gebracht; die Modelle wurden später anhand seiner Skizzen von italienischen Ingenieuren nachgebaut und in Leonardos Geburtshaus und in anderen Museen aufgestellt. Fast alle sind funktionsfähig.

In der Folge konstruierte Leonardo völlig neuartige Hebel- und Kurbelvorrichtungen. Dem Textilhandwerk schenkte er Maschinen zum Zwirnen des Garns und zum Aufspulen des Fadens. Er entwickelte Zahnräder, Uhrwerke, Ventile, optische Geräte, Mühlen, Bewässerungsanlagen und Druckerpressen. Dem Baugewerbe lieferte er Pläne für Kräne, Pumpen, Winden, Bagger sowie Anweisungen für den Bau von Flaschenzügen mit raffinierten Übersetzungen, aber auch Bohr- und Hobelmaschinen, wie man sie in ähnlicher Form heute noch in Betrieben findet.

Die allergrößten Visionen hatte Leonardo, als er Fortbewegungsmittel erdachte, die dann im 19. und im 20. Jahrhundert verwirklicht wurden. Sein Fahrrad (mit Lenkstange, Pedalen und Kettenübertragung) unterscheidet sich kaum von einem heutigen Drahtesel. Sein »Auto« hat auf den ersten Blick wenig mit einem Mercedes zu tun, ist aber dennoch eine prophetische Konstruktion: Der Wagen wurde durch riesige Federn – wie sie in Uhren verwendet werden – angetrieben. So wie wir heute voll tanken, dachte Leonardo daran, dass sein Auto nach einiger Zeit vom Fahrer »aufgezogen« würde.

Ganz besonders hatte es ihm die Kunst des Fliegens angetan: Nach dem Vorbild der Natur experimentierte er 25 Jahre lang mit Rake-

*Von Leonardo entworfenes und selbst gezeichnetes Fahrrad*

ten, Hubschraubern und vogelähnlichen »Flugapparaten« (die sich freilich als unbrauchbar erweisen sollten). Mit seiner »Tauchglocke« entwickelte er ein frühes U-Boot, dem er Sauerstoffflaschen beifügte.

Die meisten Herrscher, an deren Höfen Leonardo da Vinci beschäftigt war, interessierten sich kaum für seine Bilder – sie engagierten ihn vielmehr als Militärexperten. Und so entwickelte er neuartige Waffen, die er im Auftrag von Königen und Fürsten herstellte: Seine in einer Reihe montierten Kanonen könnte man als Vorläufer des Maschinengewehrs bezeichnen, er konstruierte ein Panzerfahrzeug, das Soldaten und Pferde vor gegnerischen Angriffen schützte. Und er erhöhte die Treffsicherheit von Kanonenkugeln, indem er den Luftwiderstand berechnete. Mit seinen mathematischen und physikalischen Formeln nahm er viel von dem vorweg, was Isaac Newton, Albert Einstein und Wernher von Braun erst Jahrhunderte später wissenschaftlich untermauern konnten.

Auch wenn Leonardo sein Talent vielfach in den Dienst des Krieges gestellt hatte, erkannte er ihn dennoch als »bestialische Tollheit«.

Wegen seiner homosexuellen Neigungen ein Leben lang verfolgt, starb das Universalgenie am 2. Mai 1519 im Alter von 67 Jahren an den Folgen eines Schlaganfalls.

Nur die wenigsten seiner wegweisenden Erfindungen konnten, solange er lebte, realisiert werden. Er war seiner Zeit, dem zu Ende gehenden Mittelalter, um Jahrhunderte voraus. Sigmund Freud veranlasste das, ihn als einen Mann zu charakterisieren, »der in der Finsternis zu früh erwachte«.

# Das Doppelleben des Charles A. Lindbergh

*Ein Nationalheld wird enttarnt*

Getrost konnte man annehmen, die dramatische Geschichte des Charles A. Lindbergh ziemlich genau zu kennen, waren doch die beiden großen Ereignisse seines Lebens bis ins kleinste Detail recherchiert und niedergeschrieben worden. Triumph und Tragödie lagen hier näher beisammen als in irgendeiner anderen Biografie. Lindberghs Triumph, das war der erste Flug über den Atlantik im Jahre 1927. Und die Tragödie, das war die Entführung und Ermordung seines kleinen Sohnes, fünf Jahre danach.

Die Geschichte des amerikanischen Nationalhelden ist in zahlreichen Büchern und Filmen festgehalten, sein letzter Biograf erhielt 1999 sogar den Pulitzer-Preis, weil er mit seinem Lindbergh-Buch »ein Standardwerk des 20. Jahrhunderts« geschaffen hatte.

Vier Jahre später war das hoch gelobte Werk nicht mehr als das Papier wert, auf dem es gedruckt wurde. Denn der Schriftsteller A. Scott Berg hatte nur die eine Seite des Charles Lindbergh beschrieben: den Helden, den treuen Ehemann und Familienvater.

Im Sommer 2003 meldete sich eine in München lebende Familie zu Wort. Charles A. Lindbergh, so wurde enthüllt, hatte im Jahre 1957 die Münchner Hutmacherin Brigitte Hesshaimer kennen und lieben gelernt und mit der um fast dreißig Jahre jüngeren Frau eine zweite Familie gegründet. Der Liebesbeziehung entsprangen drei Kinder, um deren Wohl er sich von nun an kümmerte. Er pendelte deshalb regelmäßig zwischen den Kontinenten hin und her, waren doch in den USA noch Ehefrau und fünf gemeinsame Kinder zu versorgen. Die drei »neuen« Kinder präsentierten sich jetzt in München einer staunenden Öffentlichkeit.

Doch diese staunte bald noch mehr, als nämlich weitere Details bekannt wurden. Mr. Lindbergh hatte auch mit Brigitte Hesshaimers Schwester zarte Bande geknüpft und mit dieser eine weitere, seine dritte, Familie gegründet. Marietta Hesshaimer hatte dem Flugpionier zwei Söhne geschenkt und sich mit diesen in der Schweiz niedergelassen. Die fünf »europäischen« Kinder erfuhren erst nach Lindberghs Tod, wer ihr Vater war. Er war ihnen bis dahin unter dem Namen Careu Kent bekannt und hatte sowohl Brigitte als auch Marietta jeweils ein Haus mit Garten und familiärer Idylle eingerichtet – das eine am bayrischen Ammersee, das andere im Kanton Wallis. Er wäre zwar nur sporadisch aufgetaucht, erklärten Söhne und Töchter unisono, sei dann aber ein stets liebevoller und fürsorglicher Vater gewesen.

Während der letzte Biograf des Nationalhelden noch eine Zeit lang behauptete, dass das Doppel-, geschweige denn Dreifachleben keineswegs zu Lindberghs Charakter passe und daher auszuschließen sei, musste er sich nach Vorlage zahlloser fotografischer und brieflicher Beweise geschlagen geben.

Für viele Amerikaner war mit den Enthüllungen eine Welt zusammengebrochen. Hatte doch die Verehrung nicht nur des Piloten, sondern auch des Menschen Charles A. Lindbergh bis dahin keinen Vergleich gekannt. 25 000 Fans waren zu seinem Empfang erschienen, als er am 21. Mai 1927 auf dem Pariser Flughafen Le Bourget zur Landung ansetzte. Der ehemalige Postflieger war 33 Stunden und

29 Minuten davor mit seiner einmotorigen Propellermaschine *Spirit of St. Louis* in New York gestartet. Er hatte kein Funkgerät und kam – völlig übermüdet – mit dem letzten Tropfen Benzin über den Atlantik.

Die Heimkehr nach Amerika wurde zum Triumphzug. Nach einer dreitägigen Siegesfeier in New York ging er auf Tournee durch 75 Städte der USA und ließ sich in jeder einzelnen wie ein König feiern.

Auch privat schien das Glück perfekt. Lindbergh heiratete die Senatorentochter Anne Morrow, die ihm einen Sohn schenkte. Illustrierte zeigten die Lindberghs als das Ideal einer amerikanischen Familie.

Und dann, fünf Jahre nach dem Triumph, die Katastrophe: Am 1. März 1932 steigt ein unbekannter Mann über eine Leiter in das offen stehende Fenster des im ersten Stock des Hauses in Hopewell, New Jersey, befindlichen Kinderzimmers von Charles Lindbergh junior. Der Einbrecher nimmt das zwanzig Monate alte Kind an sich und hinterlässt einen Zettel, dem zu entnehmen ist, dass »der Junge gut versorgt« werde und bei Befolgung aller Anweisungen heil zurückkehren würde. »Alles Nähere erfahren Sie in vier Tagen.«

Das »Nähere« war natürlich eine schmutzige Erpressung, auf die die verzweifelten Eltern eingingen. 50 000 Dollar werden an einem vereinbarten Ort hinterlegt.

Es folgen bange Stunden, Tage und Wochen des Wartens. Doch der Gangster meldet sich nicht. US-Präsident Herbert C. Hoover weist die Polizeistationen aller Bundesstaaten an, die Suche nach dem Baby und seinem Kidnapper aufzunehmen. 100 000 Menschen beteiligen sich an der größten Suchaktion in der Geschichte der Vereinigten Staaten, allein in der Umgebung des Tatorts sind 15 000 Polizisten im Einsatz.

Auch sonst wird keine Möglichkeit ausgelassen, mit dem Täter in Kontakt zu treten. Die Behörden schalten Anzeigen in Tageszeitungen und affichieren Plakate mit der Aufschrift »Wanted«, um die Spur des Kindes und seines Entführers aufnehmen zu können.

Zehn Tage nach der Entführung wird im *Madison Square Garden* in New York ein Boxkampf unterbrochen. Tausende Menschen erheben sich und beten für den kleinen Charles.

Die Öffentlichkeit verfolgt jeden Schritt, den Oberst Lindbergh und seine Frau unternehmen. Bis zu jenem 12. Mai 1932, an dem ein Lastwagenfahrer das Baby in einem Waldstück, nur wenige Kilometer vom Tatort entfernt, auffindet. Gerichtsmediziner vermuten, dass Charles junior unmittelbar nach der Entführung erschlagen wurde.

Amerika steht unter Schock. Und vom Mörder fehlt jede Spur.

Die einzige Hoffnung, an den Täter heranzukommen, sind die sorgsam notierten Nummern der Dollarnoten, mit denen das Lösegeld bezahlt wurde. Tatsächlich gelingt es der Polizei zwei Jahre nach der Tat, den aus Deutschland eingewanderten Tischler Bruno Richard Hauptmann festzunehmen, als er bei einer Tankstelle zehn Dollar wechseln will. In seiner Wohnung werden 13 000 Dollar aus dem Lösegeld gefunden. Er beteuert zwar seine Unschuld, wird aber anhand einer lückenlosen Indizienkette zum Tod verurteilt und am 3. April 1936 auf dem elektrischen Stuhl hingerichtet. Seine Witwe bringt noch 1981 eine Schadenersatzklage in Höhe von 100 000 Dollar ein, die aber vom Gericht abgewiesen wird.

Fest steht, dass das Lindbergh-Baby der Popularität seines Vaters zum Opfer fiel. Der berühmteste Pilot aller Zeiten war nach seinem Atlantikflug durch Publikationen, Prämien und als Berater in der

Zivilluftfahrt reich geworden, worüber Amerikas Zeitungen in großer Aufmachung berichteten. Dies hatte den Entführer auf die Idee gebracht, dass bei Lindbergh viel Geld zu holen sei.

Das schwer geprüfte Ehepaar bekam fünf weitere Kinder – wobei Anne mit dem ältesten Sohn bereits zum Zeitpunkt der Entführung schwanger war.

Mittlerweile zum General ernannt, flog der Nationalheld als Berater amerikanischer Flug- und Automobilkonzerne in den fünfziger und sechziger Jahren oft nach Europa. Besonders oft nach Bayern und in die Schweiz …

Charles A. Lindbergh starb 1974 im Alter von 72 Jahren auf Hawaii, seine Frau Anne folgte ihm im Februar 2001 mit 94 Jahren in den Tod.

Von seinen beiden »anderen Familien« hat sie nie etwas erfahren.

# Neues aus der Kriminalgeschichte

# Räuber, Mörder
## und Genie

*Benvenuto Cellini, der Schöpfer der »Saliera«*

Als Künstler war er eine weltweit einzigartige Begabung. Doch sein privates Leben liest sich wie ein billiger Kriminalroman. Benvenuto Cellini, der die im Mai des Jahres 2003 aus dem Kunsthistorischen Museum in Wien gestohlene *Saliera* schuf, wurde als Mörder zum Tod verurteilt und saß auch wegen anderer Verbrechen jahrelang im Kerker.

Geboren am 3. November 1500 in Florenz, ließ er sich als Goldschmied ausbilden, war aber schon mit sechzehn in so viele Schlägereien verwickelt, dass er aus Florenz verbannt wurde. Er ging nach Rom, wo es ihm gelang, für kurze Zeit an der Seite des großen Michelangelo zu arbeiten.

1530 erfolgte der erste Höhepunkt seiner kriminellen Laufbahn: Cellini tötete den Mörder seines Bruders und wurde deshalb zum Tod verurteilt. Die Kunst rettete nun zum ersten Mal sein Leben. Er hatte sich bereits einen so großen Namen gemacht, dass Papst Clemens VII. eine Amnestie für ihn erwirkte. Cellini wurde sogar zum Päpstlichen Stabträger ernannt und arbeitete im Vatikan als Medailleur und Stempelschneider.

Vier Jahre später beging er seinen zweiten Mord. Diesmal tötete er einen Goldschmied, den er als seinen Rivalen sah. Und wieder gelang es dem Papst, ihn frei zu bekommen. Cellini war mit Clemens VII. in einer Art Hassliebe verbunden. Sie stritten oft und

*Genie und Mörder:*
*Benvenuto Cellini,*
*der Schöpfer der welt-*
*berühmten Saliera*

schätzten einander sehr. Der Künstler lebte von den Aufträgen des Papstes und dieser förderte seine Arbeiten.

Mit 37 wurde Cellini zum dritten Mal verhaftet. Diesmal, weil er die Juwelen seines großen Beschützers, des mittlerweile verstorbenen Papstes Clemens VII., geraubt haben soll. Kaum in Verwahrung genommen, brach der Künstler in einer Aufsehen erregenden Flucht aus dem Kerker der Engelsburg in Rom aus, findet bei einem Freund Unterschlupf, wird aber neuerlich festgenommen. Nach einigen Jahren Haft war es der Kardinal von Ferrara, der Cellinis Freilassung erwirkte. Worauf sich der Goldschmied verpflichtete, fortan für den Kirchenfürsten tätig zu sein.

Wieder in Freiheit, entstand mit der *Saliera* das berühmteste Salzfass der Welt, weiters fertigte er die Bronzereliefe der Nymphe von Fontainebleau an, die sich heute im Louvre befinden. Beide Kunstwerke entstanden bereits im Auftrag des französischen Königs Franz I. Die *Saliera* gelangte durch eine Schenkung des Nachfolgers des Königs an den Tiroler Erzherzog Ferdinand II. nach Österreich. 1545 flüchtete Cellini aus Frankreich – diesmal, weil man ihm vorwarf, den König bestohlen zu haben. Er kehrte zurück nach Florenz, wo er den Herzog von Medici als neuen Auftraggeber gewinnen konnte. Für ihn schuf er sein berühmtestes Werk, die gewaltige Bronzestatue des Perseus mit dem abgeschlagenen Haupt der Medusa.

Cellini war ein großer Frauenheld. Er zeugte etliche Kinder und heiratete erst im Alter von 61 Jahren seine Haushälterin, die ihm zwei Söhne schenkte.

Doch auch in seinen späten Jahren wurde er zweimal inhaftiert, und zwar wegen »widernatürlichem Geschlechtsverkehr«, angeblich sogar wegen Sodomie. Nebenbei in zahllose Duelle verwickelt, ging der Künstler auch sonst keiner Konfrontation aus dem Wege. Sein Dolch, sagte er, sei sein bester Freund.

Ab 1558 schrieb er die Geschichte seines aufregenden Lebens nieder. Die Memoiren galten lange als verschollen, ehe sie 1796 von keinem Geringeren als Goethe entdeckt wurden, den Cellinis Schicksal dermaßen faszinierte, dass er das Buch ins Deutsche übersetzte. Die Biografie inspirierte schließlich auch den Komponisten Hector Berlioz zu der Oper *Benvenuto Cellini*, in der der Titelheld seinen Nebenbuhler tötet.

Nicht auszudenken, was der gewalttätige Signor Cellini angestellt hätte, wäre er je dem Dieb seiner *Saliera* begegnet …

# DER RAUB DER »MONA LISA«

*Vom größten Kunstdiebstahl aller Zeiten*

Übertroffen wird der Kunstdiebstahl der *Saliera* nur durch den Raub der *Mona Lisa* aus dem Pariser Louvre. Es sind erstaunliche Parallelen, die die beiden Kriminalfälle miteinander verbinden.

Paris, am 21. August 1911. Der Louvre ist wie jeden Montag für Reinigungsarbeiten geschlossen. Um sieben Uhr früh betritt ein Mann das berühmteste Museum der Welt. Mit einem Arbeitskittel bekleidet, fällt er nicht weiter auf, da an diesem Tag viele Arbeiter aus- und eingehen. Er läuft durch die langen Gänge des Museums, bis er zum Salon Carré kommt, in dem die Perle der Sammlung hängt.

Die *Mona Lisa*. Leonardo da Vinci hatte die Gattin des Patriziers Francesco del Gioconda um 1503 in Florenz gemalt, die mit ihrem Lächeln die ganze Welt bezaubert.

Der Salon Carré ist menschenleer, das Gemälde von unschätzbarem Wert unbewacht. Der Mann hebt das in Öl auf Holz gemalte Porträt von seinem Haken und läuft zu einer kleinen Treppe, an der er den mittlerweile vom Bild getrennten Rahmen ablegt. Das nur 77 mal 54 Zentimeter große Bildnis der *Mona Lisa* versteckt er unterm Arbeitskittel.

Doch das Tor zum Hof ist verschlossen. Schritte kommen näher, jetzt hilft nur schnelles Handeln. »Öffnen Sie mir die Tür!«, herrscht der Fremde den zufällig vorbeikommenden Hausschlosser

Sauvert an. Der hält den Mann im Kittel für einen der 120 Aufseher und öffnet das Schloss.

Der Mann eilt ungestört mit Leonardos Meisterwerk durch das offene Portal des Louvre. Der Portier ist gerade im Hof, um Wasser zu holen.

Es dauert 28 Stunden, bis der Verlust entdeckt wird. Nicht, dass der leere Fleck im Saal niemandem aufgefallen wäre, aber in jenen Tagen wurden viele Bilder ins Atelier des Hausfotografen gebracht, um dort reproduziert zu werden. Daher dachten die Mitarbeiter des Louvre, dass dies auch mit der *Mona Lisa* geschehen sei.

Der Diebstahl wird erst bemerkt, als man am nächsten Tag unter der Treppe den leeren Bilderrahmen findet. Jetzt geht alles sehr schnell. Das Haus wird von der Polizei geräumt, die Pariser Zeitungen drucken Sonderausgaben. Die Nation ist fassungslos, und mit ihr die ganze Welt. Die *Mona Lisa* galt als das bestbewachte aller Bilder. Aber – welch fatale Parallele zum Kunsthistorischen Museum in Wien: Die strengen Sicherheitsmaßnahmen standen nur auf dem Papier. Die vorgesehene »Sonderüberwachung« fand nicht statt.

Drei Jahre vor Ausbruch des Ersten Weltkriegs wird der Diebstahl des französischen Nationalheiligtums auch zum Politikum. Die Zeitung *Petit Parisienne* berichtet, dass sich »ein Mann deutscher oder österreichischer Nationalität drei Tage im Louvre herumgetrieben und das Bild ständig beobachtet« hätte.

Museumswärter und -angestellte werden rund um die Uhr von Detektiven observiert. Theophile Homolle, der Direktor des Louvre, tritt zurück. Doch von der *Mona Lisa* fehlt weiterhin jede Spur.

Und das, obwohl sich auf dem hinterlassenen Rahmen die Fingerabdrücke des Täters befinden. Doch sie sind wertlos. Zwar kannte man die Methode, Fingerabdrücke abzunehmen, seit gut dreißig Jahren, doch hat man sie bislang nicht angewandt. Der Kunstraub im Louvre sollte zum Wendepunkt in der Kriminalistik werden. Erst seit damals kommen die Fingerabdrücke kriminell gewordener Personen ins Polizeiarchiv.

Zweieinhalb Jahre vergingen, an der Stelle der *Mona Lisa* hing mittlerweile Raffaels Bildnis des Castiglione, und die Kunstwelt hatte die Hoffnung aufgegeben, Leonardos Meisterwerk je wieder zu Gesicht zu bekommen.

Da erhält der in Florenz lebende Galeriebesitzer Alfredo Geri am 2. Dezember 1913 einen sonderbaren Brief: Geri hat kurz davor in Zeitungen inseriert, dass er Gemälde alter Meister aus Privatbesitz kaufen möchte. In dem Brief bietet ein gewisser Vincenzo Leonardi dem Kunsthändler die abgängige *Mona Lisa* an!

Signor Geri wendet sich an den Direktor der Uffizien, die die Kunstsammlung von Florenz beherbergen. Gemeinsam beschließen sie, dem Briefschreiber nachzugehen, auch wenn sein Angebot verrückt klingen mochte. Vincenzo Leonardi, der fast so heißt wie der Schöpfer des Bildes, bittet um Antwort nach Paris, postlagernd Place de la Republique.

Um es kurz zu machen: Der Anbieter kommt nach Florenz und führt Geri in ein Zimmer des Hotels Tripoli Italia. Er holt unter dem Bett einen alten Holzkoffer hervor, dem er ein rahmenloses Bild, samt Originalstempel des Louvre auf der Rückseite, entnimmt. Der Kunsthändler erkennt es sofort als das Original der *Mona Lisa*.

»Was soll das Bild kosten?«, fragt Geri.

»500 000 Francs«, antwortet der Fremde. Und geht überraschenderweise auf Geris Vorschlag ein, ihm das Bild mitzugeben, um seine Echtheit prüfen zu lassen.

Leonardi wird am selben Abend verhaftet. Der Mann, der die *Mona Lisa* so geschickt aus dem Louvre schaffen konnte, hat sein Verbrechen zu einem stümperhaften Ende gebracht.

Vincenzo Perugia, wie der aus Italien stammende Täter wirklich hieß, hatte kurze Zeit als Anstreicher im Louvre gearbeitet und sich dort »gekränkt, weil das Bild eines Italieners in Paris ausgestellt ist. Eines Tages«, sagte der 32-jährige Perugia laut Polizeiprotokoll, »wurde in mir der Gedanke wach, es sei eine schöne Tat, das Bild meiner Heimat Italien wiederzugeben.« Er erwartete vom italienischen Staat »nicht bestraft, sondern belohnt zu werden«, weil er das Werk in sein Ursprungsland zurückgebracht hätte.

Tatsächlich wird Perugia zu nur sieben Monaten Haft verurteilt, zumal es seinen Anwälten gelingt, den Diebstahl als »patriotische Tat« darzustellen. Er kommt sofort frei, da die Strafe durch die Untersuchungshaft abgegolten war.

Das Bildnis der *Mona Lisa* wurde dem Louvre am 31. Dezember 1913 rückerstattet, wo es seit damals wieder besichtigt werden kann.

## DIE DIVA UND DER MÖRDER

*Therese Krones und Severin von Jaroszynski*

Sie war die beliebteste Schauspielerin ihrer Zeit. Therese Krones stand mit Ferdinand Raimund auf der Bühne und konnte ihr Publikum wie keine andere verzaubern. Bis sie eines Tages mit einem ganz gewöhnlichen Raubmörder in Verbindung gebracht wurde.

Ihr Vater war Kürschnermeister und hatte sein Handwerk hingeworfen, um mit Frau und Töchtern eine Schauspieltruppe zu gründen. Therese trat als Zehnjährige in Kinderrollen auf Vaters Wanderbühne auf, gastierte mit elf im Leopoldstädter Theater und mit fünfzehn an der Josefstadt.

Ferdinand Raimund war von ihrer Anmut so hingerissen, dass er der Krones die Rolle der Jugend in *Der Bauer als Millionär* auf den Leib schrieb. Doch just in dieser Phase des größten Erfolgs ihres Lebens geriet die Volksschauspielerin in das Umfeld eines Kriminalfalls, der ihr Leben auf den Kopf stellen sollte.

*Der 1. Akt. Die Eroberung.* Die 25 Jahre junge, bildhübsche Schauspielerin spaziert an einem Herbstsonntag des Jahres 1826, von der Mittagsmesse in der Michaelerkirche kommend, über den Graben, als ihr ein auffallend elegant gekleideter Herr entgegenkommt, den sie des Öfteren schon von der Bühne aus in seiner Loge beobachtet hat. Therese wirft ihm einen koketten Blick zu, der diesen ermutigt, den gefeierten Liebling der Wiener anzusprechen. Der Fremde gibt sich als Verehrer ihrer Schauspielkunst aus und bittet, sie demnächst besuchen zu dürfen.

67

Zwei Tage später klopft der Mann an der Wohnungstür und überreicht dem Dienstmädchen seine Visitenkarte, auf der in gestochenen Lettern »Le Comte Severin Jaroszynski« steht. Die Krones lässt bitten, und der Graf tritt ein. Er nimmt neben ihr, auf der breiten Chaiselongue im Wohnzimmer, Platz und erzählt mit polnischem Akzent seine Lebensgeschichte: Aus altem Adel stammend, sei er in Galizien durch Erbschaft in den Besitz riesiger Ländereien gelangt, die große Einkünfte abwarfen und ihm ein sorgenfreies Leben erlaubten. Überdies hätte er als Feldmarschall auf Seiten Napoleons gekämpft und dafür den Malteserorden bekommen.

Nach vollbrachten Heldentaten des eintönigen Lebens auf dem Lande Leid geworden, übergab er seine Güter einem Verwalter, um in Wien Quartier zu nehmen. Dies hätte er noch keinen Tag bereut, vor allem seit er die schöne Krones auf der Bühne gesehen und in sein Herz geschlossen hätte.

Wen wundert's, dass die Schauspielerin auf ihrer Chaiselongue dahinschmolz. Da saß ein eleganter und offensichtlich steinreicher Aristokrat neben ihr, die aus kleinen Verhältnissen stammend, zum Liebling der Wiener geworden war. Ein 37-jähriger Graf, der ernsthaftes Interesse für eine Soubrette zeigte, das war schon etwas Besonderes im biedermeierlichen Wien.

*2. Akt. Die Liebe.* Und Severin scheint ernst zu meinen, was er verspricht. Holt er sie doch von nun an regelmäßig nach der Vorstellung ab, um die von ihm Verehrte in mondäne Lokale zu führen. Es dauert auch nicht lange, bis Therese dem sicheren Auftreten und dem Charme des polnischen Edelmannes erliegt.

Jaroszynski zögert nicht, seinen scheinbar grenzenlosen Reichtum unter Beweis zu stellen. Er beschenkt die Diva mit Schmuck, Pelzen und teuren Kleidern und lässt all das wahr werden, was eine Schauspielerin vom Leben zu erträumen vermag. Sie ist einem Magnaten begegnet, der sie verehrt, ja zu lieben scheint, und der in der Lage ist, ihr die Welt zu Füßen zu legen.

Die Affäre der Schauspielerin mit Severin von Jaroszynski wurde im sensationslüsternen Wien zum Stadtgespräch. Das auffallende Paar tat auch nichts, um seine Liaison zu verbergen. Jaroszynski gab für die Krones und ihre Kollegen ausschweifende Trinkgelage, bei denen der Champagner in Strömen floss.

Die Schauspielerin wollte sich durch nichts in der Welt von ihrer Liebe zu dem Grafen abhalten lassen, auch nicht, als erste Gerüchte auftauchten, denen zufolge es mit dem Reichtum ihres Galans nicht so weit her sein sollte. So erzählte man am Theater, dass beim Schneider Wisgrill zwei Fracks, fünfzehn Westen, zehn Pantalons und eine Dienerlivree offen wären, und dass ein stadtbekannter Wucherer auf Begleichung seiner Forderungen drängte. Die vor Liebe glückselige Künstlerin lachte nur, wenn Derartiges an sie herangetragen wurde, wusste sie doch aus Severins Erzählungen, dass vom Verwalter des gräflichen Anwesens namhafte Beträge nicht rechtzeitig überwiesen wurden, wodurch er in eine vorübergehende Verlegenheit geraten sei.

*3. Akt. Der Raubmord.* Doch dann geschieht Unglaubliches. Am 13. Februar 1827 wird der siebzigjährige Priester und Mathematikprofessor Johann Konrad Blank in seiner Wohnung Ecke Seilerstätte-Annagasse von Schülern tot aufgefunden. Ein Unbekannter hat sein wehrloses Opfer mit mehreren Messerstichen getötet und Obligationen im Wert von 60 000 Gulden geraubt. Jaroszynski sprach mit der Krones über den Kriminalfall und zeigte, wie jedermann in Wien, seine große Erschütterung.

*4. Akt. Die Verhaftung.* Drei Tage später gibt der Graf in seiner eleganten Wohnung am Trattnerhof eines seiner feudalen Soupers, zu dem mehrere Freunde geladen sind. Gerade als die Krones zur Freude der illustren Gäste ihr berühmtes Lied *Brüderlein fein* anstimmt, wird die Wohnung durch Polizeibeamte gestürmt, von denen einer sofort losschreit: »Severin von Jaroszynski, Sie werden als Mörder von Professor Blank erkannt und verhaftet!«

Die Gäste glauben ihren Augen und Ohren nicht zu trauen, Therese Krones muss fassungslos mit ansehen, wie der geliebte Mann in Ketten gelegt und abgeführt wird. Zyniker bemerken, dass Raimunds Liedzeile *Einmal muss geschieden sein* noch nie so gepasst hätte wie in diesem dramatischen Augenblick.

Wie der Presse bekannt gegeben wird, hatte der Täter nach dem Mord versucht, Wertpapiere aus dem Besitz seines Opfers beim Geldmakler Wedel am Graben zu verkaufen, der sofort Anzeige erstattete. Jaroszynski, sickerte jetzt durch, stammte zwar aus adligem, nicht jedoch aus gräflichem Hause. Er war mit einer Polin verheiratet, die ihm drei Kinder und ein großes Vermögen geschenkt hatte, das durch seine Verschwendungssucht und Spielleidenschaft verloren gegangen war. Als man ihm in seiner Heimat die Veruntreuung von Staatsgeldern nachwies, flüchtete er nach Wien, wo er Affären mit vielen Frauen pflegte. Eine von ihnen war die Krones.

Als störrischer Knabe war Severin schon in seiner Jugend von den Eltern zur Ausbildung nach Wien geschickt worden, wo Abbé Blank sein Lehrer war. Als er diesem jetzt, viele Jahre später, einen Besuch abstattete, kam er auf die Idee, ihn zu töten und mehrere in der Wohnung frei umherliegende Aktien an sich zu nehmen. Mit dem Raubmord glaubte er seinen aufwändigen Lebensstil finanzieren zu können.

Die Ermordung des Abbé Blank durch Jaroschynski.

Wien hatte seine Sensation. Die Geschichte von der schönen Schauspielerin und dem mörderischen Grafen füllte die Zeitungsseiten. Das Publikum war jedenfalls empört, als die Krones wenige Tage später im Leopoldstädter Theater wie geplant ihren nächsten Auftritt im *Bauer als Millionär* absolvierte. Sonst immer mit Applaus empfangen, brach jetzt lautstarker Tumult aus. Therese Krones stand im Kostüm der Jugend ein paar Minuten lang unter Buhrufen und lautem Getrampel wie gelähmt da, ehe sie sich hilfesuchend dem als Fortunatus Wurzel neben ihr stehenden Ferdinand Raimund zuwandte.

»Fürcht dich nicht«, flüsterte der ihr zu, »die Leut werden dir nix tun. Fang einfach an.«

Doch kaum hatte sie die ersten Worte des populären Liedes angestimmt, stieg der Lärmpegel weiter an, einzelne Zuschauer brüllten »Will sie uns verhöhnen?« und »Weg mit dem Mördergschpusi«.

Raimund und Therese Krones versuchten, die Situation gemeinsam zu retten, doch die Schauspielerin verlor vor Aufregung das Bewusstsein und die Vorstellung musste abgebrochen werden.

In den folgenden Tagen wurde der seelisch und körperlich vollkommen niedergeschlagenen Künstlerin zugetragen, dass viele Wiener ihr die Schuld an dem grausamen Verbrechen gaben. Die grenzenlose Eitelkeit der Krones hätte den verliebten Mann zur Erfüllung ihrer unverschämten Wünsche nach Schmuck und teuren Kleidern verführt, weshalb er sich in Schulden gestürzt und schließlich keinen anderen Ausweg gesehen hätte als den Raubmord zu begehen. Mehr noch, viele Menschen sahen die Krones als Mitwisserin oder gar Anstifterin der Tat.

Zwar sollten sich derlei Anschuldigungen als völlig haltlos erweisen, doch das änderte nichts daran, dass das Renommee und die Popularität der Künstlerin schweren Schaden genommen hatte.

5. *Akt. Das Finale.* Severin von Jaroszynski gestand die Tat trotz erdrückender Beweise erst nach fünfmonatiger Einvernahme. Er wurde zum Tod verurteilt und mit dem Strang hingerichtet.

Die von seinen Untaten ahnungslose Diva wurde auch bei den nun folgenden Vorstellungen vom Publikum ausgepfiffen, worauf sie sich vom Theater zurückzog.

Als sich die Gemüter beruhigt hatten, nahm die Krones einen neuen Anlauf, um ihre Karriere fortzusetzen, was ihr mit einem glänzenden Auftritt in der Komödie *Julerl, die Putzmacherin* im Theater in der Josefstadt zu gelingen schien. Ein unmittelbar nach diesem Erfolg geplantes Gastspiel im Theater an der Wien musste sie krankheitsbedingt absagen. Sie starb am 26. Dezember 1830 im Gasthaus *Zur Weintraube* auf der Praterstraße im Alter von 29 Jahren an den

Folgen einer Blinddarmeiterung – nicht einmal vier Jahre nach der Tat, die ihr Leben verändert hatte.

Die Stadtväter verweigerten Wiens populärster Schauspielerin die Beisetzung in einem Ehrengrab. Therese Krones wurde auf dem St. Marxer Friedhof bestattet. Ferdinand Raimund folgte dem schlichten Sarg und sagte, er habe mit dem Tod der Schauspielerin seine Jugend verloren. Erst 1930, an ihrem hundertsten Todestag exhumiert, konnte Therese Krones in einem Ehrengrab auf dem Zentralfriedhof die letzte Ruhe finden.

# Wer war »Jack the Ripper«?

*Ein Mann versetzt London in Angst und Schrecken*

London, im Herbst 1888. Fünf Prostituierte wurden ermordet. Der Täter: Unbekannt. In die Kriminalgeschichte eingegangen als »Jack the Ripper«.

Zwischen 31. August und 9. November 1888 werden in East End, einem Elendsviertel der britischen Metropole, die grausam verstümmelten Leichen von fünf Freudenmädchen aufgefunden. Ganz junge Frauen sind darunter, aber auch ältere, die man für wenige Pennies kaufen konnte. Von Anfang an – das erste Opfer hieß Marianne »Polly« Michels – wütete der Täter nach einem festgefahrenen Ritual: Er schnitt seinem Opfer die Kehle durch und tranchierte es anschließend regelrecht. Ohren, Nase, Brüste, Herz, Leber, Gebärmutter wurden abgeschnitten. Das eine oder andere Organ hängte der offensichtlich Geisteskranke an eine Wand des jeweiligen Tatorts, andere Körperteile nahm er mit nach Hause.

Ende September 1888 schickt der Täter eine halbe Niere eines Opfers per Post an Scotland Yard. Ein »Bekennerbrief«, den er an die Londoner *Central News*-Nachrichtenagentur richtet, trägt die Unterschrift: »Jack the Ripper« (zu Deutsch: »der Aufschlitzer«). Mehr als dieses Pseudonym konnte bis zum heutigen Tag nicht eruiert werden.

Und das, obwohl die schauerlichen Taten des zu so trauriger Berühmtheit gelangten Mannes eine der größten Polizeimaschinerien aller Zeiten in Bewegung gesetzt haben. Zahllose Personen wurden vorübergehend festgenommen – doch keinem Verdächtigen konnten die schrecklichen Morde nachgewiesen werden.

Die Welt war zur Jahrhundertwende von einer richtigen »Jack the Ripper«-Hysterie erfasst. Eine der Spuren führte bis nach Wien, wo man 1892 den 49-jährigen Fleischhauergesellen Alois Szemeredy in die k. u. k. Polizeidirektion schaffte, weil er von Kriminalbeamten für »Jack the Ripper« gehalten wurde. Verdächtig an ihm war, dass er zum Zeitpunkt der Londoner Morde in Wien drei einander widersprechende Meldezettel ausgefüllt hatte. Szemeredy wurde ins Irrenhaus gesteckt, wo er noch im selben Jahr starb.

Ihm konnten die Taten ebenso wenig nachgewiesen werden wie Dutzenden anderen, als pervers geltenden Männern, die von Chicago bis Moskau, von Paris bis Amsterdam verhört wurden. Vom »Wiener Ripper« stand nicht einmal fest, ob er in seinem ganzen Leben überhaupt je bis nach London gekommen war.

Sicher in London war zu diesem Zeitpunkt hingegen Prinz Albert, Enkel der Queen Victoria und Großonkel der heutigen Königin Elizabeth. Sein Name geistert durch Dutzende Untersuchungsberichte, die sich mit dem »Ripper« befassen: Tatsächlich tauchte der Verdacht auf, der angeblich abartig veranlagte Albert sei das mordende Ungeheuer. Die Verhaftung des Täters sei, wie es hieß, »auf höchsten Befehl« verhindert worden, als die Polizei dem Prinzen auf die Spur kam.

Gegen die Theorie, ein Spross des Königshauses sei »Jack the Ripper« gewesen, spricht unter anderem die Tatsache, dass Queen Victoria nachweislich sowohl beim Innenminister als auch beim Polizeipräsidenten von London mehrmals persönlich intervenierte, um die Aufklärung der grausamen Hinrichtungen voranzutreiben.

Immerhin stand ganz England in den Monaten, in denen man tagtäglich neue Verbrechen befürchten musste, unter Schock. Ein Parlamentsredner drohte sogar, den Polizeipräsidenten »am nächsten Laternenpfahl aufzuknüpfen«, weil die Ausforschung des Täters nicht gelang.

Scotland Yard wurde mit Hinweisen von Zeugen bombardiert, die den Täter gesehen haben wollten – doch die Angaben waren so widersprüchlich, dass sie sich allesamt als wertlos erwiesen. London war voll von Amateur-Detektiven, die Unschuldige ins Zwielicht brachten: Da wurde ein russischer Agent, der tatsächlich zwei »Ripper«-Opfer gekannt hatte, ebenso »entlarvt« wie ein Sekretär der Heilsarmee, der angesehene Anwalt Montague John Druit oder eine »als Mann verkleidete Hebamme«, die die Dirnen aus Rache ermordet haben soll, weil sie von diesen nach Abtreibungen schlecht bezahlt worden sei.

Großbritannien atmete auf, und Londons Frauen wagten sich wieder auf die Straßen, als der Spuk nach etwas mehr als zwei Monaten vorbei war und kein weiterer Mord mehr gemeldet wurde. Alle Welt rätselte, was zum Ende der Verbrechensserie geführt hatte. Dr. Francis Camps vom Gerichtsmedizinischen Institut in London lieferte dafür drei mögliche Begründungen.

Version A: »Jack the Ripper« ist nach seinem letzten Mord unter ungeklärten Umständen verstorben.

Version B: Er verließ London und konnte irgendwo untertauchen.

Version C: Der Täter wurde wegen einer anderen Straftat verhaftet beziehungsweise in eine Heilanstalt für Geisteskranke gebracht, ohne dass man in ihm je den Frauenmörder erkannte.

*»Fahndungsbild« aus London: England jagt »Jack the Ripper«*
ZEITGENÖSSISCHE DARSTELLUNG

# Neues von berühmten Dauergästen

## EIN DRUCKKNOPF FÜR DIE LIEBE

### *Menschen im Hotel*

Die eigene Wohnung, sie ist der wichtigste Bereich unseres Lebens. Briefe, Bilder, Bücher, Möbelstücke und tausend andere Erinnerungen werden aufbewahrt, Gegenstände, die sich ein Leben lang ansammeln, finden ihren Platz. Die Wohnung ist der einzig intime Bereich, den wir haben. In ihr wird gelebt, geliebt und gestorben.

Hier aber geht es um Menschen, die es vorziehen, ihr Leben in fremden Betten zuzubringen. Im Hotel.

Peter Altenbergs »einfenstriges Kabinett« lag im fünften Stock des *Grabenhotels* in der Wiener Dorotheergasse. Er logierte dort ab 1913 im Zimmer 51, dessen Wände mit Bildern von jungen Mädchen sowie mit Porträts von Schubert, Beethoven, Tolstoi, Wagner und Goethe zugepflastert waren. Er konnte sich darin kaum bewegen, denn der winzige Raum beherbergte auch 33 japanische Tonvasen, die er »von Verehrerinnen zusammengeschnorrt« hatte. Altenberg hatte hier »alles, meinem Sein, meinem Geschmacke, meinen inneren Erlebnissen entsprechend. Ein Nest! Wenn ich daran denke, wer dieses geliebte Kabinett einmal in Bausch und Bogen erben wird, da freut mich das ganze Sterben nicht!«.

Aus der Tatsache, dass mit Peter Altenberg und Anton Kuh zwei der bedeutendsten Kaffeehausliteraten ständig im Hotel wohnten, lässt sich die Theorie ableiten, dass diese Herren vor allem deshalb im Kaffeehaus schrieben, weil ihnen ihre winzigen Hotelzimmer zu wenig Platz dazu boten. Notizen, Geistesblitze, Gedankenskizzen müssen irgendwo ausgebreitet werden, ehe ein Feuilleton entsteht. Und dafür findet sich auf einem zwar kleinen, im Bedarfsfall aber leeren Kaffeehaustisch mehr Platz als im heillos mit japanischen Tonvasen und anderen Objekten überladenen Hotelzimmer.

»Ich möchte mein Hirn«, erklärte mir der lebenslange Hotelbewohner Marcel Prawy einmal, »dort einsetzen, wo es viel weiß. In der Oper weiß es, was zu tun ist. Aber wenn eine Fensterscheibe kaputtgeht oder auf der Toilette das Wasser rinnt, ruf ich meinen Portier im *Sacher* an, der kennt sich aus. Ich wüsste nicht, wo man jemanden findet, der das repariert.«

Auch der Dauergast Anton Kuh (»Mein Wiener Heim ist ein Hotel vierten Ranges, gemütlich, traulich, ehrbar, persönlich«) erkannte die Möglichkeit, auf Knopfdruck alles Unangenehme von sich fernzuhalten. »Ein riesenhaft verzweigtes System von Druckknöpfen« machte ihm das Leben erträglich: »Druckknopf nach dem Lift aus dem vierten Stock, Druckknopf nach dem Kellner, Hausdiener, Stubenmädchen, Druckknopf nach dem Bad und aus dem Badezimmer, Druck aufs Telefon in die Nummern-Unendlichkeit, nach Prag, Stockholm, Salzburg, Druckknopf nach dem Essen, Trinken, Schlafen, Lieben ...«

Anton Kuh war überzeugt davon, eines Tages in seinem Hotelzimmer »den Weltuntergang zu erleben, da unter dem Fußboden die Elektrizitätsmaschine rattert«, deren Lärmentwicklung ihn an einen Aufenthalt an den Niagarafällen erinnerte. Doch ließ er sich auch dadurch nicht davon abhalten, sein ganzes Leben im Hotel zu verweilen.

In seinem *Tagebuch eines Hotelgasts* analysierte er geradezu wissenschaftlich, welch unterschiedlichen Charakteren man hier begegnet. So erlaubten es die dünnen Wände seines Zimmers, »das Schnarchen von Finanzmagnaten, Tagedieben und Kokotten« zu beobachten. Die Schnarcher wurden von ihm in mehrere Kategorien eingeteilt: »Nichts erschreckt mich bei meiner nächtlichen Heimkunft mehr, als eine am Nachbar-Türrahmen hängende Hose. Ich habe die Erfahrung gemacht, dass zwischen dem Hosenhinaushängen und dem Schnarchen ein geheimnisvoller Zusammenhang besteht. Baumeln an den Hosen aber außerdem Hosenträger – dann gute Nacht! Im Nebenzimmer wird ein Sägewerk entfesselt sein.«

Wenn Anton Kuh frühmorgens Neues aus aller Welt erfahren wollte, begab er sich zu den Zimmerkellnern, die ihm anvertrauten, »dass auf Nr. 158 Mrs. Galsworthy wohnt, dass der König von Dänemark die Massary zur Nachbarin hat und wer die Dame ist, die heute um drei Uhr morgens dringend von Paris verlangt wurde«.

Es mag erstaunen, dass der keineswegs mit materiellen Gütern verwöhnte Anton Kuh in der Lage war, unter einem Dach mit dem König von Dänemark zu nächtigen. Nun, Louis Adlon, der Eigentümer des gleichnamigen Berliner Luxushotels, war begeisterter Besucher der Vorträge Anton Kuhs, dem er deshalb oft monatelange, äußerst günstige und vor allem später zahlbare Logis gewährte. Was »später« bedeutete, wusste niemand so genau.

Als Kuh von einem Freund im *Romanischen Café* gefragt wurde, wie er sich das Leben im sündteuren *Adlon* leisten könne, antwortete er: »Das ist kein Problem für mich. Im *Adlon* hab ich so viele Schulden, dass es mir beinahe schon gehört.«

Wenn es die Umstände erlaubten, bewohnte Kuh im *Adlon* das Zimmer 173, bestehend aus »Vorzimmer, Garderobe, Schlafraum, Bad, Speisezimmer, Arbeitskabinett, guter Stube. Und nach dieser

Mischung sieht es auch ab und zu aus«. In Wien musste er sich mit wesentlich bescheideneren Pensionen zufrieden geben.

Für Marcel Prawy bildete das Leben in einer Fünfsterne-Unterkunft den eigentlichen Grund, bis ins hohe Alter berufstätig zu sein. Nur so, erklärte er, könne er sich das Leben im Hotel leisten. Ändern wollte er das nicht, wohnte er doch, seit er in den dreißiger Jahren als Sekretär von Jan Kiepura tätig war, fast immer im Hotel – in Europa wie in den USA.

Noch problemloser war das für Franz Molnár, dessen großbürgerliche Herkunft und schriftstellerischen Erfolge es ihm ermöglichten, jahrelang im *Imperial* auf der Wiener Ringstraße zu logieren. »Immer das billigste Zimmer im teuersten Hotel«, lautete seine Devise, die ihm in der zweiten Hälfte seines Lebens heilig wurde. In jungen Jahren bevorzugte er noch seine geräumige Wohnung im Zentrum von Budapest, die er schon seiner gewaltigen Bibliothek wegen lange nicht aufzugeben bereit war. Später wurde Molnárs Neigung zur Bequemlichkeit so groß, dass er den von dienstbaren Geistern bevölkerten Hotelbetrieb vorzog. »Ich habe die schönste Fünfzimmerwohnung der Welt«, erklärte er. »Leider liegen die einzelnen Räumlichkeiten relativ weit voneinander entfernt. Ein Zimmer ist im Wiener *Imperial*, eines in der *Hungaria* in Budapest, eines im *Grandhotel Pupp* in Karlsbad, eines im *Carlton* in Cannes und eines im Berliner Hotel *Eden*.«

So manche der zahlreich bekannten Molnár-Anekdoten handelt vom Hotelleben. Eines Tages wurde ihm ins *Imperial* ein in Ungarn aufgegebenes kleines Paket geliefert. Er öffnete es und fand darin ein Gruppenfoto, das man aus irgendeinem Anlass von seiner Familie aufgenommen hatte. Die ganze Verwandtschaft, Onkel und Tanten,

Cousins und Cousinen, sogar entfernte Angehörige waren darauf abgelichtet. Ein Freund, der beim Öffnen des Pakets dabei war und später mit Molnár Abendessen ging, fragte höflich: »Wohin wird das Familienbild gehängt?«

»In die Portierloge«, antwortete der Beschenkte.

»Warum das?«

»Ich werde das Personal beauftragen, niemals auch nur einen von den Abgebildeten einzulassen.«

Molnár ging meist um drei Uhr früh zu Bett. Eines Nachts konnte er nicht einschlafen, weil aus dem über seinem Appartement im *Imperial* gelegenen Zimmer ohrenbetäubender Lärm drang. »Ein Klavier und eine Geige wetteiferten miteinander, meine Nachtruhe zu stören. Ich ließ den Krawall ein Weilchen stillschweigend über mich ergehen, dann rief ich den Portier an und bat ihn energisch, die Störenfriede zur Ruhe zu bringen. Er versprach Ordnung zu schaffen und in einigen Minuten verstummte die Musik.«

Am nächsten Tag stellte Molnár den Hoteldirektor zur Rede, der sich für die nächtliche Ruhestörung entschuldigte und dann erklärte, dass es sich bei den beiden Musikern um die gerade in Wien weilenden Virtuosen Jascha Haifez und Vladimir Horowitz handelte, die sich im Zimmer zu einem nächtlichen Privatkonzert zusammengefunden hatten. »Einer der größten Geiger und einer der größten Pianisten der Welt feierten ein Fest der Töne«, ärgerte sich Molnár. »Über meinem Kopf. Statt glücklich zu sein, dass ein wundervolles Konzert ohne Eintrittsgeld zu mir ins Haus kam, habe ich durch meinen heftigen Protest die Künstler in die Flucht geschlagen.«

Getreu seiner Devise hatte Franz Molnár auch während der Jahre seiner New Yorker Emigration »das billigste Zimmer im teuersten Hotel« gemietet, genauer gesagt, ein nicht sehr repräsentables

Appartement im achten Stock des *Plaza* vis-à-vis vom Central Park. Täglich ging er vor dem Hotel auf und ab – nur ein paar Schritte, das reichte schon. Einmal wurde er auf so einem Spaziergang von Friedrich Torberg begleitet. »An jenem Nachmittag herrschte besonders reger Fußgängerverkehr, und wir mussten unausgesetzt den uns entgegenhastenden oder nachdrängenden Passanten ausweichen«, erinnerte sich Torberg, der nach einer Weile vorschlug, auf die andere Straßenseite zu wechseln, die weniger frequentiert war.

Molnár wehrte mit dem ihm eigenen Misstrauen ab, die gewohnte, vor dem Hotel verlaufende Route zu verlassen. »Hinübergehen? Über die Straße? Mitten durch die Autos? Unmöglich. So etwas macht kein vernünftiger Mensch.«

»Aber Sie sehen doch, dass auch drüben Leute gehen, Herr Molnár«, hielt Torberg ihm entgegen. »Wie sind denn die hinübergekommen?«

»Die sind schon drüben geboren«, entschied Molnár, womit der Vorschlag endgültig abgelehnt war.

Anders als Molnár lebte der ungarische Milliardär Nikolaus von Szemere im teuersten Zimmer des teuersten Hotels. Immerhin hatte er im *Sacher* mehr als dreißig Jahre lang seinen ständigen Wohnsitz. Standesgemäß in einer Zimmerflucht, in der er samt Sekretär und großer Dienerschaft untergebracht war. Sein Salon im ersten Stock lag über dem Haupteingang des Hotels gegenüber der Hofoper, in dem er, stets mit einer Phantasieuniform bekleidet, regelmäßig Hof hielt. Einmal war bei ihm der Thronfolger Franz Ferdinand zu Gast, der den Baron nach dem Diner zum Gegenbesuch ins Belvedere lud.

»Großes Ehre, kaiserliche Hohait«, erwiderte Szemere, »konn ich aber laider nicht annehmen.«

Verblüfft, ja fast beleidigt, fragte der Erzherzog, warum er denn nicht kommen würde.

»Weil Ihre Frau Gemahlin konn sicher nicht so gut kochän wie Frau Sacher.«

Die übrigens vom Baron Szemere das Zigarrenrauchen gelernt haben soll.

Anton Kuh konnte dank des generösen Hausherrn zwar im *Adlon* wohnen, doch das Zimmerservice war in seinem Vorzugspreis nicht inkludiert. Glücklicherweise logierte auf derselben Etage ein Industriekapitän, der ebenso reich gewesen sein muss wie der erwähnte Baron Szemere. Besagter Industriekapitän bewohnte das *Adlon*-Appartement 102, in dem er eines Abends in großer Gesellschaft zu tafeln beliebte. Man servierte Kaviar, Austern, Geflügel, Kognak, Armagnac und was sonst noch gut und teuer war, und da Geld keine wie immer geartete Rolle spielte, war viel zu viel bestellt worden.

An diesem Abend lernte Anton Kuh die menschliche Größe des Zimmerkellners kennen. Denn plötzlich klopfte es an seiner Tür, Zimmer 173. Der Speisewagen wurde hereingerollt, mit zahllosen Köstlichkeiten darauf. »Machen Sie keine Witze«, sagte der Dichter zum Piccolo, »ich habe das nicht bestellt.«

Der herbeigerufene Ober lieferte gleich die Erklärung: Als die Herren von 102 fertig waren, sei so viel übrig geblieben, »da habe ich mir gedacht: Warum soll von dem Schmaus nicht auch was für unseren 173er abfallen – wo er doch heute noch gar nichts gegessen hat«.

Anton Kuh beendete die Tagebucheintragung mit den Worten: »Ich bleibe. Ich werde auf Nummer 173 den Weltuntergang bestimmt nicht erleben.«

Den erlebte er dann 1941 in New York, wo er, gerade fünfzig Jahre alt, plötzlich seinen letzten Atemzug tat.

Im Hotel natürlich.

# Neue Typen und alte Originale

# Alles is' hin?

*Hat es den »Lieben Augustin« wirklich gegeben?*

Hat es ihn überhaupt gegeben, den »Lieben Augustin«, dieses Sinnbild der wienerischen Überlebenskunst? Einen Hinweis dafür, dass er tatsächlich existiert haben könnte, hinterließ der Chronist und Ordenspater Matthias Fuhrmann: Ein Bänkelsänger namens Augustin sei im Jahre 1645 zu Wien geboren und hier als Dudelsackpfeifer von Lokal zu Lokal gezogen.

Als er demnach 34 war, im Herbst 1679 also, erreichte die größte Pestepidemie aller Zeiten ihren Höhepunkt. Am 10. September, so ist's überliefert, besuchte der Sackpfeifer Augustin die auf dem Wiener Fleischmarkt – gegenüber vom heutigen *Griechenbeisl* – gelegene Schenke *Zum roten Dachel*. Sei es aus Übermut oder weil er ohnehin der Meinung war, »Geld is hin, Gut is hin, 's Mensch is hin …«, schaute er an diesem Abend besonders tief ins Glas. Hätte er statt in den Dudelsack ins Alkoholröhrchen geblasen, wären wohl ein paar Promille mehr als die heutzutage erlaubten 0,5 herausgekommen. Aber Führerschein, den man ihm hätte wegnehmen können, gab's ohnehin keinen, und so geschah es, dass er auf dem Fußmarsch nach Hause zwischen Kohlmarkt und Burgtor stolperte und in berauschtem Zustand am Straßenrand liegen blieb.

Da lag er nun wie einer von vielen, die keine Chance hatten, dem »Schwarzen Tod« – einer Infektionskrankheit, die letztlich auf mangelnde Hygiene zurückzuführen war – zu entrinnen. »Man sah den ganzen Monat nichts als Tote tragen, Tote führen, Tote schleifen,

Tote begraben«, beschreibt Abraham a Sancta Clara die Situation. Jeder, der nur irgendwie konnte, verließ Wien und die Vorstädte, Kaiser Leopold I. war mit seinem Hofstaat nach Mariazell, Graz und schließlich nach Linz geflüchtet – insgesamt fielen der Seuche in wenigen Monaten mindestens 60 000 Menschen zum Opfer.

Kurz nachdem Herr Augustin in jener Nacht beim Burgtor gestürzt war, kamen zwei der vielen »Siechknechte«, die damals von der Stadt Wien zum Abtransport der Leichen beschäftigt wurden, des Wegs und kippten den wie tot daliegenden Bänkelsänger auf ihren pferdebespannten Leichenwagen, um ihn in die Pestgrube der Vorstadt St. Ulrich zu werfen. Wer in diesen finsteren Tagen regungslos herumlag, galt automatisch als tot, von der »Pestilenz« befallen, da wurde nicht viel untersucht oder nach etwaigen Lebenszeichen gefahndet, sondern nur schnellschnell in eines der 77 Massengräber am Rande der Stadt verfrachtet.

Als der »Liebe Augustin«, dessen Familienname der Geschichtsschreibung verborgen bleibt, am nächsten Morgen aufwachte, fand er sich neben Hunderten Leichen in der Pestgrube wieder. Sein Glück war, dass das Massengrab erst halbvoll gewesen und daher noch nicht mit Kalk zugeschüttet worden war.

»Wo bin ich, zum Teufel?«, soll er gebrüllt haben, »holt's mich sofort raus.« Und die gerade neue Leichen anliefernden Siechknechte befreiten ihn.

Trotz stundenlangem Körperkontakt mit den Pesttoten hatte sich der »Liebe Augustin« wie durch ein Wunder nicht infiziert, und so wanderte er zurück *Zum Roten Dachel*, um seinen Dudelsack zu holen und darauf weiter zu pfeifen, als wäre nichts geschehen.

Ob es den »Lieben Augustin« wirklich gegeben hat oder nicht, ist nicht so wichtig, denn was von ihm bleibt, ist das Symbolhafte. Der raunzende, jammernde, nörgelnde Wiener, der »Alles is hin« singt, aber deshalb noch lange nicht ans Untergehen denkt. Ein Optimist, selbst im Angesicht des Todes.

Der berühmte Augustin ist am 10. Oktober 1705 im Alter von sechzig Jahren verstorben, wie uns der Geschichtsschreiber überliefert.

## »KYSELAK WAR HIER«

*oder Wie man berühmt werden kann*

Welche Typen es im alten Wien gegeben hat! Eine war der im 19. Jahrhundert zu lokaler Berühmtheit gelangte Joseph Kyselak.

Er war ein kleiner Registraturbeamter, der es durch ausgedehnte Wanderungen quer durch die österreichischen Lande zu großer Popularität brachte. Freilich, weniger seiner beachtlichen körperlichen Leistungen wegen, sondern weil er sich – wo immer er im Laufe seiner intensiven Reisetätigkeit hinkam – mit seinem Namenszug »Kyselak« verewigte.

In geradezu manischer Besessenheit trug er mit Pinsel und schwarzer Farbe die Buchstaben auf, so dass sich in weiten Teilen der Monarchie die Aufschriften »Kyselak« oder »Kyselak war hier« fanden: auf Amtsgebäuden wie auf entlegenen Felswänden, neben Fiakerstandplätzen, in Gasthöfen oder auf Brückenpfeilern.

Selbst Kaiser Franz I., der Herrn Kyselak nach einer Gewaltwanderung quer durch die Donaumonarchie persönlich empfing, soll nach Beendigung der Audienz den auf seinen Schreibtisch in der Wiener Hofburg gepinselten Namenszug »Kyselak« entdeckt haben.

Motive für seinen Spleen können nur vermutet werden, da es für Herrn Kyselaks Leben nicht allzu viele Anhaltspunkte gibt: Geboren am 22. Dezember 1799 am Wiener Spittelberg, brach er aus unbekannter Ursache sein Philosophiestudium ab, um sich als Schriftsteller, Alpenführer und Schauspieler zu versuchen. Da er durch keine dieser Professionen seinen Lebensunterhalt bestreiten konnte, nahm er eine Stellung als subalterner Beamter in der k. k. Hofkammer an. Der Leiter derselben und somit sein Chef war der Hofrat Franz Grillparzer. Die geringe Befriedigung, die ihm die Tätigkeit im Amt verschaffte, mag den vielseitig talentierten Joseph Kyselak dazu animiert haben, sich anderwärtig zu profilieren.

Angeblich hatte er im Freundeskreis eine Wette abgeschlossen, innerhalb von drei Jahren »ein berühmter Mann zu werden, ohne ein Verbrechen oder Selbstmord zu begehen«. Die Chance dazu sah Kyselak gekommen, als er im Zuge einer ausgedehnten Wanderung auf einem Marktplatz seinen Namen hinterlassen und damit Aufsehen erregt hatte. Von nun an behielt er diese Angewohnheit bei.

Und so ist Joseph Kyselak im Herbst 1831 wirklich als berühmter Mann gestorben. Gerade erst 31 Jahre alt, war er in seiner Wohnung in der Wiener Kirchberggasse der damals grassierenden Cholera zum Opfer gefallen.

Er hatte seine Wette gewonnen.

Ohne aber den Gipfel seiner Popularität erlebt zu haben, die immerhin dazu führte, dass ihm der Dichter Joseph Viktor von Scheffel mit diesen Zeilen ein Andenken schuf:

> *Schwindlig ob des Abgrunds Schauer,*
> *Ragt des Turmes höchster Zack.*
> *Und von dem höchsten Saum der Mauer,*
> *Prangt stolz der Name Kyselak.*

Nicht nur dieses Gedicht erinnert bis heute an Kyselak. Es gibt richtige Kyselak-Forscher, die es sich zur Aufgabe gemacht haben, noch existierende Inschriften jenes spleenigen Vorläufers späterer Graffiti- und Spray-Künstler freizulegen und für die Nachwelt zu retten. Eine befindet sich an einer Säule des Schwarzenbergparks beim Schloss Neuwaldegg, weitere sind an einer Felswand zwischen Krems und Loiben und am Kirchturm von Perchtoldsdorf zu finden.

Und der Maler Friedensreich Hundertwasser behauptete eineinhalb Jahrhunderte nach Kyselak, dass dieser in vielerlei Hinsicht sein Vorbild gewesen sei.

Es wird wohl der etwas exzentrische Wesenszug des Sonderlings gewesen sein, der den Meister beeindruckte.

## Eine Ohrfeige von der Reichsgräfin

*Die seltsamen Auftritte der Beatrice Triangi*

Ein Original ganz anderen Zuschnitts war die Reichsgräfin Triangi. Sie stand stets im Mittelpunkt großer Feste, die im familieneigenen Palais am Wiener Rennweg zelebriert wurden. Beatrice Reichsgräfin Triangi von und zu Latsch und Madernburg, so ihr ganzer, pompöser Name, war 1868 als Tochter des bürgerlichen Seidenfabrikanten Jakob Samek in Brünn zur Welt gekommen. In erster Ehe mit dem Industriellen Richard Rindskopf verheiratet, ließ sie sich – da sie zeitlebens nach Höherem strebte – scheiden, um mit einem Ritter von Mühlau Verlobung zu feiern. Zur Hochzeit mit diesem kam es nicht, da ihr ein gesellschaftlich noch attraktiver wirkender bulgarischer Gutsherr über den Weg lief, den sie ehelichte, um sich von diesem gleich wieder scheiden zu lassen. Denn nun traf sie den Reichsgrafen Albano Triangi, der ihr zu jenem Titel verhalf, der voll und ganz ihren Ambitionen entsprach.

Wie sehr sie sich ihren jeweiligen Partnerschaften anpasste, erkennt man daran, dass die hohe Dame 1894 vom mosaischen zum katholischen Glauben überwechselte, um drei Jahre später serbisch-orthodox und dann evangelisch zu werden.

So lange ihr Reichsgraf lebte, benahm sich dessen repräsentativ auftretende Gemahlin noch recht zivilisiert. Erst nach Herrn Triangis Tod im Jahre 1926 zeigte sie auch andere Talente.

Also trat die adlige Witwe plötzlich in Varietés, Bars und Kinos auf, in denen sie tanzte, sang und die Flöte spielte. Nicht genug damit, pflegte sie bei ihren höchst eigenwilligen Darbietungen das Publikum auf das Gröblichste zu beleidigen. Manchmal ging sie so weit, Besucher, die sie auslachten, zu ohrfeigen.

Derartigen Skandalen folgten Aufsehen erregende Prozesse, bei denen sie als Diva auftauchte und selbst vor dem Richter mit Gesangs- und Tanzeinlagen glänzte.

Während ihr die meisten Wiener wohlwollend gegenüber standen, wurde sie von Aristokraten abgelehnt, die sich der Lächerlichkeit preisgegeben fühlten.

In den dreißiger Jahren ging es mit der Reichsgräfin Triangi rapide bergab. Verlacht und verspottet, wurde ihr die Gerichtsfähigkeit aberkannt, wodurch die von ihr heiß geliebten Auftritte vor dem Richter entfielen, die ihr die letzten Möglichkeiten, sich zu produzieren, geboten hatten.

Die Nationalsozialisten wiesen die harmlose Frau in die Heilanstalt Am Steinhof ein, wo sie am 28. April 1940 starb.

## Kleine Anleitung
## für grosse Schnorrer

*Die Memoiren des Poldi Waraschitz*

Es ist nicht anzunehmen, dass der Titel »Schnorrerkönig« je wieder verliehen wird. Sollten Sie eine solche Karriere dennoch anstreben, kann ich hier mit Tipps und Tricks aus allererster Hand aufwarten. Wurde mir doch, mehr als dreißig Jahre nach seinem Tod, das unveröffentlichte Manuskript der Memoiren des bisher unangefochtenen, einzigen und wahrhaften Königs aller Schnorrer zugespielt. Poldi Waraschitz verrät darin, wie man ein Luxusleben führt, ohne dafür einen Groschen zu bezahlen, geschweige denn je einer geregelten Arbeit nachzugehen.

Als der Schnorrerkönig im Jahre 1970 starb, dachte man, er hätte sein Geheimnis, wie man in den teuersten Restaurants der Welt bargeldlos Champagner schlürft, mit ins Grab genommen. Weit gefehlt, in seinen mir exklusiv vorliegenden Lebenserinnerungen legte er die Philosophie des Schnorrens offen.

Poldis erste Regel lautet: Achten Sie darauf, von Weltstars wie Liz Taylor, Claudia Cardinale und Curd Jürgens zu sämtlichen Filmpremieren mitgenommen zu werden, denen – wie jeder Schnorrer weiß – ein opulentes Galadiner folgt. »Menschenkenntnis«, meinte Poldi Waraschitz, sei die wichtigste Voraussetzung für sein Gewerbe. »Man muss immer wissen, bei wem und auf welche Art man schnorrt.« Als er etwa zum Grand Prix von Monaco geladen war, rutschte er beim erfrischenden Bad im hoteleigenen Swimmingpool so unglücklich aus, dass er sich an der Hand verletzte. Vom behandelnden Arzt nach seinem nächsten Angehörigen befragt, antwortete er geradezu wahrheitsgemäß: »Curd Jürgens!«

Der dann auch für die Spitalskosten aufkam.

Dieser kleine Zwischenfall stammt aus Poldis Blütezeit, Anfang der sechziger Jahre. Freilich musste auch er ganz klein anfangen, obwohl ihm die Kunst des Schnorrens förmlich in die Wiege gelegt worden war. Als eines von 14 Kindern einer armen Bauernfamilie 1900 im niederösterreichischen Lassee zur Welt gekommen, durften lernschwache Klassenkameraden Poldis Hausaufgaben abschreiben. Damals schon gegen Überlassung von Jausenbroten, Obst, Gemüse und Süßigkeiten. Kaum der Schule entwachsen und nach Abbruch einer Schneiderlehre – »das wär' ja Arbeit gewesen« – lief er von zu Hause weg und schnorrte sich bis nach Berlin durch, wo er den Übergang vom Amateur- zum Profischnorrer vollzog.

Denn im Berlin der zwanziger Jahre erkannte Leopold Waraschitz seine wahre Berufung. Er begeisterte die Stars aus Film und Bühne mittels »Wiener Schmäh« und gewann sie als Freunde. »Die Schauspieler schenkten mir Freikarten ihrer Vorstellungen, die ich dann weiterverkaufte.«

Damit war »die Linie gefunden«, ist in den mir vorliegenden Waraschitz-Memoiren nachzulesen. Eine Linie, die ihm ein Leben in Saus und Braus bescheren sollte. Wie man das macht, erzählte Poldi Waraschitz kurz vor seinem Tod der Wiener Autorin Nora Gray, die mir das gemeinsam verfasste Manuskript zur Veröffentlichung anvertraute.

Was war das Geheimnis des Schnorrerkönigs?

»Man sollte sich nie an die ganz Reichen wenden«, verkündet er aus langjähriger Erfahrung, »die sind meistens knausrig, bei der guten Mittelklasse ist mehr zu holen.« Ganz wichtig auch: »Keine runden Summen verlangen, sondern sagen: ›Mir fehlen 1250 Schilling für die Miete‹, das zeugt von großer Ehrlichkeit.« Weiters gehörte es zu Poldis Maximen, »stets erstklassig gekleidet zu sein, es findet sich immer jemand, der Maßanzug, Hemd und Krawatte spendiert. Denn nur elegante Leute lässt man in gute Lokale. Man braucht kein Geld zu haben, man darf nur nicht so ausschauen, als ob man keines hätte«.

In Berlin bekam der Schnorrerkönig Konkurrenz von Anton Kuh (der freilich weit mehr als nur schnorren konnte). Wann immer der Literat seinen Landsmann Poldi an einem Gratisbuffet erspähte, hob er mahnend den Zeigefinger und sagte: »Hier schnorre ich!«

Während Kuh durch das Verfassen hinreißender Essays auch zu richtiggehender Arbeit tendierte, endeten Poldis Versuche, sich als Statist, Reporter, Barkeeper und Heiratsvermittler zu betätigen, mit der Erkenntnis, dass man letztlich nur das tun sollte, was man wirklich kann.

Und er konnte nur schnorren.

Als Hitler 1933 in Berlin an die Macht kam, übersiedelte Poldi nach Wien, wo man ihn in der *Eden-Bar* als »den besten nicht zahlenden Gast, den wir je hatten« bezeichnete.

Nach kriegsbedingter Schnorrpause an der Front setzte Waraschitz 1945 seine Karriere fort. Kaum war der österreichische Film wiedererstanden, schleppten ihn Stars und solche, die es zu sein glaubten, zu den Premierenpartys, weil jedem klar war: Wer mit Poldi fotografiert wird, kommt in die Zeitung, zumal der Schnorrerkönig zeitweise populärer war als viele seiner Opfer. Oder, wie Poldi selbst zu sagen pflegte: »Wer von mir noch nicht angepumpt wurde, der hat es nicht verdient, im *Who is Who* zu stehen.«

Zu seinen Gönnern zählten jetzt Robert Stolz, Paul Hörbiger, Gunther Philipp, Dietmar Schönherr und Hans Moser (bei dem er seine Meisterprüfung ablegte, da der große Komödiant als besonders sparsam galt).

Die meisten Waraschitz-Freunde zahlten Fixpreise: Bei Johannes Heesters kassierte er pro Treffen fünfzig Mark, beim Regisseur Géza von Cziffra zwanzig. Und der »Hendlkönig« Friedrich Jahn gab ihm eine Karte, mit der er in jedem *Wienerwald*-Lokal der Welt gratis essen und trinken konnte.

Man traf Poldi in Venedig, München, St. Tropez, Acapulco, Hollywood und Las Vegas, wobei er in seiner Reiselust bestimmte Präferenzen zeigte. »Italien ist kein Land für mich«, schreibt er, »dort halten ja alle Leute die Hand auf!« Frankreich war schon mehr nach seiner Fasson, aber: »Wenn der Curd Jürgens nicht in Paris ist, merke ich erst, wie teuer dieses Land wirklich ist!«

Einmal, ein einziges Mal, sollte es Poldi Waraschitz passieren, dass er angeschnorrt *wurde* – und zwar von keinem Geringeren als Billy Wilder, damals noch ein junger Reporter in Berlin, mit dem er in jenen Jahren befreundet war.

Billy hatte Poldi um eine Mark zur Begleichung des Mittagessens gebeten, die dieser prompt durch den Verkauf zweier Freikarten des Singspiels *Im Weißen Rössl* aufbrachte. Vierzig Jahre später meldete sich der mittlerweile weltberühmte Regisseur wieder, diesmal mit der Idee, Poldis Leben zu verfilmen. Als Grundlage für den Film sollte die von Nora Gray aufgezeichnete Geschichte seines Lebens dienen. Beides zerschlug sich, der Film wurde nie gedreht, das Manuskript nicht gedruckt. Aber uns liegen jetzt wenigstens Poldis Aufzeichnungen vor, die das Geheimnis des Schnorrerkönigs preisgeben.

Der Leser möge in sich gehen und entscheiden, ob er an Hand dieser Anleitung ein Leben als Schnorrerkönig II. zu führen imstande ist. Man muss dabei freilich beachten, dass uns der Original-König manch eindrucksvolles Zeichen wahrer Größe hinterließ, wie die folgende Geschichte beweist: Waraschitz hatte am Gipfel seines königlichen Daseins einen Status erreicht, der es ihm erlaubte, sich seine Förderer aussuchen zu können. Als sich der als Playboy bekannt gewordene Millionär Gunther Sachs einmal in St. Moritz weigerte, mit Poldi fotografiert zu werden, verkündete der Schnorrerkönig dezidiert und vor versammelter Presse, »von Herrn Sachs keine Spenden mehr entgegenzunehmen«.

Seine Förderer waren es dann auch, die für die Begräbniskosten erster Klasse aufkamen, als Waraschitz 1970 starb. Denn der Ruf, der Welt bester Schnorrer zu sein, verpflichtete über Poldis Grab hinaus.

# Neues von prominenten Hundertjährigen

>»Ja, lang leben will halt alles,
aber alt werden will kein Mensch.«
JOHANN NEPOMUK NESTROY

Die einzige Möglichkeit, alt – nein: sehr alt – zu werden und das auch
genießen zu können, ist es, zu vergessen, wie alt man ist. Zu diesem, auf den ersten Blick ein wenig eigentümlich anmutenden Schluss
kam ich nach vielen Begegnungen mit faszinierenden Menschen, die sich
an den ganz späten Jahren ihres Lebens erfreuen konnten. Hier ein Beispiel, das meine These untermauert:

Ich spazierte einmal mit Marcel Prawy vom Sacher hinüber zur Staats-
oper, vor deren Künstlereingang uns ein grauhaariger Herr entgegenkam.
Die beiden Männer wechselten ein paar Worte, und als der mir Unbe-
kannte außer Hör- und Sichtweite war, flüsterte mir »Marcello« zu:
»Stell dir vor, der Mann war achtzig Jahre alt! Ein achtzigjähriger Mann!
Ist das nicht unglaublich!«

Das wirklich Unglaubliche an der Situation war aber, dass Prawy zu
diesem Zeitpunkt neunzig war. Er hatte es nur vergessen, oder besser
gesagt: nicht zur Kenntnis genommen. Er lebte wie ein Sechzigjähriger,
war neugierig, an allem interessiert, beruflich aktiv und hatte daher auch
gar keine Zeit, sich um echte oder eingebildete Krankheiten zu kümmern.
Er hatte verdrängt, dass er ein so hohes Alter erreicht hatte, weshalb er
unter diesem auch nicht leiden konnte.

In dem folgenden Kapitel werden die Porträts außergewöhnlicher Menschen gezeichnet, die noch älter wurden als er. Die Porträts von Künstlern oder auf andere Weise berühmt gewordenen Persönlichkeiten, deren

*Leben hundert und mehr Jahre währte. Einige dieser Zeugen eines ganzen Jahrhunderts lernte ich selbst kennen, wobei ich – so sie mir aus ihrem Leben erzählten – immer auch der Frage nachzugehen versuchte, inwiefern wir von ihrer Lebensweise profitieren können. Ob es ein Geheimnis gibt, wie man in großer Würde sehr, sehr alt wird?*

# Der letzte Stummfilmstar

*Liane Haid (1895–2000)*

Es war im Sommer 2000, als ich mich auf die Suche nach Liane Haid begab, denn ich wusste, dass der frühere Stummfilmstar demnächst seinen 105. Geburtstag feiern würde. Ja, in Worten: den einhundertundfünften.

Irgendwo in der Schweiz, erfuhr ich, sollte sie leben, angeblich bei ihrem Sohn. Die Telefonnummer war bald herausgefunden, ich rief also in Bern an, doch am Apparat war nicht ihr Sohn, wie ich vermutet hatte, sondern Liane Haid selbst.

»Na, also, was sagen Sie, hundertfünf bin ich jetzt«, sprudelte es gleich aus ihr heraus, »ich kann's selbst nicht glauben.« In Wien am 16. August 1895 zur Welt gekommen, hatte die Tochter eines Geigenbauers ein Stück Filmgeschichte geschrieben. Vorerst im Kinderballett der k. u. k. Hofoper und als Schauspielerin im Theater an der Wien engagiert, heiratete sie in jungen Jahren den Industriellen Baron Haymerle, der für sie die legendäre *Schönbrunn-Film* gründete. »In den Studios, die mein Mann für mich errichtete, habe ich die ersten Stummfilme gedreht«, erzählte sie. 1921 gelang ihr als *Lady Hamilton* der Durchbruch, und als Wirtin *Im Weißen Rössl* wurde sie populär.

Wie Liane Haid ihr hohes Alter erlebte? »Ich blicke viel zurück. Ich kann ja nur zurückblicken. Da versinke ich in eine wunderbare Zeit. Das heißt, die Zeit war gar nicht so wunderbar wie es die Erinnerungen sind. Aber sie halten mich aufrecht.« Auch Liane

Haid hatte beiseite geschoben, wie alt sie war. Indem sie sich in ihren Gedanken in eine andere Zeit begab, in eine Zeit, in der sie jung war.

In die späten zwanziger Jahre zum Beispiel, in denen es ihr als einem der ganz wenigen Stummfilmstars gelang, ihre Karriere im Tonfilm fortzusetzen. Robert Stolz komponierte für sie das Chanson *Adieu, mein kleiner Gardeoffizier*, das durch ihre Interpretation in dem Film *Das Lied ist aus* weltberühmt wurde.

Ob sie auf ihre Gesundheit geachtet hätte, fragte ich sie. »Also, gegessen hab ich immer ganz normal, Alkohol hab ich wenig getrunken. Und in meinem Leben nur eine einzige Zigarette probiert. Da habe ich gleich erkannt: Das ist nichts für mich. Und nie wieder eine angerührt.«

Die Filme der Liane Haid waren so erfolgreich, dass sie bald aufs Theaterspielen verzichtete. Auf der Bühne sei sie ohnehin nie so glücklich gewesen wie im Studio. »Ich erinnere mich an eine Theaterpremiere. Der Vorhang öffnete sich, und mir fiel der Text nicht ein. Da sagte ich vor all den Leuten laut und deutlich zu meinem Partner: ›Ich bitte dich, fang du an!‹ Das elegante Premierenpublikum war geschockt, man sprach von einem Skandal!«

Liane Haid wurde zu einem der großen Stars der Ufa, ihre Filme hießen *Eine Frau wie du, Der Prinz von Arkadien*; 1936 spielte sie in *Ungeküsst soll man nicht schlafen gehen* an der Seite von Heinz Rühmann, Hans Moser und Theo Lingen. Die ständigen Dreharbeiten zerstörten freilich zwei Ehen, erst in der dritten, mit einem Schweizer Arzt, fand sie ihr Glück. Erst damals, so sagte sie, hätte ihr wahres Leben begonnen.

Als ihr Sohn zur Welt kam, ließ Liane Haid die Karriere ruhen, um sie später wieder aufzunehmen. Und als sie sich im hohen Alter vollkommen aus dem Berufsleben zurückzog, begann sie ein Literatur- und Kunstgeschichtestudium, das wohl dazu beitrug, dass sie sich ihre geistige Regsamkeit bewahrte.

»Ich habe gerne gelebt«, sagte sie zum Abschied, »aber glauben Sie mir, ich freu mich auch schon auf das Himmelreich.«

Liane Haid starb am 29. November 2000 in ihrem 106. Lebensjahr.

# »There's No Business Like Showbusiness«

*Irving Berlin (1888–1989)*

Seine Schlager zählen zu den populärsten Melodien des 20. Jahrhunderts. *There's No Business Like Showbusiness* oder *White Christmas, Puttin' On The Ritz* oder *They Say It's Wonderful.* Irving Berlin war als Sohn eines Rabbiners am 11. Mai 1888 im Städtchen Mohilev in Weißrussland zur Welt gekommen und als Fünfjähriger mit seinen Eltern in die USA eingewandert. Als er acht war, starb sein Vater, woraufhin er für seinen und den Unterhalt seiner sieben Geschwister aufkommen musste. Er begleitete *Blind Sol*, einen singenden Bettler in New York, den er an der Hand durch die Lokale führte, in denen dieser auftrat. Dann heuerte Irving Berlin als Kellner an und wurde in Chinatown als *Singing waiter* bekannt. Mit zwölf klimperte er auf einem alten Klavier Melodien, die ihm spontan einfielen.

Irving Berlin konnte bis ans Ende seines langen Lebens keine Noten lesen. Er brauchte auch später noch, als weltberühmter Komponist, immer einen Musiker, der die von ihm erdachten Melodien niederschrieb.

Als er neunzehn war, ging mit *Mary From Sunny Italy* sein erster Song in Druck. Auf dem Notenblatt stand infolge eines Druckfehlers »I. Berlin« statt »Israel Baline«, wie er eigentlich hieß. Und von da an blieb er diesem Namen treu, der zum Symbol eines neuen Musikstils wurde und eine der traumhaftesten Karrieren im amerikanischen Showbusiness begründete. Mit *Alexander's Ragtime Band* schuf er 1911 die Melodie, die ihn weltberühmt machen sollte. Während man in Europa noch der Silbernen Operette huldigte, läuteten George Gershwin und Irving Berlin in Amerika den Rhythmus eines neuen Jahrhunderts ein.

Einen Rhythmus jedenfalls, bei dem sich die Zuhörer jünger fühlten, als sie es waren. In erster Linie hielt sein Sound jedoch den Komponisten Irving Berlin jung. Altersforscher haben herausgefunden, dass »Musik der Seele eine lösende Kraft gibt« und in Experimenten nachgewiesen, dass bestimmte Melodien beim Abbau von Spannungen und Verkrampfungen hilfreich sein können. Klar, dass jemand, der seine Musikalität beruflich nützt, am meisten von diesem Phänomen profitiert.

Irving Berlin schrieb in den zwanziger Jahren Hits wie *Puttin' On The Ritz, Let's Face The Music And Dance, How Deep Is The Ocean* sowie die Ohrwürmer *Remember* und *Always*. Gleichzeitig eroberte er mit den *Ziegfeld-Revuen* den Broadway; und mit der Musik zu *The Jazz Singer* – dem ersten Tonfilm der Welt – begann sein Aufstieg in Hollywood, der durch etliche Tanzfilme für Fred Astaire und Ginger Rogers gekrönt wurde. Irving Berlins Schaffen ist so vielfältig, dass George Gershwin ihn einmal als den »Schubert von Amerika« bezeichnete.

Nach dem Zweiten Weltkrieg wurde Berlins *Annie Get Your Gun* zum erfolgreichsten Broadwaymusical. Kein Wunder bei Melodien wie *There's No Business Like Showbusiness* und *Anything You Can Do.* Es folgten *They Say it's Wonderful, Cheek to Cheek* und *I Got The Sun in The Morning* – insgesamt hat Berlin dreitausend Melodien hinterlassen, die von den bedeutendsten Entertainern des Jahrhunderts interpretiert wurden: von Frank Sinatra über Danny Kaye, Marilyn

Monroe bis Barbra Streisand. Eines seiner Lieder stellt freilich alle anderen in den Schatten: *White Christmas* war, von Bing Crosby gesungen, die erfolgreichste Platte aller Zeiten, sie wurde mehr als 200 Millionen Mal verkauft!

Irving Berlin konnte mehr als das wahr machen, was er sich vorgenommen hatte – durch seine Melodien »die Herzen aller Amerikaner zu treffen«. Er traf die Herzen der Menschen in aller Welt.

Nach dem frühen Tod seiner ersten Frau verliebte er sich in die Millionärstochter Ellin Mackay, mit der er auch sein privates Glück finden sollte. Die Romanze erregte insofern Aufsehen, als die beiden 1926 gegen den Willen der Brauteltern heirateten. Die Familie war der Meinung, Ellin werde als Frau eines Hungerleiders – als die Musiker galten – nicht in der Lage sein, ihren Lebensstil beizubehalten. Sie konnten nicht ahnen, dass die Einnahmen ihres Schwiegersohns den Reichtum der Mackays bald um ein Vielfaches übertreffen würden: Irving Berlins Tantiemen sind die höchsten, die in der amerikanischen Musikbranche je ausbezahlt wurden.

Als Amerika am 11. Mai 1988 in der New Yorker *Carnegie Hall* den hundertsten Geburtstag der lebenden Legende mit einem Konzert seiner populärsten Melodien feierte, swingte die ganze Nation bei der Fernsehübertragung gerührt mit. Irving Berlin freilich hatte sich zu diesem Zeitpunkt schon in sein Haus in Manhattan zurückgezogen. Er starb dort im Alter von 101 Jahren.

## »MAN IST JA KEINE HUNDERT MEHR«

### Rosa Albach-Retty (1874–1980)

Zu den berührendsten Begegnungen meines Lebens zählte ein Vormittag, den ich mit der 103-jährigen Schauspielerin Rosa Albach-Retty verbringen durfte. »Es war kein sehr bewegtes Leben«, erzählte sie, »ganz im Gegenteil, es gab keine Ausschweifungen, alles war sehr bürgerlich.« Und darin sah sie auch schon das Geheimnis dafür, ihr biblisches Alter erreicht zu haben. »Ich glaube, ein gutes Naturell zu haben. Dinge, die mich belasten, kann ich ziemlich leicht abschütteln. Ich sage mir, es hat keinen Sinn, sich allzu sehr aufzuregen.«

Das war vielleicht auch der Grund, warum sie für ihre berühmte Enkelin Romy Schneider während unseres Gesprächs nur wenige Worte fand: »Sie ist ja leider keine Schauspielerin geworden. Nur Filmschauspielerin.«

Der Satz machte mir klar, dass Rosa Albach-Retty aus einer anderen Welt zu uns gekommen war – für ihre Generation zählte nur das Theater. Film oder gar Fernsehen waren »verbotene« Medien. Dennoch vermittelte Österreichs letzte Hofschauspielerin in keinem Augenblick den Eindruck, in ihren Ansichten altmodisch oder gar verstaubt zu sein. Und wenn sie mich mit ihren listigen Augen ansah, da wirkte die 103 Jahre alte Dame – ich wage es kaum zu sagen – geradezu jung. Außerdem sah sie in dem mondänen weißen Seidenkostüm, in dem sie mir an jenem brütend heißen Morgen im August 1977 auf der Terrasse des Kurhotels in Bad Goisern gegenübersaß, sehr schick aus.

Mir wurde, als ich mit Rosa Albach-Retty sprach, erst richtig bewusst, wie groß die Zeitspanne ist, die ein Mensch, der mehr als hundert Jahre alt wird, erlebt. Als sie 1874 in der deutschen Stadt Hanau als Tochter eines Schauspielerpaares zur Welt kam, komponierte Johann Strauß gerade *Die Fledermaus*, Briefsendungen wurden noch mit der Postkutsche befördert, es gab weder Strom noch Telefon, Bismarck war deutscher Reichskanzler und Victoria Englands Königin. Ihr Schauspieldebüt feierte Rosa Albach-Retty 1891 in Berlin, von dort ging sie nach Wien, wo sie ab 1903 dem Burgtheater angehörte. Sie trat hier noch mit Josef Kainz, Alexander Girardi und Katharina Schratt auf und wurde anlässlich ihrer Ernennung zur Hofschauspielerin von Kaiser Franz Joseph in Audienz empfangen.

Rosa Albach-Retty strahlte eine innere Ruhe aus, wie ich sie nur selten bei einem Menschen beobachten konnte. Jede hektische Bewegung war ihr fremd, und diese überlegene Gelassenheit hat wohl auch viel dazu beigetragen, dass sie in so großer Würde alt werden konnte.

Dabei war auch ihr nichts erspart geblieben. Liebevoll sprach sie von ihrem einzigen Sohn, dem 1967 verstorbenen Schauspieler Wolf Albach-Retty, der sie im Alter von 58 Jahren verlassen hatte, »das war der härteste Schlag meines Lebens«.

Rosa Albach-Retty widerlegte die Vermutung, dass Menschen, deren Vorfahren sehr alt wurden, eine wesentlich höhere Lebenserwartung hätten. »Meine Verwandten wurden nicht sehr alt«, erklärte sie, »die älteste war meine Großmutter, die mit 78 Jahren starb.« Die Altersforschung bestätigt, dass Lebensweise und innere Zufriedenheit mindestens so wichtig sind wie die genetischen Faktoren.

Die alte Dame erfreute sich nicht nur großer geistiger, sondern auch körperlicher Frische. Nach dem Gespräch spazierten wir noch durch den Kurpark. Als wir an einer Parkbank vorbei gingen, zeigte sie zu dieser und sagte lachend: »Auf dieser Bank habe ich meinen letzten Heiratsantrag bekommen. Das ist lange her, ich war damals neunzig.«

Ihr Humor muss viel dazu beigetragen haben, dieses hohe Alter erreicht zu haben. Viele Anekdoten, die von ihr erzählt werden, belegen das. Als etwa das österreichische Fernsehen ein Jahr nach meinem Besuch ein Porträt der Grande Dame des Burgtheaters drehte, wollte man sie im Erdgeschoß ihres Alterssitzes, einem Künstlerheim in Baden bei Wien, aufnehmen. Sie meinte aber, dass die Räumlichkeiten im ersten Stock besser geeignet wären. Das Team und die Schauspielerin gingen also in den ersten Stock, wobei sich Rosa Albach-Retty beim Stiegensteigen ein wenig schwer tat. Sie blieb auf halber Höhe der Treppe stehen und erklärte dem sie begleitenden Kameramann: »Na ja, man ist halt keine hundert mehr!«

Rosa Albach-Retty starb am 26. August 1980 in ihrem 106. Lebensjahr.

Zwei Jahre vor ihrer Enkelin Romy Schneider, die nur 43 Jahre alt wurde.

## EINE ROYAL IM PUB

*»Queen Mum« (1900–2001)*

Sie war immer zu einem freundlichen Lächeln bereit. Während ihre Tochter, Königin Elizabeth II., die Reste des einstigen Weltreichs möglichst würdevoll zu repräsentieren versucht, galt »Queen Mum« als gemütliches Original, das zuweilen unvermutet in einem Pub auftauchte und dort ein paar junge Leute zum Drink auf ihr Schloss einlud. Kein Wunder, dass sich viele Engländer eine Oma wie sie wünschten.

Und so nahm auch die ganze Nation an den Feierlichkeiten zu ihrem hundertsten Geburtstag teil. Dabei verstand die am liebsten in Zartrosa oder Grün gekleidete alte Dame auch weit geringere Anlässe zu zelebrieren. »Ihr Leben war ein einziges Fest«, entnimmt man dem Nachruf eines Hofberichterstatters auf die Witwe König Georges VI.

Geboren wurde die Königinmutter als Elizabeth Bowes-Lyon am 4. August 1900 in London. Ihr Vater, der 14. Earl of Strathmore, entstammte einem der ältesten Adelsgeschlechter des British Empire, dessen Kolonien sich damals noch von Australien über Indien bis Kanada erstreckten. Mit 23 Jahren war Elizabeth als neuntes von zehn Kindern dazu ausersehen, den zweitgeborenen Sohn des regierenden Königs George V. zu heiraten.

Das Leben der nunmehrigen Prinzessin war von da an darauf ausgerichtet, einen ebenso noblen wie langweiligen Verlauf zu nehmen. Fielen ihr und ihrem Mann, dem Prinzen Albert von York, nach der

Erbfolge doch keine anderen Aufgaben zu, als Kindergärten zu eröffnen und zum Five o'clock tea des britischen Hochadels zu erscheinen. Denn als künftiger König war Alberts älterer Bruder Edward vorgesehen.

Und der wurde es auch. Als der Vater der Brüder im Jänner 1936 starb, bestieg Edward den Thron, womit das Schicksal seines zur Bedeutungslosigkeit verdammten Bruders und seiner Frau besiegelt schien.

Doch es kam ganz anders. Der König verliebte sich in die Bürgerliche Wallis Simpson und bestand darauf, sie zu ehelichen. Parlament und anglikanische Kirche lehnten die Heirat ab, da die Amerikanerin zweimal geschieden war. Die Folgen waren dramatisch: Edward VIII. verzichtete nach knapp einjähriger Regentschaft auf den Thron und begab sich samt Ehefrau ins Exil nach Paris.

Die geheimnisvolle Rolle, die Elizabeth bei der skandalumwitterten Abdankung spielte, liegt im Dunkeln. Zwar wurden knapp vor »Queen Mums« hundertstem Geburtstag neun Kisten mit Edwards Briefen geöffnet, doch just die zehnte mit den wichtigsten Dokumenten blieb verschlossen. Ihr Inhalt darf erst im Jahre 2037 veröffentlicht werden.

Aufzuklären gäbe es genug. Viele Engländer fragen sich, warum Edward noch in der Nacht seiner Abdankung am 10. Dezember 1936 die Koffer packen und das Empire Hals über Kopf verlassen musste. War es Elizabeth, die die Verantwortung für diese Härtemaßnahme zu tragen hatte?

Jedenfalls schlug mit Edwards Rücktritt die Stunde der nunmehr 36-jährigen Elizabeth. Ganz England wusste, wer in ihrer Ehe »die Hosen anhatte«. Ihr Mann, der neue König – er nannte sich George VI. – stotterte, war auch sonst gehemmt und auf die großen

Aufgaben in keiner Weise vorbereitet. Elizabeth, spöttelten die Briten, sei »die eigentliche Königin«.

In der Tat kam auf das Paar Gewaltiges zu. Vorerst galt es, die durch Edwards Demission schwer angeschlagene Monarchie zu festigen. Was die Engländer aber ganz auf die Seite der neuen Königin brachte, war deren Haltung im Zweiten Weltkrieg. Allen Warnungen ihrer Generäle zum Trotz verharrte sie mit ihren Töchtern Elizabeth und Margaret, während London im Bombenhagel lag, im Buckingham Palast. Und begleitete ihren Mann bei allen Besuchen in die am schlimmsten betroffenen Gebiete der Stadt.

Wie George VI. und seine Frau überhaupt an der Entwicklung des 20. Jahrhunderts nicht unwesentlich beteiligt waren. Während nämlich Edward leise Sympathien für Hitlerdeutschland hegte, stand das nunmehrige Königspaar fest auf Seiten der Alliierten. Unvorstellbar, in welche Richtung die Weltgeschichte ohne Edwards Lovestory hätte gehen können!

Nach Georges frühem Tod im Jahre 1952 wurde seine ältere Tochter als Elizabeth II. zur Königin gekrönt. Obwohl ihrer Mutter laut Verfassung seither keine Staatsfunktionen zustanden, kam sie bis in ihr hohes Alter noch repräsentativen Pflichten nach, mit denen sie ihre Popularität weiter auszubauen wusste.

Gerade diese Verpflichtungen waren es, die ihr viel Disziplin abverlangten. Da »Queen Mum« immer im Blickpunkt der Öffentlichkeit stand, konnte sie sich, im Gegensatz zu anderen alten Menschen, nie gehen lassen. Und die Disziplin war wohl vorrangig auf ihrem Weg zu einem würdevollen Alter.

So lange sie in der Öffentlichkeit auftrat, bestach die Königinmutter, allen familiären Konflikten und Tragödien zum Trotz, durch ihr heiteres, offenes Wesen. »Wenn die Queen einen Raum betritt«, raunten sich die Briten zu, »nimmt alles Haltung an. Wenn aber ihre Mum kommt, erhellen sich die Mienen.«

Und so ließ »Queen Mum«, als sie in ihrer fröhlichen und souveränen Art zu den Feiern ihres hundertsten Geburtstags schritt, manch anderes Mitglied des Königshauses recht alt aussehen.

Sie starb im Frühjahr 2002 im Alter von 101 Jahren.

## »VIELLEICHT WURDE MIR
## ZU VIEL GESCHENKT«

*Rose Kennedy (1890–1994)*

Noch eine Frau, die mehr als hundert Jahre alt wurde und am Rande der Weltgeschichte eine nicht unwesentliche Rolle spielen sollte. Jedenfalls könnte man ihr Leben als exemplarisches Beispiel dafür anführen, dass Schicksalsschläge – und seien sie noch so unerträglich – offensichtlich kein Grund sein müssen, nicht alt zu werden. Rose Kennedy, das weibliche Oberhaupt des berühmtesten Clans der USA, wurde 104 Jahre alt. Und das, obwohl ihr bei Gott nichts erspart geblieben ist. Musste sie doch mit ansehen, wie vier ihrer Kinder auf dramatische Weise ums Leben kamen.

»Vielleicht wurde mir zu viel geschenkt«, resümierte sie in ihren letzten Jahren. »Ich hatte einen Sohn, der Präsident war, zwei weitere waren Senatoren. So viel konnte Gott nicht zulassen.«

Ihr Großvater war Mitte des 19. Jahrhunderts vor einer Hungersnot in Irland nach Amerika geflüchtet, wo er sich als armer Landarbeiter durchschlagen musste. Er war bereits Bürgermeister von Boston, als Rose Fitzgerald dort am 22. Juli 1890 geboren wurde.

Mit 24 Jahren heiratete sie Joseph Kennedy, der wie sie einer irischen Familie entstammte und durch – illegalen – Alkoholhandel zum Millionär wurde. Sie schenkte ihm neun Kinder, die sie praktisch allein großziehen musste, da ihr Mann sich meist in New York oder Hollywood aufhielt. »Oft war er Tage, Wochen oder sogar Monate nicht zu Hause«, schreibt sie in ihren Lebenserinnerungen.

Joseph nutzte seine nebenberufliche Tätigkeit als Filmproduzent für zahllose Affären, wobei die mit Stummfilmstar Gloria Swanson besonderes Aufsehen erregte. Proteste von Rose prallten an ihrem Mann ab, hatte er doch von Anfang an klargestellt, wie es in der Ehe eines Kennedy zuzugehen hat: »Die Heiligen sind fürs Kinderkriegen, die Huren für die Freizeit.«

Wie sich die Kennedys überhaupt für jede Lebenslage ein Motto zurechtgezimmert hatten. Auch für die Kindererziehung gab es eins: »Wir wollen keine Verlierer! In unserer Familie gibt es nur Gewinner!« Auch wenn Rose und Joseph Kennedy sich redlich Mühe gaben, danach zu leben, konnte kein Geld der Welt diese Tragödien von ihrer Familie abwenden:

- Tochter Rosemary wurde geistig behindert geboren und lebte in einer geschlossenen Anstalt.
- Sohn Joseph junior fiel im Zweiten Weltkrieg.
- Tochter Kathleen kam bei einem Flugzeugabsturz ums Leben.
- Nur einen Monat nach dem größten Triumph des Clans – als John Präsident der Vereinigten Staaten von Amerika wurde – erlitt Rose Kennedys Ehemann Joseph einen Schlaganfall, der ihn verstummen ließ und für den Rest seines Lebens an den Rollstuhl fesselte.
- Am 22. November 1963 wurde ihr Sohn John F. Kennedy in Dallas/Texas ermordet. Selbstverständlich hatte seine Mutter wieder eine Devise parat: »Schmerz«, lautete diese, »ist nicht durch Tränen, sondern nur durch Entschlossenheit zu ertragen.«

In ihren Memoiren beschreibt Rose Kennedy auch, wie beherrscht sie auf die erste Radiomeldung nach dem Attentat reagierte: »Ich hatte mich seit Jahren dazu erzogen, mich durch schlechte Nachrichten nicht so weit beunruhigen zu lassen, dass ich es mir anmerken ließ. Ich war überzeugt davon, wenn ich zusammenbreche, dann würden es auch alle anderen Hausbewohner tun, und allein deshalb müsste ich mich beherrschen. Ich zog mich in mein Zimmer zurück und ging dort auf und ab.«

• Fünf Jahre später wurde ihr Sohn Robert, der sich ebenfalls um den Einzug in das Weiße Haus bewarb, während einer Wahlreise in Los Angeles erschossen.

Auch nach dem Tod ihres vierten Kindes fand die tiefgläubige Katholikin Trost in der Religion. »Die Bibel sagt es: ›Wem vieles gegeben ist, dem wird auch vieles genommen.‹«

Zweifellos trug Rose Kennedys unerschütterlicher Gottesglaube viel dazu bei, dass sie trotz all der Schicksalsschläge den Überlebenswillen nie verlor. Und den brauchte sie auch weiterhin:

• 1969 stürzte der Wagen ihres Sohnes Edward in Chappaquiddick mit überhöhter Geschwindigkeit von einer Brücke. »Ted« konnte sich befreien, doch seine Sekretärin Mary Jo Kopechne ertrank. Der Senator verständigte die Polizei erst nach zehn Stunden. Damit war der Traum, dass ein weiterer Kennedy US-Präsident werden könnte, ausgeträumt.

• Auch mehrere Enkel von Rose Kennedy starben tragisch, wobei es ihr wenigstens erspart blieb, die beiden letzten Katastrophen – Robert Kennedys Sohn Michael verunglückte 1997 bei einem Skiunfall tödlich und John F. Kennedy junior 1999 bei einem Flugzeugabsturz – erleben zu müssen.

Unglaublich, wie Rose aus jedem Unglück Positives zu schöpfen versuchte: »Ich lasse mich nicht unterkriegen«, erklärte sie einmal. »Mir bleiben ja fünf Kinder, 29 Enkel und 22 Urenkel.«

Sie alle feierten am 22. Juli 1990 am Sitz des Kennedy-Clans in Hyannis-Port in Massachusetts mit einer Riesenparty den hundertsten Geburtstag der »eisernen Großmutter«, wie Rose in Amerika genannt wurde.

Ihr beinhartes Motto für den langen Winter ihres Lebens lautete: »Ich kenne kein Altern, keine Müdigkeit, keine Niederlagen.«

Ein erstaunlicher Satz für eine Frau, die 104 Jahre alt wurde und vier ihrer Kinder begraben musste.

Doch erstaunlich war vieles an dieser Frau, die am 22. Jänner 1995 starb.

# MIT ACHTZIG BEGANN
## DIE WELTKARRIERE

*George Burns (1896–1996)*

Sie kennen doch sicher die Filmkomödie *Sunny Boys*, in der zwei alternde Komiker nach langer Pause wieder einen gemeinsamen Auftritt absolvieren sollen. Walter Matthau spielte einen der beiden Komödianten, George Burns den anderen. Und eben dieser George Burns hat auch seinen Platz in der Reihe großer Hundertjähriger.

Als er am 20. Jänner 1896 in New York zur Welt kam, wurden in Manhattan gerade die ersten Kinos errichtet. Hundert Jahre und sechs Wochen später starb George Burns als Legende des amerikanischen Films. Dazwischen lag ein volles Leben, das durch eine riesige Portion Humor geprägt war.

In den Slums der Großstadt aufgewachsen, musste er als eines von zwölf Kindern, deren Vater früh verstorben war, jede Arbeit annehmen. Mit sieben trat George zum ersten Mal in einer Vaudeville-Show auf – und wollte von da an nichts anderes sein als Komiker. Der kleine Mann mit den abstehenden Ohren wurde ein Symbol der Heiterkeit im amerikanischen Showbiz.

Um weltberühmt zu werden, musste er freilich achtzig Jahre alt werden. Er wurde es an der Seite von Walter Matthau als *Sunny Boy*, für den George Burns 1976 einen Oscar bekam.

Der späte Ruhm war für ihn der Auftakt, weiterzumachen. Mit 84 spielte er in *Die Rentner-Gang* einen findigen Bankräuber. Von der *New York Times* zum »Sexsymbol des Jahres« gekürt, traf man den alten Mimen meist in Turnschuhen und mit einer Baseballmütze auf dem Kopf an. Seine Memoiren mit dem Titel *Wie man lebt, um hundert zu werden* verraten schon im Untertitel, was er als Geheimnis scheinbar ewiger Jugend betrachtete: *Das definitive Buch über Diät, Training und Sex.*

Tatsächlich geht es darin meist um das Eine: »Nur Rauchen und Singen«, schreibt er, seien »noch schöner als die schönste Sache der Welt.«

Mit 99 gab er im Shubert Theatre am Broadway noch einmal die *George-Burns-Show.* Wie immer mit dicker Zigarre, die längst zum Markenzeichen seines lachenden Gesichts geworden war. Und wieder kam er zur Sache: »Ich gehe niemals mit Mädchen meines Alters aus.«

»Warum?«, fragte der Moderator.

»Weil es keine Mädchen meines Alters gibt.«

»Ihre Freundinnen sind immer sehr hübsch.«

»Ja, manche versprechen mir sogar, mich ins Showgeschäft zu bringen.«

Keine Frage, das Lachen hat einen wichtigen Beitrag geleistet, dass George Burns als glücklicher Mensch alt werden konnte.

Die Lacher hatte er in seinem langen Leben oft auf seiner Seite. Ab 1923 tingelte er mit seiner Frau in der *George-Burns-and-Gracie-Allen-Show* durch Amerika. Gemeinsam wurde das komische Paar vom Radio entdeckt, ehe George nach Hollywood ging. Er stand mit Bing Crosby (*The Big Broadcast,* 1932) und Juck Benny vor der Kamera, musste aber noch gut vierzig Jahre warten, um seinen Durchbruch zu erleben.

Und er erlebte ihn. Wie er und Walter Matthau in Neil Simons Komödie *Sunny Boys* zwei grantige Komiker verkörpern, die einander nicht ausstehen können, aber einmal noch gemeinsam jenen Doktor-Sketch spielen sollen, der sie berühmt gemacht hat, schrieb Kinogeschichte.

Burns hat damit auch sein eigenes Leben gespielt: Vom Komiker, der lange dieselbe, eher zweitrangige Rolle darstellte, zum alternden Star.

Zwischen den frühen Erfolgen und dem Beginn der großen Karriere im hohen Alter lagen viele bittere Jahre, in denen es um George Burns sehr still war. Er konnte sich mit Fernsehshows über Wasser halten, von einer Filmkarriere aber war keine Rede mehr. Ab 1964, nach dem Tod seiner Frau und Bühnenpartnerin, trat er als Alleinunterhalter auf.

Das Comeback mit achtzig wurde zum Triumph. Als George Burns seinen Oscar in Händen hielt, bedankte er sich mit den Worten: »Meinen letzten Film habe ich 1939 für MGM gedreht. Die waren so begeistert von mir, dass sie mich jetzt nach nur 36 Jahren gleich wieder zurückholten!«

Im Jänner 1996 wollte George Burns im *Cesars Palace* in Las Vegas mit einer »Jahrhundertshow« seinen hundertsten Geburtstag feiern. Er musste kurzfristig absagen, da er, wie Burns seinen Fans ausrichten ließ, »auch nicht mehr der Jüngste« sei.

Knapp zwei Monate später, am 10. März, starb der große Entertainer in seinem Haus in Beverly Hills.

125

## MEIN ONKEL, DER HOLLYWOODSTAR

*Francis Lederer (1899–2000)*

Auch ein Verwandter von mir ist hundert Jahre alt geworden. Dass er den runden Geburtstag in erstaunlicher Frische beging, ist eine Sache. Dass er in diesem biblischen Alter auch noch berufstätig war, die andere. Francis Lederer leitete eine Schauspielschule in Hollywood, in der er mit seinen hundert Jahren nach wie vor regelmäßig unterrichtete. »Es ist ein Wunder für uns alle«, sagte einer seiner Studenten zu mir, als ich zu seinem hundertsten Geburtstag eine Fernsehdokumentation über das Leben meines Onkels drehte.

In meiner Kindheit sprachen wir immer mit großer Ehrfurcht von ihm. Wir haben einen Verwandten, hieß es, der ein richtiger Hollywoodstar ist. Onkel Francis, wie wir ihn nannten, schien für uns wie aus einer anderen Welt. Ein berühmter Schauspieler, ein Bild von einem Mann, einer, dem die Frauen zu Füßen lagen. Später lernte ich Francis, der als gebürtiger Österreicher in Wirklichkeit natürlich Franz hieß, als liebenswerten Herrn der alten Schule kennen. Als er dann hundert wurde, konnte ich meinen Beruf nicht verleugnen. Und so flog ich nach Hollywood, um ein Fernsehporträt über ihn zu drehen.

Er hatte so gar nichts von einem Greis an sich. »Ich fühle mich nicht alt«, sagte Francis und zeigte uns, wie man auch die ganz späten Jahre genießen kann.

Dass er in den dreißiger Jahren als Liebhaber Hollywoodikonen wie Ginger Rogers, Maureen O'Hara und Olivia de Havilland betören würde, war ihm nicht in die Wiege gelegt worden. Geboren am 6. November 1899 im altösterreichischen Karolinenthal bei Prag – seine Mutter und meine Großmutter waren Schwestern –, spielte er zunächst in Wien und Berlin die jugendlichen Liebhaberrollen. Erster Höhepunkt der Karriere war sein Romeo in der Regie Max Reinhardts, Elisabeth Bergner war die Julia.

Nach frühen Stummfilmerfolgen sah man Franz Lederer 1929 mit Willi Forst und Fritz Kortner in dem ersten deutschen Tonfilm *Atlantic* (der vom Untergang der Titanic handelt). Er war eine so strahlend-elegante Erscheinung, dass man ihn bald nach London (»Ich konnte kein Wort Englisch und musste alles phonetisch lernen«) und von dort an den Broadway und nach Hollywood holte.

1934 begann sein Aufstieg in der Filmmetropole, in der er an der Seite von Joan Bennett, Claudette Colbert und Paulette Goddard sowie John Barrymore und Edward G. Robinson auftrat. Auf seinem Schreibtisch stand ein Foto, das zeigt, wie er Ginger Rogers in dem Film *Romance in Manhattan* küsst. »War der Kuss echt oder nur angedeutet?«, fragte ich ihn.

»Natürlich hab ich sie geküsst, sie war doch eine bezaubernde Frau«, erklärte Francis im schönsten Burgtheaterdeutsch, das er immer noch beherrschte, obwohl er seit fast siebzig Jahren in den USA lebte.

In Europa ist sein Name vergessen, doch in Amerika ist er ein Begriff. Patrick Macnee (*Mit Schirm, Charme und Melone*), sein Freund und Nachbar in Palm Springs, erzählte mir, dass »die Filme von Francis seit einigen Jahren wieder in den großen Nostalgiekinos und im Fernsehen zu sehen sind, die haben schon richtigen Kultcharakter«.

Francis ließ sich auch mit hundert noch regelmäßig in die *American National Academy of Performing Arts* chauffieren, in der er jeden Dienstag von 19 bis 22 Uhr angehende Schauspieler unterrichtete. Die berühmteste Schülerin der *Academy* war Oscar-Preisträgerin Helen Hunt, auf die er natürlich »sehr stolz« war.

Franz Lederer galt schon in seiner alten Heimat als überaus fescher Gentleman. Davon schwärmte seinerzeit nicht nur meine Großmutter (»die Tante Ida«, an die er sich noch sehr gut erinnerte), sondern auch Bruno Kreisky. »Als sich das Gerücht verbreitete, dass Franz Lederer nach Trebitsch komme, um dort seinen Urlaub zu verbringen«, schreibt der frühere Bundeskanzler in seinen Memoiren, »hätte man meine sehr hübschen Cousinen am liebsten eingesperrt. Der Tag kam, er erschien, und es war wie aus einem Film. Er trug einen Strohhut, den berühmten Girardihut, einen karierten Anzug mit einer auffallenden Krawatte und schwarze Lackschuhe. Die Blicke der Frauen richteten sich nur noch auf ihn.«

Als es Ende der fünfziger Jahre mit seiner Filmkarriere vorbei war, wechselte er zum Fernsehen, spielte in *Chicago 1930 – The Untouchables*, führte Regie in *77 Sunset Strip*, unternahm große Theatertourneen. Mit hundert sah er immer noch blendend aus. Groß, schlank und kerzengerade saß er da, und sein Gesicht strahlte etwas Spitzbübisches aus. Gerne erinnerte er sich »an das alte Österreich und an den Kaiser, für den ich noch ins Feld gezogen bin«. Und er freute sich über die Gnade, in Gesundheit alt sein zu dürfen. »Ich habe nie Alkohol getrunken, wenig geraucht, nehme Vitamine zu mir und drehe immer noch jeden Tag ein paar Runden auf dem Zimmerfahrrad. Aber das Wichtigste für mich ist die Schauspielschule. Die Arbeit mit den jungen Leuten hält auch mich jung.«

Am Tag seines hundertsten Geburtstags stand Onkel Francis im Mittelpunkt einer großen Party in Hollywood. Er stand, ehe das Dessert serviert wurde, auf, dankte für die guten Wünsche und erklärte, dass er mit seinem Leben rundum zufrieden sei. »Man müsste nur ein bisschen jünger sein«, sagte er und hob sein Glas. »So neunzig!«

Als ich mich nach vielen langen Gesprächen während der Dreharbeiten, die immer wieder durch seinen Unterricht an der Schauspielschule unterbrochen wurden, verabschiedete, fragte ich ihn, ob er jetzt nicht müde sei.

»Müde?«, lachte er. »Ich bitte dich, ich habe doch gar nicht gearbeitet.«

Francis Lederer legte sich am Abend des 24. Mai 2000 in seinem Haus in Palm Springs nieder und wachte am nächsten Morgen nicht mehr auf. Er war 101 Jahre alt geworden und hatte drei Jahrhunderte erlebt.

# »Jopies« hundertster Geburtstag

*Johannes Heesters (\* 1903)*

Den 5. Dezember 2003 werde ich nie vergessen. Es war der Tag, an dem Johannes Heesters einhundert Jahre alt und im Wiener Konzerthaus gebührend gefeiert wurde. Mit Ansprachen von Freunden, Kollegen und Politikern, wie das so üblich ist. Doch nach der Pause geschah etwas, das bei einem Mann dieses Alters gar nicht üblich ist. Da stellte sich der Jubilar auf die Bühne und sang. Eine Stunde lang brachte der alte Charmeur seinem Publikum all die Schlager dar, die man seit Jahrzehnten von ihm kennt: *Man müsste Klavier spielen können, Ich werde heute Nacht von Ihnen träumen, Jede Frau hat ein süßes Geheimnis …* und zu guter Letzt ging er dann natürlich noch ins *Maxim*.

Das Erstaunliche an diesem Abend war, dass besagter Auftritt nicht der eines hundert Jahre alten Mannes war. Johannes Heesters strahlte vielmehr wie in seinen Glanzzeiten. Die Zuschauer tobten, kreischten und feierten ihn nach jedem Lied mit Standing Ovations, wie ich sie nie zuvor erlebt hatte.

Ich kannte den »besten Danilo aller Zeiten« (© Franz Lehár) seit langem schon. Zunächst schrieb ich einen Bericht, als er achtzig war und sich an der Wiener Volksoper »für immer« als Danilo von seinem Publikum verabschiedete. Keiner verstand damals, warum dies seine letzte *Lustige Witwe* sein sollte, so jung wirkte er als eleganter Lebemann. Das nächste Mal traf ich ihn, als er neunzig war. Ja, und dann einen Tag nach seinem 97. Geburtstag, als ich im Wiener RadioKulturhaus einen Abend mit ihm veranstaltete, an dem er aus seinem Leben erzählte. Das Publikum war glücklich, »einmal noch« den großen Heesters erleben zu dürfen.

Doch der dachte nicht daran, abzutreten. Und so bat ich ihn, inzwischen 99 Jahre alt geworden, zu einem weiteren Interview. Es war gar nicht so leicht, seiner habhaft zu werden, denn der gute Mann befand sich gerade auf Tournee. »Entschuldigen Sie, dass ich nicht gut rasiert bin«, begrüßte er mich am Nachmittag vor einer Vorstellung in irgendeiner bayerischen Kleinstadt. »Der Dreitagebart ist für die Rolle, die ich heute Abend spiele.«

Ja, er spielte eine Rolle. Mit neunundneunzig!

»Ich kann nicht anders«, erklärte er mir. »Ich bin seit über achtzig Jahren am Theater. Hätte ich irgendwann zu spielen aufgehört, würde ich wahrscheinlich nicht mehr da sitzen.«

Das Wunder für mich war, dass er mit seinen 99 Jahren agiler, zufriedener und frischer wirkte als bei den Begegnungen in den Jahren davor. »Es gab schon Zeiten, in denen ich mich nicht so wohl fühlte«, bestätigte er meinen Eindruck. »Aber jetzt geht es mir gut, ich bin gesund, mir tut nichts weh. Meine Knie, die mich schmerzten, sind operiert, ich kann wieder gehen. Das einzige Problem sind die Augen, die sind schon sehr schwach. Aber damit kann ich leben.« Den Text für seinen jeweiligen Auftritt lernte er mit Hilfe eines Bildschirms, auf dem jedes Wort in riesigen Lettern ablesbar ist.

Woher er die Kraft nahm, mit 99 voll im Berufsleben zu stehen, fragte ich ihn.

»Ich gehe dreimal in der Woche ins Fitnessstudio«, erklärte er. »Ich hebe mit meinen Beinen zwanzig Mal hintereinander vierzig

Kilogramm schwere Gewichte. Wir haben dort Dreißigjährige, die das nicht schaffen. Aber ich zwing mich dazu. Und ich mach auch noch immer täglich meine Stimmübungen.«

Sechzig Mal hintereinander spielte der 99-Jährige im Herbst 2002 die Rolle des Kammerdieners Firs in Tschechows *Der Kirschgarten.* »Bei den Proben fragte ihn der Regisseur, ob er nicht eine Zweitbesetzung haben möchte, für den Fall, dass er sich einmal nicht wohl fühlen würde«, erzählte mir seine Frau Simone Rethel. »Jopie hat empört abgelehnt und jede Vorstellung gespielt. Von den jungen Kollegen war fast jeder einmal krank, manche mussten absagen. Nur Jopie nicht, der hielt eisern durch.«

Als ich abends in der Vorstellung saß, glaubte ich meinen Augen nicht trauen zu können: Johannes Heesters ging jetzt, auf einen Stock gestützt, langsamer als er vorhin gerade noch privat gegangen war. Ja, er *spielte* jetzt einen alten Mann (obwohl der Diener Firs, laut Angaben Anton Tschechows, um zwölf Jahre jünger ist als er).

»Am Applaus merke ich, dass mich die Menschen nicht vergessen haben«, freute er sich nach der Vorstellung bescheiden und fügte an: »Ich hoffe, dass ich auch in Zukunft noch ein paar schöne Stücke spielen kann. Eine gute Rolle mit Tiefgang und Humor, das wäre mein Wunsch.«

Und dann sagte der 99-Jährige einen unglaublichen Satz: »Mit den guten Rollen ist das so eine Sache. Für die einen bin ich zu alt und für die anderen zu jung.«

»Bitte, Herr Heesters?«, fragte ich. »Für welche Rolle sind Sie denn zu jung?«

Da musste er selber lachen. Obwohl es ganz ernst gemeint war. Nein, einen Greis möchte er nicht spielen, dafür sei es noch zu früh.

Ein Jahr später dann der »Hunderter«. Wir trafen uns vor dem Geburtstag zum Mittagessen, diesmal in Stuttgart, wo er – na, klar – gerade Theater spielte. »Ich muss zugeben, dass es komisch klingt, wenn ich sage, dass ich jetzt hundert Jahre alt bin«, lachte er. »Denn mir geht's gut, ich trete jeden Abend auf, wir sind ausverkauft und dem Publikum gefällt's.«

Ich konnte es kaum glauben, aber Johannes Heesters wirkte wieder, als wäre er in noch besserer Verfassung als in den Jahren davor. In der Tat schien die Zeit fast spurlos an ihm vorüberzugehen. »Manchmal sehe ich Leute«, erzählte er, »die sind siebzig oder achtzig und reden schon so (Heesters spielte mir einen alten Mann vor) – das hab ich Gott sei Dank nicht.«

Könnte er gar nicht haben, denn sein Terminkalender ist übervoll: Fernsehfilme, Talkshows und Matineen, eine große Geburtstagsgala zum Hunderter. Dazwischen Flüge, lange Autofahrten, Proben.

Und dann der Geburtstag und der große Auftritt im Wiener Konzerthaus. Er sang seine Lieder mit demselben Timbre, demselben Schmelz, dem Charme und dem holländischen Akzent, wie er das immer getan hat. Doch nun kam noch eine Dimension dazu: das Gefühl, dass der Mann, der auf der Bühne alles zu geben imstande war, einhundert Jahre alt ist.

Kaum jemand unter den fast zweitausend Menschen im Großen Konzerthaussaal, der nicht von Tränen übermannt worden wäre.

»Ist das alles nicht ein bisschen viel?«, fragte ich spätabends, als wir nach der Vorstellung noch in größerer Runde beisammen saßen.

»Nein, ganz im Gegenteil. Ich brauche das. Nach der Vorstellung setze ich mich mit meinen Freunden zusammen. So geht das schon mein Leben lang.« Dann zündete er sich eine Zigarette an und bestellte Whisky.

Ans Aufhören hätte er noch nie gedacht. »Das wäre langweilig. Ich bin gesund, habe meine Stimme und es macht mir Freude. Soll ich aufhören, nur weil ich hundert bin?«

Ja wirklich, wer hört denn auf, nur weil er hundert ist!

Ein paar Tage später sah ich ihn als Gast in einer deutschen Talkshow, in der man ihn fragte, ob er manchmal ans Abschiednehmen denke.

»Ja«, sagte der Hundertjährige mit einem Blick auf seine neben ihm sitzende Frau, die gerade halb so alt ist. »Oh ja, ich denke oft an den Tod. Und da stelle ich mir immer die Frage: Wer geht zuerst? Sie oder ich?«

Johannes Heesters hatte in diesem Augenblick sein Alter weit von sich weg geschoben. Und damit meine These bestätigt, dass es auf diese Weise ein wenig leichter fallen mag, in Würde, mit Freude und Zufriedenheit alt zu werden.

Das Leben außergewöhnlicher Menschen, die hundert Jahre alt wurden, fasziniert, weil wir letztlich alle davon träumen, diese magische Altersgrenze zu erreichen – und das natürlich in möglichst guter geistiger und körperlicher Verfassung. Auch wenn die Lebensbilder der im vorigen Kapitel beschriebenen Persönlichkeiten sehr unterschiedlich waren, konnte ich – so ich sie kennen lernte – doch interessante Parallelen feststellen. Sie alle führten ein diszipliniertes Leben, bei jedem fiel mir eine fast kindische Neugierde auf, jeder versuchte, sich körperlich fit zu halten und blieb bis zuletzt geistig tätig.

Wie aber bleibt der Durchschnittsbürger »jung«, der weder komponieren noch ein Buch schreiben oder Theater spielen kann, geschweige denn eine Königin in der Familie hat, der man ein paar repräsentative Aufgaben abnehmen darf?

»Jeder muss sich nach seinen Möglichkeiten rechtzeitig aufs Altwerden vorbereiten«, meint der Wiener Altersforscher Leopold Rosenmayr. »Jeder muss sich die Frage stellen, was er gerne tun würde, ob in ihm vielleicht ungelebte künstlerische oder andere Ambitionen stecken – ob er malen, schreiben, sich mit Musik befassen oder einer Sammelleidenschaft nachgehen möchte. Nur so viel ist klar: Wer nicht dafür sorgt, dass sein Gehirn wach bleibt, hat wenig Chancen, ein gesegnetes Alter zu erreichen. Nur wer sich in seinen späten Jahren die Lust am Leben erhält, kann Freude daran haben, alt zu werden.«

# Neue Musik aus alten Zeiten

# Ein Fall für den »Dritten Mann«

*Wer komponierte das Harry-Lime-Thema?*

Im Gespräch mit Liane Haid* erfuhr ich nicht nur, wie man mehr als hundert Jahre alt werden kann, sondern möglicherweise auch eine kleine film- und musikhistorische Sensation. Als wir nämlich auf ihr Elternhaus zu sprechen kamen, erklärte mir die Schauspielerin, dass die weltberühmte Melodie des Films *Der Dritte Mann* in Wahrheit nicht von Anton Karas stammt, sondern von ihrem Vater.

Das war eine schwerwiegende Behauptung, der ich natürlich gleich nachging. Und ich bat die alte Dame, diese Aussage etwas näher zu erläutern. »Mein Vater Georg Haid hatte auf der Alser Straße eine Musikalienhandlung, die es übrigens heute noch gibt«, legte Liane Haid los. »Er baute Geigen, Gitarren und Zithern und konnte auf diesen Instrumenten sehr gut spielen. Eines Tages kam ein Mann in sein Geschäft und fragte, ob er ihm die wichtigsten Griffe auf der Zither beibringen würde. Er wollte sich mit dem Spiel auf dem Saiteninstrument ein paar Schillinge dazu verdienen, wie das in den damaligen Notzeiten nach dem Krieg viele Leute getan haben.«

Georg Haid zeigte dem Fremden die Grundgriffe der Zither und spielte ihm dabei immer wieder eine Melodie vor, die ihm selbst eingefallen war.

---

* siehe ab Seite 106

»La-la-la-la-la-la-la …«

Nach ein paar Übungsstunden beherrschte der Fremde das Instrument – und die Melodie.

Nun stellte er sich vor ein Wiener Kaufhaus, an dem eines Tages der Regisseur Carol Reed vorbei kam. Der hatte eben den *Dritten Mann* fertig gedreht und war auf der Suche nach einer wienerischen Melodie zur Untermalung des Agententhrillers.

»Als der Regisseur den Mann spielen hörte, wusste er: Das ist die Melodie, die ich suche! Er nahm ihn mit – und der machte mit der Musik, die mein Vater geschaffen hatte, ein Vermögen. Denn der Mann mit der Zither war Anton Karas und die Melodie war das *Harry-Lime-Thema*.«

Soweit Liane Haid. Na ja, dachte ich mir, die Dame ist 105, vielleicht sind ihre Erinnerungen schon ein wenig durcheinander geraten … Ich rief daher ihren Sohn, den in der Schweiz lebenden Musiker Pierre Spycher, an. Und der bestätigte: »Ja, mein Großvater hat diese Geschichte oft erzählt, und es gab auch Zeugen, die bestätigten, dass die Melodie des *Harry-Lime-Themas* von ihm stammte – aber meinem Großvater machte es nichts aus, dass ein anderer mit seiner Komposition reich geworden ist.«

Selbstverständlich fragte ich auch Frau Wilhelmine Chudik, die in Wien lebende Tochter von Anton Karas. Sie glaubte sich zu erinnern, dass ihr Vater Kunde der Musikalienhandlung Haid auf der Alser Straße gewesen sei. »Alles andere ist Unsinn«, erklärte sie. »Anton Karas hat das *Harry-Lime-Thema* ganz allein komponiert.«

Nur *Der Dritte Mann* könnte jetzt noch klären, wem die paar Noten damals tatsächlich eingefallen sind.

# Gott sei dank
## ein schlechter Schüler

*Ungewöhnliches von Richard Strauss*

Es war ein richtiger, kleiner Skandal im Opernhaus. Richard Strauss, der Komponist des *Rosenkavalier* und spätere Direktor der Wiener Staatsoper, befand sich auf einer Probe, als die Sängerin Pauline de Ahna dem Maestro plötzlich die Noten vor die Füße warf und davonlief.

Strauss legte empört den Dirigentenstab beiseite, unterbrach die Probe, lief Pauline de Ahna nach und folgte ihr in das Künstlerzimmer.

»Diejenigen, die draußen warteten, hörten durch die geschlossene Tür wildes, wütendes Schreien«, erinnerte sich Paulines große Sängerkollegin Lotte Lehmann später als Zeugin dieser historischen Stunde an die Fortsetzung des Eklats. »Dann war alles still. Blass schauten die Wartenden einander an: Wer hat wen umgebracht?«

Minuten später öffnete Richard Strauss die Tür und blieb unter dem Türrahmen stehen. Der Orchestervorstand stammelte: »Herr Doktor Strauss, das Orchester ist so entsetzt über das unmögliche Benehmen von Fräulein de Ahna, dass wir es als unsere Pflicht gegenüber dem verehrten Kapellmeister Strauss ansehen, in Zukunft nie wieder zu spielen, sofern Fräulein de Ahna mitwirkt.«

Strauss sah von einem Musiker zum anderen. Und erklärte mit steinerner Miene: »Das schmerzt mich sehr. Denn ich habe mich soeben mit Fräulein de Ahna verlobt.«

Pauline und Richard Strauss waren dann 55 Jahre verheiratet, hatten einen Sohn und zwei Enkel. Dem Umstand, dass einer der beiden Enkelkinder durch mangelnde Schulleistungen glänzte, verdanken wir das Entstehen einer ganzen Oper. Und das wiederum kam so:

Christian Strauss hätte um ein Haar die dritte Klasse des humanistischen Gymnasiums im bayerischen Kloster Ettal nicht geschafft, wobei sein besonderer Schwachpunkt in den toten Sprachen lag. »Zwar erreichte er im Sommer 1946 den Aufstieg zur vierten Klasse«, lautete die wenig erfreuliche Beurteilung durch den Schuldirektor Pater Stephan Schaller, »aber dann kam noch Griechisch hinzu. Der schulische Horizont bewölkte sich.«

Nun sah sein bereits über achtzigjähriger, weltberühmter und in der Schweiz lebender Opa Richard Strauss den Zeitpunkt gekommen, ins Geschehen einzugreifen. Er wandte sich persönlich an den Schulleiter: »Sehr geehrter Herr Pater Direktor«, beginnt das Schreiben, in dem er seiner Enttäuschung über den Buben Ausdruck verleiht: »Wir haben das so nicht von ihm erwartet, haben die Hoffnung nie aufgegeben, dass sich die schulischen Leistungen durch zunehmende Reife verbessern würden.« – der Brief ist, wie die gesamte Korrespondenz zum »Fall Strauss«, erhalten geblieben.

Der Direktor wusste in seiner Antwort an den Komponisten »nicht viel Erfreuliches zu melden«, erkannte aber seine Chance, um geschickt ein anderes Thema anzuschneiden: »Darf ich, sehr verehrter Meister, noch eine persönliche Bitte anfügen ... Wäre es nicht zu begrüßen, wenn unsere lebenden Komponisten etwas für die Schulbühne schreiben würden?«

Richard Strauss verstand den Wink mit dem Zaunpfahl und erklärte sich zur Schaffung eines »kleinen Werks« bereit. Nicht ohne – sicher ist sicher – schriftlich hinzuzufügen: »Ich bitte Euer Hochwürden inständig: Haben Sie etwas Nachsicht und Geduld mit dem Buben ...«

Und dann machte er sich gleich an die Arbeit. Richard Strauss nannte das Singspiel *Des Esels Schatten* und beauftragte den Wiener Textdichter Hans Adler, ein Libretto zu schaffen, das die Spießbürger von Abdera, dem »altgriechischen Schilda«, auf ironische Weise charakterisiert.

Als Richard Strauss im September 1949 starb, gelangte das unvollendete Werk auf verschlungenen Wegen in die Benediktinerabtei Ettal. Wo die Noten sogleich in den Keller befördert wurden, da den strengen Ordensleuten die Handlung als »zu frivol« erschien.

Jahre später wurde das Fragment von Studenten entdeckt, musikalisch und textlich komplettiert und 1964, zum hundertsten Geburtstag des Meisters, uraufgeführt*. Da war der an dem Werk »schuldige« Enkel längst als fertiger Arzt tätig. Christian Strauss hatte in ein Schweizer Internat gewechselt und dort bravourös maturiert. Mehr noch, das einstige Sorgenkind wurde nach absolviertem Studium ein überaus angesehener Gynäkologe und der Chefarzt des Krankenhauses von Garmisch-Partenkirchen.

Und das alles ganz ohne Opas Hilfe.

Nicht auszudenken, was der Musikgeschichte entgangen wäre, wenn Richard Strauss' Enkel immer schon ein guter Schüler gewesen wäre.

---

* Zur österreichischen Erstaufführung von »Des Esels Schatten« kam es unter der Intendanz von Gerhard Tötschinger beim Salzburger Fest in Hellbrunn, 1983.

## »SPRECHT LAUTER, DENN ICH BIN TAUB«

*Beethoven verliert sein Gehör*

Es war das schlimmste Los, das dem Genie widerfahren konnte. Ludwig van Beethoven musste den Verlust des Gehörs in seinen besten Lebensjahren hinnehmen. Dem Mann, der einige der tiefsten Melodien der Musikgeschichte schuf, war es von nun an nicht mehr möglich, seine eigenen Kompositionen zu hören. Der unvergleichliche Schicksalsschlag lieferte auch den Grund dafür, dass er sein berühmtes *Heiligenstädter Testament* aufsetzte.

Beethoven bewohnte das Haus Probusgasse Nr. 6 im Wiener Vorort Heiligenstadt, als er am 6. Oktober 1802 seine Verzweiflung zu Papier brachte. Die ständig fortschreitende Schwerhörigkeit beeinträchtigte seinen Alltag und sein künstlerisches Schaffen. In tiefer Depression ruft der Komponist seinen nächsten Angehörigen, aber auch der Nachwelt, in dem erschütternden Dokument zu:

*»O, ihr Menschen, die ihr mich für störisch oder Misantropisch haltet, wie unrecht thut ihr mir, ihr wisst nicht die geheime ursache von dem, was euch so scheinet. Bedenket, dass seit 6 jahren ein heilloser Zustand mich befallen. Mit einem feurigen, lebhaften Temperamente geboren, selbst empfänglich für die Zerstreuungen der Gesellschaft, musste ich früh mich absondern, einsam mein Leben zubringen.*

*O wie hart wurde ich durch die verdoppelt traurige Erfahrung meines schlechten Gehör's dann zurückgestoßen, und doch war's mir noch nicht möglich, den Menschen zu sagen: sprecht lauter, schreit, denn ich bin taub! Ach, wie wär es möglich, dass ich dann die Schwäche eines Sinnes angeben sollte, der bei mir in einem vollkommeneren Grade als bei anderen sein sollte. Einen Sinn, den ich einst in Vollkommenheit besaß, wie ihn wenige in meinem Fache gewiss haben, noch gehabt haben.*

*Wie ein Verbannter muss ich leben, nähere ich mich einer Gesellschaft, so überfällt mich eine heiße ängstlichkeit, indem ich befürchte, in Gefahr gesetzt zu werden, meinen Zustand merken zu lassen. Welche Demütigung, wenn jemand neben mir stund und von weitem eine flöte hörte und ich nichts hörte.*

*Es fehlte wenig, und ich entledigte selbst mein Leben. Nur sie, die Kunst, sie hielt mich zurück, ach es dünkte mir unmöglich, die Welt eher zu verlassen, bis ich das alles hervorgebracht ... Und so friste ich dieses elende Leben – wahrhaft elend. Es ist nicht leicht, für den Künstler schwerer als für irgendjemand.*

*O Menschen, wenn ihr einst dieses leset, so denkt, dass ihr mir unrecht gethan.*

*Ihr meine Brüder, sobald ich tod bin, füget ihr dieses hier geschriebene Blatt meiner Krankengeschichte bei, damit wenigstens so viel als möglich die Welt nach meinem Tode mit mir versöhnt werde. Mit Freuden eil ich dem Tode entgegen. Komm, wann du willst, ich gehe dir muthig entgegen – lebt wohl und vergesst mich nicht ganz im Tode. Ich habe es um Euch verdient, indem ich in meinem Leben oft an euch gedacht, Euch glücklich zu machen; seid es –*

*Heiligenstadt, am 6. October 1802 Ludwig van Beethoven«*

Beethoven hatte die dramatischen Worte an seine Brüder Carl und Johann gerichtet, nachdem ihm in den Herbsttagen des Jahres 1802 bewusst geworden war, dass sein Gehör für immer verloren gehen würde.

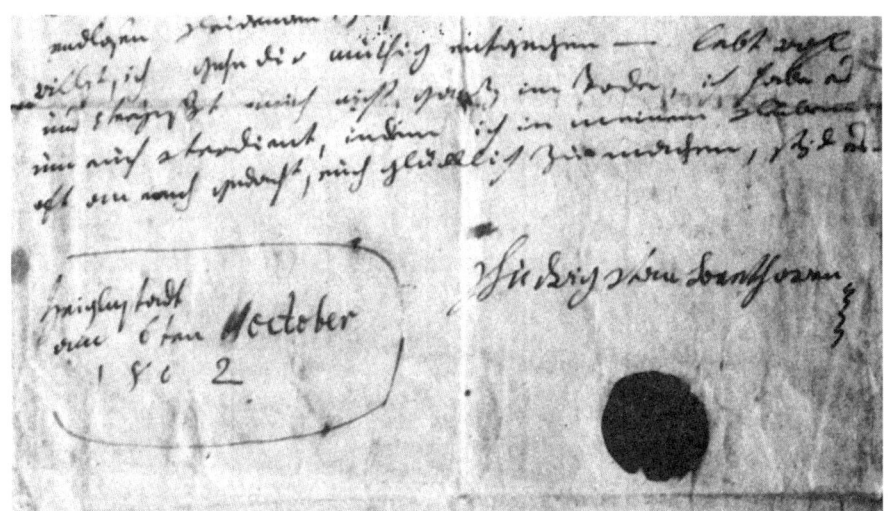

*Ein Aufschrei der Verzweiflung: Beethovens »Heiligenstädter Testament«*
AUSZUG DER ORIGINAL-HANDSCHRIFT LUDWIG VAN BEETHOVENS

»Dein Beethoven lebt sehr unglücklich, im Streit mit Natur und Schöpfer«, hatte er seinem Freund Karl Amenda schon nach Auftreten der ersten Anzeichen seiner Schwerhörigkeit in einem Brief mitgeteilt. »Wisse, dass der edelste Teil, mein Gehör, abgenommen hat.«

Die Folgen der Taubheit prägten Persönlichkeit und Erscheinungsbild Beethovens, der nun völlig zurückgezogen lebte, zu Missmut neigte und sich immer mehr dem Alkohol hingab.

Der in Bonn geborene Komponist war erst 31 Jahre alt, als er das *Heiligenstädter Testament* schrieb. 1787 erstmals auf Besuch in Wien, hatte er sich hier einige Jahre später für immer niedergelassen. Er führte ein unstetes Leben, bezog in seinen 35 Wiener Jahren nicht weniger als 35 Wohnungen – wobei das Haus in der Probusgasse nicht zuletzt durch das *Heiligenstädter Testament* zu einer seiner berühmtesten Adressen wurde.

Der Schöpfer genialer Symphonien, Sonaten, Lieder, Konzerte und der Oper *Fidelio* hat alles versucht, das Fortschreiten seines Leidens zu stoppen. Eine langwierige Badekur in Heiligenstadt half freilich ebenso wenig wie die immer wieder propagierten neuen Hörrohrsysteme aus Holz, Stein und Metall, in die er so viel Hoffnung gesetzt hatte. 1815 musste Beethoven seine Konzertauftritte beenden, drei Jahre später war er vollkommen taub – komponierte aber unaufhörlich weiter.

In diesem erbarmungswürdigen Zustand befand er sich bereits, als ihm sein großer italienischer Kollege Gioacchino Rossini 1822 anlässlich seines Wien-Aufenthalts einen Besuch abstattete. Seine Schilderung gibt Zeugnis über die Lebensumstände des Musikgiganten.

»Ich stieg die Treppen zu der ärmlichen Wohnung Beethovens hinauf«, erinnerte sich Rossini, »dort fand ich mich auf einer Art Dachboden wieder, der völlig in Unordnung und überaus dreckig war. Besonders erinnere ich mich an die Zimmerdecke. Sie befand sich unmittelbar unter dem Dach und ließ starke Risse erkennen, durch die sich bei Schlechtwetter wohl Regen in Strömen ergoss.«

Beethoven bemerkte zunächst nicht, dass ein Gast eingetreten war. »Er blieb weiter sitzen, über Korrekturen gebeugt, die er zu Ende las. Dann hob er den Kopf und sagte in anständigem Italienisch: ›Ah, Rossini, der Komponist des *Barbier von Sevilla*. Meine herzlichen Glückwünsche! Das ist eine ausgezeichnete Opera buffa. Ich habe mit großem Vergnügen darin gelesen und alles sehr genossen.‹«

»Das Werk wird so lange gespielt werden, wie es italienische Oper gibt«, prophezeite Beethoven dann noch, ehe Rossini ihn mit ein paar auf ein Stück Papier hingekritzelten Worten seiner grenzenlosen Bewunderung versicherte.

146

Beethoven antwortete mit einem tiefen Seufzer und einem einzigen Satz: »O, ich Unglücklicher!«

Er wünschte seinem Kollegen weiterhin viel Erfolg, erhob sich und rief Rossini nach: »Und machen Sie noch vieles wie den *Barbier*!«

Gioacchino Rossini beendete seinen Bericht mit den Worten: »Als ich die verfallene Treppe hinabstieg, konnte ich meine Tränen nicht mehr zurückhalten.«

Das an seine Brüder adressierte *Heiligenstädter Testament* wurde nach Beethovens Tod in seinem persönlichen Nachlass entdeckt. Seine Schwägerin Johanna verkaufte das vier Seiten lange Dokument, als sie in Geldnöten war. Das Original befindet sich heute im Besitz der Hamburger Stadtbibliothek.

Den wahren Grund seines Leidens kennen wir erst, seit die Wiener Ärzte Hans Bankl und Hans Jesserer im Jahre 1972 mehrere Schädelknochen des Komponisten untersuchten und dabei zu dem Schluss kamen, dass die Taubheit auf eine frühzeitige Verknöcherung des Gehörorgans zurückzuführen war.

Beethoven starb am 26. März 1827. Ein Vierteljahrhundert nachdem er im *Heiligenstädter Testament* sein verzweifeltes Dasein geschildert hatte.

# Neue Porträts aus alten Zeiten

# DIE WUNDERKUREN DES DR. MALFATTI

*Der Arzt Beethovens und des Kaiserhauses*

Auf dem Wiener Küniglberg, der heute das ORF-Zentrum beherbergt, befand sich einst die Ordination des berühmten Arztes Dr. Johann Malfatti, dessen Ruf durch zwei seiner »Patienten« legendär wurde: Einerseits hätte ihm Kaiser Franz Joseph, so hieß es, sein Leben zu verdanken. Andererseits trage derselbe Malfatti die Schuld am Tod Ludwig van Beethovens.

Die Ehe der Eltern Kaiser Franz Josephs war sechs Jahre kinderlos geblieben – bis Dr. Malfatti sich des für die Dynastie existenziellen Problems annahm. Der Hofarzt des Erzherzogs Franz Karl und der Prinzessin Sophie hatte sich zuvor schon als medizinischer Betreuer fremder Herrscher in der Zeit des Wiener Kongresses einen Namen gemacht und war durch seine Behandlungserfolge bei Klumpfüßen und grauem Star berühmt geworden. Als junger Sekundararzt hatte er bereits Aufsehen erregt, als er sich einem langwierigen Gerichtsverfahren wegen diverser Therapiemethoden durch Magnetismus stellen musste. Der Prozess endete mit »dem strengen Verbot, sich dessen weiterhin zu bedienen«.

Malfatti empfahl dem kinderlos gebliebenen Paar zunächst Salzkuren in Hallein, doch als auch diese keinerlei Erfolge zeitigten, riet er, das Solebad von Ischl zu benützen. Und von da an klappte es: Erzherzogin Sophie gebar im Lauf der folgenden zwölf Jahre nicht weniger als sechs Kinder, jeweils nach einer vom Ischler Kurarzt Dr. Wirer beaufsichtigten Salzkur. Der erste Sohn hieß Franz Joseph und war dann 68 Jahre lang Kaiser von Österreich. Er und seine Geschwister wurden in der Monarchie »Salzprinzen« genannt.

Bad Ischl war über Nacht weltberühmt, Dr. Malfatti wurde zum Ehrenbürger und vom Hof zum »Edlen von Montereggio« ernannt. Schließlich verdankte ihm das Kaiserhaus mit der Geburt Franz Josephs endlich wieder einen Regenten, der imstande war, die Staatsgeschäfte zu führen, wozu weder sein Vater noch sein geistig und körperlich behinderter Onkel, Kaiser Ferdinand, die Fähigkeit besessen hatten.

Und Dr. Malfatti wurde reich. Er kaufte einen Großteil des 70 000 Quadratmeter großen Küniglbergs und errichtete inmitten des Parks eine Villa, in der er seine berühmten Freunde und Patienten empfing.

Als Kapazität galt Malfatti schon Jahre vor Franz Josephs Geburt. Nicht nur als Arzt des Herzogs von Reichstadt, sondern auch weil Beethoven sich in seine Obhut begeben hatte – doch diese Behandlung sollte Malfatti wenig Ruhm einbringen. Der 1776 im italienischen Lucca geborene Arzt hatte an der Universität von Bologna gegen den Willen seiner Eltern, von denen er für den geistlichen Stand bestimmt worden war, Medizin studiert. In jungen Jahren nach Wien gekommen, betreute er hier acht Jahre lang das Musikgenie. Der Komponist vertraute nur ihm und verliebte sich darüber hinaus unsterblich in Hedwig, die jüngste Tochter des Mediziners. Das bildhübsche Mädchen wies den Komponisten jedoch zurück, was Beethoven erzürnte und dazu verleitete, den später oft kolportieren Satz zu verbreiten: »Mein Arzt ist ein pfiffiger Italiener, er hat es mehr auf meine Börse als auf meine Gesundheit abgesehen.« Als dies dem – tatsächlich geschäftstüchtigen – Dr. Malfatti zu Ohren kam, lehnte er jede weitere Behandlung Beethovens ab.

*Dr. Johann Malfatti war der Arzt
Beethovens, und er war es, dem das
Haus Habsburg die »Salzprinzen«
verdankte, nachdem er die Erzherzogin Sophie zur Solekur nach Ischl
geschickt hatte.*
Lithographie Joseph Kriehuber

Gegen Ende des Jahres 1826 verschlechterte sich der Gesundheitszustand des Komponisten dermaßen, dass ein Konsilium von
vier Fachärzten an sein Krankenlager trat. Das taube Musikgenie
empfing die Herren brüllend: »Alle Ärzte sind Esel, nur Malfatti
kann mir helfen.« Von einem Kollegen über den Ernst der Situation
unterrichtet, besuchte Malfatti nun den früheren Patienten in seiner Wohnung in der Schwarzspanierstraße. Der Arzt erkannte das
unausweichlich nahende Ende des an Leberzirrhose und Lungenentzündung erkrankten 57-jährigen Beethoven und gestattete ihm,
mehrere Portionen Punscheis – Gefrorenes mit Alkohol – zu sich zu
nehmen. Wenige Tage danach war Beethoven tot.

Anton Schindler, der erste Beethoven-Biograf, bezeichnete Malfatti als »Mörder des Komponisten«, dessen Behandlungsmethode
das Genie zum Opfer gefallen sei – eine Version, die dann von Dut-

zenden Biografen übernommen wurde. Die Behauptungen des Biografen Schindler waren jedoch nichts als ein persönlicher Rache-
feldzug gegen Malfatti, der Beethoven – wohl nicht zu Unrecht – als
Alkoholiker bezeichnet hatte, was Schindler wiederum nicht ins
Konzept passte, da er den Komponisten in seinem Buch glorifizieren
wollte.

Dem Obduktionsbefund und späteren Untersuchungen des Schä-
delknochens ist zu entnehmen, dass Beethovens Zustand hoff-
nungslos war und das Punscheis absolut nichts mit seinem Ableben
zu tun gehabt hatte. Malfatti wollte nichts anderes, als Beethoven
die letzten Stunden zu erleichtern.

Dr. Johann Malfatti Edler von Montereggio blieben die gegen ihn
gerichteten falschen Anschuldigungen erspart, zumal Schindlers
Beethoven-Biografie noch nicht erschienen war, als der Arzt 1859
im Alter von 83 Jahren in seiner Villa am Küniglberg starb.

Während seine Schuld an Beethovens Tod eindeutig zu widerlegen ist, kann man die »Salzprinzen«-Theorie durchaus ernst nehmen. Mediziner bestätigen, dass die Solekuren von Bad Ischl der
Durchblutung hormoneller Drüsen förderlich seien, was im Prinzip
auch heute noch durch moderne Hormonpräparate erreicht wird.

# »Nächstes Jahr in Jerusalem«

*Der Traum des Theodor Herzl*

Der Edlacherhof war ein elegantes, am Fuße der Rax gelegenes Hotel. Theodor Herzl kam hierher, weil er sich eine Linderung seines Herzleidens versprach. Doch die Krankheit schritt fort, so dass der geistige Vater des Staates Israel am 3. Juli 1904, nur 44 Jahre alt, in seinem Hotelzimmer starb.

Er hat sich sein Israel wohl etwas anders vorgestellt, als es heute ist. Und doch ist mit der Gründung dieses Staates der große Traum des Theodor Herzl in Erfüllung gegangen. Der Traum einer Nation, in der Juden aus aller Welt vereint leben können.

Die Idee, Israel zu errichten, gab ihm ein spektakulärer Prozess, über den er als Paris-Korrespondent der *Neuen Freien Presse* berichtete: In dem Gerichtsfall wurde der französisch-jüdische Generalstabshauptmann Alfred Dreyfus der Spionage für Deutschland verdächtigt und zu lebenslanger Haft auf der Teufelsinsel Cayenne verurteilt. Zu Unrecht, wie sich herausstellen sollte – Dreyfus wurde später voll rehabilitiert.

Herzl war 1860 als Sohn eines jüdischen Kaufmanns in Budapest zur Welt gekommen und mit achtzehn mit seiner Familie nach Wien übersiedelt, wo er kurz einer deutschnationalen Studentenverbindung angehörte. Nach seiner Promotion zum Doktor iuris arbeitete er als Journalist und Schriftsteller, wobei fünf seiner Stücke am Burgtheater aufgeführt wurden – das erfolgreichste hieß *Wilddiebe*.

Als er von Paris aus über den »Dreyfus-Prozess« berichtete, spürte Herzl eine Form von Antisemitismus, die ihm unerträglich erschien. Und so gilt der 5. Jänner 1895, der Tag der Verurteilung von Dreyfus, als die Geburtsstunde des modernen Zionismus, dessen Ziel die Errichtung des Staates Israel bildete. »Wenn ihr wollt, ist es kein Märchen«, rief Herzl in seinem kurz nach Prozessende veröffentlichten Buch *Der Judenstaat* auf.

Und dann machte er sich daran, das Märchen wahr werden zu lassen. Herzl reiste zu den Mächtigen seiner Zeit und bat um deren Unterstützung. Papst Pius X. empfing ihn ebenso wie der deutsche Kaiser Wilhelm II. und Italiens König Viktor Emanuel III.

Wo aber sollte das neue Land entstehen? »Erste Wahl« war von Anfang an Palästina, wohin Moses sein Volk geführt und wo König David den ersten Judenstaat gegründet hatte. Jenes Israel, das 70 n. Chr. mit der Zerstörung Jerusalems durch den römischen Kaiser Titus untergegangen war. Jetzt, 1800 Jahre nach der Verbannung der Juden aus dem Gelobten Land, begann Herzls zäher Kampf für deren Rückkehr.

Zu seinen Verhandlungspartnern zählte auch der türkische Sultan Abdul Hamid II., unter dessen Oberhoheit Palästina damals stand. Er unterstützte Herzls Idee, forderte aber als Gegenleistung beträchtliche Zahlungen der jüdischen Hochfinanz. Der Plan ging nicht auf, da die wohlhabenden, in Westeuropa lebenden Juden eben erst ihre bürgerliche Gleichberechtigung erlangt hatten und deshalb der Gründung eines Judenstaates skeptisch gegenüber standen.

Hingegen war die Lage der Juden in Russland und Polen, die unter schlimmen Pogromen litten, zur Jahrhundertwende katastrophal. Und so schlossen sich Herzls Bewegung in kurzer Zeit mehr als tausend zionistische Vereine, vor allem aus Osteuropa, an.

Herzl lehnte jede Form von Gewalt ab und war überzeugt davon, dass Israel und seine Nachbarn friedlich miteinander auskommen würden. »Hinter den Juden steht keine militärische Macht«, sagte er, »es gibt daher keinen Grund, ihre Ankunft zu fürchten.« Schon deshalb, weil sich der wirtschaftliche Aufschwung der Region auch für die »nichtjüdischen Palästinenser« positiv auswirken würde.

Als hätte er gespürt, wie knapp seine Lebenszeit bemessen war, drängte er auf rasche Durchführung seines Plans. Beim *Dritten Zionistischen Kongress*, 1899 in Basel, rief Herzl den Delegierten die alte jüdische Formel zu: »Nächstes Jahr in Jerusalem!«

Aus einem Jahr wurden freilich fast fünfzig, und er selbst sollte das Wahrwerden seines Märchens nicht erleben.

Herzl hatte seine Kräfte über Gebühr beansprucht. Er schrieb weiterhin Romane, Feuilletons und Theaterstücke und reiste um die Welt, um in Verhandlungen und Vorträgen für seine Idee zu werben. Als er die Aussicht, sein Land in Palästina zu gründen, schwinden sah, zog er vorübergehend auch den Ankauf von Grundstücken in Argentinien, Uganda und Zypern in Betracht.

Doch der unermüdliche Einsatz blieb nicht ohne Folgen. Nach mehreren Attacken wurde der herzkranke Theodor Herzl von seinen Ärzten mehrfach zur Schonung ermahnt. Er aber kämpfte weiter, empfing Abordnungen, korrespondierte mit Konstantinopel, Paris, London. »Ich schaue dem Tod ruhig ins Auge«, erklärte er im vollen Bewusstsein des gesundheitlichen Risikos, »umso mehr, als ich die letzten Jahre meines Lebens nicht nutzlos verbracht habe.«

Am 21. Juni 1904 trat Theodor Herzl die letzte Reise seines Lebens an. Sie führte ihn von seiner Wiener Wohnung nach Edlach, wo er nach knapp 14-tägigem Aufenthalt starb. Er hinterließ seine Frau mit drei Kindern.

Die Zahl seiner Anhänger war mittlerweile so groß geworden, dass Zehntausende Menschen – Juden und Nichtjuden aus ganz Europa – Herzls Sarg folgten. Er wurde am 7. Juli am Döblinger Friedhof in Wien beigesetzt.

Als 1948 das britische Mandat in Palästina abgelaufen war, konnte der von ihm erträumte Staat Israel entstehen. David Ben Gurion, der erste Ministerpräsident des Landes, leitete die Gründungsversammlung in der Knesset, dem israelischen Parlament, über dessen Konferenztisch Herzls Porträt hing.

Schon am Tag davor hatte die Arabische Liga den palästinensischen Juden den Krieg erklärt, und seither ist der Nahe Osten nicht mehr zur Ruhe gekommen.

Ein Jahr nach der Gründung Israels wurden die sterblichen Überreste Theodor Herzls in »sein Land« überführt. Er hat am Mount Herzl in Jerusalem die letzte Ruhe gefunden.

## »ICH SEHE MIT MEINER SEELE«

*Die taubblinde Schriftstellerin Helen Keller*

Für die einen ist es die schlimmste Vorstellung, taub zu sein. Andere meinen, blind zu sein wäre noch ärger. Helen Keller war beides, sie lebte in Dunkelheit und ewiger Stille. Und wurde eine bedeutende Schriftstellerin. Mit welcher Energie sie gegen ihr Schicksal ankämpfte, ist atemberaubend.

Helen kam 1880 in Tuscumbia im US-Staat Alabama als gesundes Kind zur Welt, ihre Eltern waren stolz, als sie mit einem Jahr *water* sagen konnte, wenn sie Durst hatte.

Die Tragödie begann, als sie 19 Monate alt war. Ihrem Kindermädchen fiel ein mit Gläsern gefülltes Tablett zu Boden, ohne dass Helen dabei erschrak. Gleichzeitig stellten die Eltern fest, dass sie ins Leere griff, wenn sie einen Gegenstand ertasten wollte. Ein herbeigerufener Arzt erkannte, dass Helen – vermutlich als Folge einer Gehirnhautentzündung – sowohl blind als auch taub geworden war. Und da sie noch nicht sprechen konnte, war sie praktisch auch stumm.

Es begannen vier Jahre »in einem Tal doppelter Einsamkeit«, wie Helen ihre Kindheit später beschreiben sollte: »Ich hatte eines Tages bemerkt, dass meine Mutter sich mit anderen Menschen nicht durch Zeichen verständigte, sondern mit ihrem Mund. Ich konnte das nicht begreifen und war ganz verwirrt. Ich bewegte meine Lippen und gestikulierte – natürlich ohne Erfolg. Dies machte mich so wütend, dass ich mit den Füßen stampfte und schrie, bis ich erschöpft war.«

Da die verzweifelten Eltern mit dem »unausstehlichen Kind« nicht zurande kamen, wandten sie sich an Alexander Graham Bell, den Erfinder des Telefons, der im Zivilberuf Lehrer an einer Taubstummenschule war. Dr. Bell schickte der Familie die 21-jährige Anne Sullivan ins Haus, die selbst blind zur Welt gekommen war, durch eine Operation aber ein wenig Sehkraft gewonnen hatte.

Die ausgebildete Blindenlehrerin versuchte ihrem Schützling vorerst das Fingeralphabet beizubringen. Doch der Unterricht wurde beiden zur Qual, denn während man Blinden im Normalfall die Bedeutung eines Wortes akustisch erklären kann, war dies bei Helen nicht möglich. Anne drückte ihr eine Puppe in die Hand und buchstabierte das Wort immer wieder mit ihren Fingern. Dann versuchte sie es mit Kuchen, Erde, Mutter, Vater, Baby . . . doch alle Mühe schien vergebens.

Erst als die Lehrerin Helens kleine Hand unter Wasser hielt und das Wort durch das Fingeralphabet zu erklären versuchte, erinnerte sich das Mädchen, dass es in der frühen Kindheit *water* gerufen hatte. Und Helen verstand jetzt, dass es für jeden Begriff ein eigenes Wort gibt.

Von da an ging alles ganz schnell. Ihr wacher Geist und ihr eiserner Wille machten es möglich, dass Helen innerhalb kürzester Zeit Hunderte Wörter beherrschte und mit zwölf Jahren in Blindenschrift ihre erste Erzählung *Der Frostkönig* niederschrieb.

Nun war klar, dass Helen über eine außergewöhnliche schriftstellerische Begabung verfügte. Sie besuchte das Gymnasium und promovierte 1904 an der Radcliffe-Universität zum Doktor der Philosophie. Anne saß im Hörsaal immer neben ihr, um mit dem

Fingeralphabet jedes Wort der Professoren für Helen zu übersetzen.

Die zu diesem Zeitpunkt bereits eine berühmte Frau war, da eine Zeitschrift ab 1902 ihre *Geschichte meines Lebens* in Fortsetzungen veröffentlicht hatte. Ganz Amerika nahm nun auch Anteil daran, wie sie auf äußerst komplizierte Weise zu sprechen lernte: Anne hatte Helens Hand auf ihr Gesicht gelegt, um sie die Stellung der Zunge und der Lippen fühlen zu lassen, wenn sie einen Ton hervorbrachte. Es dauerte Jahre, aber Helen sprach zuletzt einwandfrei und für ihre Zuhörer gut verständlich nicht nur Englisch, sondern auch Französisch und Deutsch.

Helen Keller hielt nun Hunderte Vorträge, in denen sie sich – wie in ihren Büchern – für die Rechte Behinderter, aber auch für Frauen, Schwarze und andere Menschen einsetzte, die von der Gesellschaft benachteiligt waren.

Mit dreißig war sie das erste und einzige Mal in ihrem Leben verliebt. Helen verbrachte mit ihrem Sekretär Peter Fagan ein paar glückliche Wochen, als dann aber Zeitungen über die »sensationelle Lovestory« berichteten, entließ ihre Mutter den jungen Mann aus seinem Posten. Helen wartete noch auf ihren heimlich gepackten Koffern, um mit Peter durchzubrennen, doch der holte sie in der vereinbarten Nacht nicht ab.

In den fünfziger Jahren unternahm sie weitere Vortragsreisen, die sie nach Japan, Indien, Afrika, Südamerika und Deutschland führten. Helen Keller engagierte sich für den Weltfrieden und wurde, wo immer sie hinkam, als Staatsgast empfangen – in Washington von den Präsidenten Eisenhower und Kennedy, in London von Churchill, in Bonn von Adenauer. Sie stand aber auch in Kontakt mit Albert Einstein, Charlie Chaplin und ihrem Schriftstellerkollegen

Mark Twain, der von ihr sagte: »Im 19. Jahrhundert gab es nur zwei bemerkenswerte Charaktere: Napoleon und Helen Keller.«

Sie selbst empfand sich ab dem Tag, an dem ihre Lehrerin Anne Sullivan in ihr Leben getreten war, nicht mehr als behindert. Sie starb am 1. Juni 1968, knapp vor ihrem 88. Geburtstag.

»Ich sehe«, hatte Helen Keller einmal erklärt, »mit meiner Seele.«

# KLEINER MANN MIT GROSSER STIMME

*Die Tragödie des Joseph Schmidt*

Man nannte ihn den zweiten Caruso. Denn seine Stimme zählte zu den schönsten des 20. Jahrhunderts. Aber das kurze Leben des Tenors Joseph Schmidt war voller Tragödien.

Die Stadt Czernowitz in der Bukowina gehörte, als er dort am 4. März 1904 geboren wurde, zu Österreich-Ungarn. Joseph Schmidt wollte Sänger werden, doch die Bühnenkarriere blieb ihm auf Grund seiner Körpergröße von nur 154 Zentimetern versagt. Dabei bekam er, als er beim Berliner Rundfunk vorsang, sofort einen Vertrag, und sein erster Radioauftritt am 29. März 1929 war in Berlin Tagesgespräch.

Noch hatte ihn sein Publikum nur gehört, nicht jedoch gesehen. Während ihm im Rundfunk und bei den Plattenfirmen alle Türen offen standen, fand sich kein Operndirektor, der Joseph Schmidt auf einer Bühne auftreten ließ. Ein Dirigent, der von seiner Stimme hingerissen war, sagte einmal zu ihm: »Schade, dass Sie nicht klein sind!«

»Aber ich bin doch klein«, erwiderte Schmidt.

»Nein«, meinte der Dirigent, »Sie sind nicht klein, Sie sind *zu* klein.«

Schmidt war glücklich, solange man nur seine Stimme kannte, so dass er – selbst als Star noch – anonym durch die Straßen gehen konnte. »Ich liebe Ohren, die mir zuhören«, erklärte er, »aber ich hasse Augen, die mich anstarren.«

Mit zunehmender Popularität war eine Flucht vor dem Publikum nicht mehr möglich. Vor allem nach seinem ersten Film *Ein Lied geht um die Welt*, der sein eigenes Schicksal erzählte: Schmidt spielt einen Sänger, in dessen Stimme sich die Mädchen verlieben. Den sie aber, sobald sie ihn gesehen haben, nur bemitleiden.

Beim Publikum so beliebt wie Richard Tauber, wurden Schlager wie *Heut ist der schönste Tag in meinem Leben* oder *Ein Lied geht um die Welt* durch Joseph Schmidts Platten zu Gassenhauern. Und seine Konzerttourneen, die ihn durch Europa und Amerika führten, waren Sensationserfolge.

Die wahre Tragödie des Joseph Schmidt war sein Abgesang. Als Hitler 1933 in Berlin an die Macht kam, flüchtete der jüdische Künstler nach Wien, von wo aus er seine Karriere vorerst fortsetzen konnte. Ab 1938 irrte er rastlos durch Europa, doch seine für 1942 geplante Emigration in die USA scheiterte, da ein Unbekannter Schmidts Bordkarte von Marseille nach New York gestohlen hatte und am Tag danach der Schiffsverkehr über den Atlantik eingestellt wurde. Verzweifelt trat der weltberühmte Sänger die Flucht in die Schweiz an, wo man ihn wie viele seiner Schicksalsgenossen in ein Internierungslager steckte.

Der »Fall Joseph Schmidt« kann nicht gerade als Ruhmesblatt für die neutrale Schweiz angeführt werden. Als der 38-jährige Sänger im Lager über Herzbeschwerden klagte, verweigerte man ihm die ärztliche Versorgung. Der Mann, dem eben noch so viele Menschen zugejubelt hatten, erlag am 15. November 1942 in einer Gastwirtschaft in unmittelbarer Nähe des Internierungslagers den Folgen eines Herzinfarkts. In einem kleinen Zimmer, in dem er sich unter Aufsicht eines Wachsoldaten hätte waschen dürfen.

## DIE GESCHICHTE EINES TAGEBUCHS

*Das kurze Leben der Anne Frank*

Es beengt mich, dass wir gar nicht mehr heraus können, und ich habe Angst, dass wir entdeckt und erschossen werden.« Diese Worte vertraute die 13-jährige Anne Frank am 11. Juli 1942 ihrem Tagebuch an. Die darin geschilderten Erlebnisse zählen zu den beklemmendsten Dokumenten über die nationalsozialistische Schreckensherrschaft.

Anne Frank war ein überaus fröhliches, aufgewecktes Kind, das mit seinen Eltern und seiner Schwester in Frankfurt am Main ein glückliches Leben in bürgerlicher Atmosphäre führte. Bis 1933 mit Hitlers Machtübernahme alles anders wurde. Die Franks flüchten ins neutrale Holland, mieten eine Wohnung in Amsterdam, wo der Vater eine Vertretung für Marmeladengelatine aufbaut.

Am 10. Mai 1940 kommt es auch hier zur Katastrophe. Hitlers Truppen überfallen die Niederlande, Königin Wilhelmina und ihre Regierung flüchten nach London. Doch der Familie Frank ist die Ausreise, wie 15 000 weiteren Juden aus Deutschland und Österreich, die in Holland Zuflucht gefunden haben, nicht mehr möglich.

An ihrem 13. Geburtstag bekommt Anne ein Tagebuch mit rotkariertem Umschlag, das sie von nun an regelmäßig (in niederländischer Sprache) führen wird. Und mit dem sie ein berührendes Stück Zeit- und Literaturgeschichte schaffen sollte. »Es ist mein liebster Wunsch, dass ich eine berühmte Schriftstellerin werde«, notiert sie. »Ob ich diese (größenwahnsinnige?) Neigung je zur Ausführung bringen werde, wird sich noch herausstellen, aber Themen habe ich schon.«

Tatsächlich weisen Annes Erinnerungen auf scharfe Beobachtungsgabe und große literarische Begabung hin. »Nun begann das Elend«, schildert sie die Besetzung Hollands durch die Nationalsozialisten. »Ein diktatorisches Gesetz folgte dem anderen, Juden mussten den Stern tragen, ihre Fahrräder abgeben, durften nicht mehr mit der Elektrischen fahren, von Autos gar nicht zu reden, sie durften weder ins Theater noch ins Kino gehen, keinen Sport treiben. Unter diesem Druck stand von nun an unser ganzes Leben.«

Doch es wurde noch viel schlimmer. Als Annes um drei Jahre ältere Schwester Margot Anfang Juli 1942 aufgefordert wird, sich »zum Arbeitseinsatz zu melden«, ist der Familie klar, was das bedeutet: die Deportation ins KZ.

Da beschließen die Franks, gemeinsam in den Untergrund zu gehen. Die Vorbereitungen waren längst getroffen, zumal der Vater mit einer solchen Situation bereits gerechnet hatte: Hinter Otto Franks Büro befand sich ein leer stehendes Lager, in das eine als Aktenschrank getarnte Geheimtür eingebaut worden war. Das Lager diente der Familie als Notunterkunft, in die sie nun bei Nacht und Nebel einzog.

Es war eine Wienerin, die der Familie in den folgenden zwei Jahren das Überleben in dem Hinterhaus in der Amsterdamer Prinsengracht Nr. 263 ermöglichte: Hermine Gies war nach dem Ersten Weltkrieg mit anderen hungernden Kindern von Österreich nach Holland gebracht worden und danach bei ihren Adoptiveltern in Amsterdam geblieben. Zuletzt als Otto Franks Sekretärin tätig, hatte die jüdische Familie zu ihr bedingungsloses Vertrauen gefasst. Und Hermine Gies hat sich dieses Vertrauens mehr als würdig erwiesen. Sie und ihr holländischer Mann setzten Tag für Tag ihr Leben aufs Spiel, um die Franks mit Lebensmitteln zu versorgen.

Bald kamen vier weitere Juden dazu, die in dem winzig kleinen Versteck zu überleben hofften – und das unter widrigsten Umständen: »Aus dem Fenster schauen dürfen wir natürlich nie«, notiert Anne. Zwischen 9 und 17 Uhr konnten weder Wasserhahn noch Toilette benutzt werden, da man sonst in den benachbarten Büros auf die Flüchtlinge aufmerksam geworden wäre. Noch ärger war es, an die Schicksale vieler Freunde denken zu müssen: »Ich sehe sie oft im Geiste vor mir, gute, unschuldige Menschen mit weinenden Kindern, kommandiert von ein paar furchtbaren Kerlen, geschlagen und gepeinigt und vorwärts getrieben, bis sie beinahe umsinken. Niemand ist ausgenommen. Alte, Babys, schwangere Frauen, Kranke, Sieche, alles, alles, muss mit in diesem Todesreigen.«

Am 1. August 1944 enden Anne Franks Aufzeichnungen mit der naiv-verträumten Vorstellung, »wie ich mich verhalten würde, wenn keine anderen Menschen auf der Welt wären«. Drei Tage später fliegt das Versteck auf, wobei bis heute nicht geklärt ist, wer es verraten hat. Alle acht Bewohner werden verhaftet und deportiert. Mutter Edith stirbt in Auschwitz, Anne und ihre Schwester landen im KZ Bergen-Belsen, wo sie wenige Wochen vor Kriegsende an Typhus elend zugrunde gehen. Vater Otto Frank überlebt als Einziger. Er stirbt 1980.

Annes Tagebuch ist bei der überfallsartigen Festnahme in dem Versteck geblieben. Hermine Gies war es auch, die die Aufzeichnungen entdeckt, gerettet und Annes Vater nach dessen Rückkehr aus der Nazihaft übergeben hat.

Die Wienerin lebt heute, 95 Jahre alt, nach wie vor in Amsterdam. Für sie war es »ganz selbstverständlich, zu helfen«. Die Erinnerungen lassen sie auch nach sechzig Jahren nicht los, die Bilder aus dem Hinterhaus verfolgen sie immer noch. »Annes Schicksal macht uns den immensen Verlust, den die Welt durch den Holocaust erlitten hat, begreifbar«, sagt Frau Gies. »Wir müssen uns bewusst sein, was Anne und die Millionen anderen Opfer zu unserer Gesellschaft beigetragen hätten, wenn sie hätten überleben dürfen.«

Im Mai 1944 hatte Anne Frank aufgeschrieben: »Nach dem Krieg möchte ich auf jeden Fall ein Buch, betitelt *Das Hinterhaus*, herausbringen, ob das gelingt, bleibt die Frage, aber mein Tagebuch wird dafür dienen können.«

*Das Hinterhaus* wurde tatsächlich 1947 von ihrem Vater zur Veröffentlichung freigegeben. Später sollte es mit dem Titel *Das Tagebuch der Anne Frank*, in viele Sprachen übersetzt, 25 Millionen Mal verkauft werden. Es kam als Bühnenstück in aller Welt zur Aufführung und wurde mehrmals verfilmt.

Ihr »liebster Wunsch« ist in Erfüllung gegangen. Anne Frank ist »eine berühmte Schriftstellerin« geworden – eine weltberühmte sogar.

Nur erleben – erleben durfte sie das nicht.

# Neues aus der alten Donaumonarchie

Wen wundert's, dass kein Auge trocken blieb, wenn Heinz Conrads »Als Böhmen noch bei Österreich war« sang. Liegen doch in diesem Kronland der einstigen Donaumonarchie die Wurzeln vieler österreichischer Familien. Seit die Republik Tschechien am 1. Mai 2004 der Europäischen Union beitrat, gehören Böhmen, Mähren und Teile Schlesiens wieder »zu uns«. Wie auch Ungarn, Slowenien, Polen und die Slowakei, von denen ebenfalls weite Teile bis 1918 zur alten k. u. k. Donaumonarchie zählten.

Um diese Länder und ihre gemeinsame Geschichte mit Österreich geht es in dem folgenden Kapitel.

# FREUD, PORSCHE UND BÖHMISCHE GROSSMÜTTER

## Als Böhmen noch bei Österreich war

Mehr als acht Jahrzehnte sind vergangen, seit Böhmen noch bei Österreich war. Und doch wird man nach wie vor kaum einen Wiener finden, der nicht zumindest über eine »böhmische Großmutter« verfügt.

Meine kam aus Prag, und ich erinnere mich, wie sie vom dortigen Theater schwärmte, dessen Vorstellungen natürlich »viel besser« waren als die des Burgtheaters. Tatsächlich traten am Deutschen Theater in Prag die bedeutendsten Schauspieler ihrer Zeit auf, vom Kainz über den Girardi bis zur Wessely.

Andere, die als »große Österreicher« im Geschichtsbuch stehen, waren überhaupt in Böhmen und Mähren zur Welt gekommen, wie der Feldmarschall Radetzky, die Friedensnobelpreisträgerin Bertha von Suttner, Gustav Mahler oder Ferdinand Porsche.

Und Sigmund Freud. Die Straße im mährischen Städtchen Freiberg (Tschechisch: Příbor), in der sein Geburtshaus steht, heißt heute *Freudova ulice*. Als er drei Jahre alt war, geriet der Wollhandel, von dem seine Familie lebte, in eine Krise, weshalb sie nach Wien übersiedelte. »Die Sehnsucht nach den Wäldern der Heimat«, erinnerte sich Freud später, »hat mich nie verlassen.« Der Vater der Psychoanalyse war mit seinen Eltern – wie Hunderttausende Menschen damals – in die Haupt- und Residenzstadt ausgewandert.

171

Zwar kann man heute in einer Stunde von Wien nach Prag fliegen, doch waren die Metropolen einander in jenen Tagen viel näher. Da wie dort wurde im »Ringstraßenstil« gebaut und in manch böhmischer Stadt hat man mehr Deutsch gesprochen als Tschechisch: In Brünn waren zwei Drittel der Bevölkerung deutschsprachig, in Iglau sogar 82 Prozent! Und auch 15 Prozent der Prager sprachen Deutsch, angeblich sogar ein schöneres als die Wiener. Dementsprechend kamen viele Dichter – von Stifter über Rilke bis Kafka und Werfel – aus Böhmen.

Das im 19. Jahrhundert zu den reichsten Kronländern der Monarchie zählte. Die Region bildete das wichtigste Bergbau- und Industrieland, die *Tatra-* und *Skodawerke* waren blühende Unternehmen; das Kunsthandwerk war in Gablonz zu Hause; Oblaten, Zwieback und Porzellan kamen aus Karlsbad; Bier aus Pilsen und Budweis. Ja, und Brünn und Reichenberg waren berühmt für ihre Tuchfabriken.

In Marienbad, Franzensbad und Teplitz-Schönau lagen die Sommerresidenzen vieler Wiener – und Karlsbad war überhaupt der mit Abstand meistbesuchte Kurort der Monarchie. Jahrhundertelang hatte man ihn »Adelsbad« genannt, weil nur die Hocharistokratie hierher kam. Das änderte sich erst, als Goethe und Beethoven 1812 zum ersten und einzigen Mal in ihrem Leben zusammentrafen. In Karlsbad.

Durch diese Aufsehen erregende Begegnung der bedeutendsten Männer ihrer Zeit wurde Karlsbad zum beliebten Aufenthaltsort für Künstler, aber auch für Kaufleute, die sich von den heißen Quellen Heilung versprachen.

Sowohl Goethe als auch Beethoven verbanden mit den mondänen Kurbädern von Böhmen ganz außergewöhnliche Erinnerungen: Der Komponist war von der Karlsbader Polizei festgehalten worden, weil er seinen Pass in Teplitz vergessen hatte (weshalb sein Treffen mit Goethe um einige Tage verschoben werden musste). Und der Dichterfürst hatte im nahen Marienbad in Ulrike von Levetzow die letzte Liebe seines Lebens gefunden.

Er war über siebzig, sie noch keine zwanzig.

Von den noblen Badeorten ist's ein großer Sprung *Zum Kelch*, dem Prager Stammlokal des braven Soldaten Schwejk. Während in dem Gasthaus heutzutage jedes Jahr Tausende Touristen mit ihren Familien ein- und ausgehen, gehörte die Stube in Schwejks Tagen zu einem übel beleumundeten Bordell, in dem der Offiziersdiener Franz Straschlipka – der Jaroslav Hašek als literarische Vorlage für die Figur des Schwejk diente – verkehrte.

Ein Besuch im Prager *Kelch* (Tschechisch: *U Kalicha*) trug dem Schwejk eine Gerichtsverhandlung ein, da er ein an der Wand hängendes Bild Kaiser Franz Josephs »beleidigt« hatte. Hašek hatte mit der Szene ins Schwarze getroffen, waren doch die Tschechen in den Jahren vor dem Ersten Weltkrieg gar nicht gut auf das Haus Habsburg zu sprechen. Denn während der Kaiser den Ungarn 1867 die volle Gleichberechtigung mit Österreich geschenkt hatte, wurde ein ähnlicher »Ausgleich« mit den slawischen Völkern verabsäumt. Die Tschechen waren tief enttäuscht und strebten den Austritt aus der Monarchie an. »Melde gehorsamst, Herr Leitnant«, böhmakelte der Schwejk in solchen Fällen, »werden wir halt alleine weiterwursteln.«

Kaum waren die ersten Schwejk-Geschichten 1912 erschienen, mussten die Tschechen tatsächlich »alleine weiterwursteln« – denn ein paar Jahre später war die Monarchie auch schon zerfallen.

Der wirkliche Untergang des gemeinsamen Kulturerbes erfolgte aber erst zwanzig Jahre nach dem Zusammenbruch des Kaiserreichs, meinte mit Friedrich Torberg (Vater aus Böhmen, Mutter aus

Ungarn) einer, der es wissen musste. Denn solange weder Nazis noch Kommunisten herrschten, standen Prag und Budapest nach wie vor in regem Kontakt mit Wien. »Die böhmischen Heilbäder, die ungarischen Sommerfrischen und die slowakischen Wintersportplätze gehörten auch in den zwanziger und dreißiger Jahren zum gewohnten Landschaftsbild des Österreichers. Immer noch gingen junge Wiener Schauspieler nach Mährisch-Ostrau und Aussig ins Engagement« – und es war ebenso selbstverständlich, dass in den Wiener Cafés das *Prager Tagblatt* auflag, wie in Brünn und Karlsbad die österreichischen Blätter gelesen wurden.

Während viele Menschen in Böhmen bis zum Einmarsch der Nationalsozialisten freiwillig Deutsch sprachen, wurden die Behörden nach Gründung des »Protektorats Böhmen und Mähren« von Hitler gezwungen, zweisprachig »amtszuhandeln«. Was zu der kuriosen Situation führte, dass der Schaffner einer Prager Straßenbahnlinie die Stationen widerwillig auf Deutsch und auf Tschechisch ansagte. Beim *Národní Museum*, dem Nationalmuseum auf dem Wenzelsplatz, angelangt, rief er:

»Museum – Museum. Erste Museum war deitsch.«

Und doch: Weder Nazis noch Kommunisten konnten die gemeinsame Geschichte völlig wegwischen. Und eines Tages, wenn es ganz normal sein wird, dass Tschechien Teil der Europäischen Union ist, werden uns Prag, Brünn und Karlsbad wieder so nahe sein wie damals zur Zeit unserer Groß- und Urgroßmütter.

Wie damals, *als Böhmen noch bei Österreich war.*

# DER KAISER IN KRAKAU

## *Als Polen noch bei Österreich war*

Robert Maklowicz lebt als Gourmetkritiker in Krakau. Und damit in jener Stadt, die mehr Restaurants und Cafés pro Kopf der Bevölkerung hat als irgendeine andere in Europa. Fragt man Herrn Maklowicz, welche Lokale er in der alten Königsmetropole empfiehlt, glaubt man, sich nach Wien verirrt zu haben: Eines heißt *Demel*, ein anderes *Hawelka*. Und manche haben immer noch ein k. u. k. vor dem Firmennamen stehen.

In Krakau blicken mehr Menschen als in irgendeiner anderen Stadt der ehemaligen Donaumonarchie sehnsuchtsvoll in die Vergangenheit. »Meine Großeltern haben immer vom alten Österreich geschwärmt«, sagt Herr Maklowicz und legt ein vergilbtes Foto auf den Tisch, das seinen Urgroßvater als Hauptmann der k. u. k. Armee zeigt. »Es hat für Polen weder vorher noch nachher eine bessere Zeit gegeben«, meint er. Und das sei mit ein Grund, warum die Freude über die EU-Mitgliedschaft in Krakau größer ist als irgendwo sonst in Polen. »Man gehört jetzt wieder zu Mitteleuropa.«

Wie damals, »als Polen noch bei Österreich war«, was freilich nur für den galizischen Teil des Landes galt. Polen war lange dreigeteilt. Doch während es in den preußisch und russisch besetzten Gebieten politische Verfolgung gab, wurde der österreichische Teil zuletzt liberal regiert und das Polnische als Amtssprache akzeptiert. Die Annäherung ging so weit, dass man hier Ende des 19. Jahrhunderts hoffte, Österreich-Ungarn-Polen könnte ein gleichberechtigter Staatenbund werden.

Dabei war das Haus Habsburg keineswegs in freundlicher Absicht gekommen. Zur Zeit Maria Theresias hatten Russen, Deutsche und Österreicher das Königreich Polen brutal untereinander aufgeteilt und damit von der Landkarte gelöscht. Es gab blutige Aufstände, aber unter Franz Joseph besserten sich die Bedingungen im österreichischen Teil. Das haben die Polen nicht vergessen – obwohl die Armut auch damals groß war: Ein galizischer Bauer verdiente nur halb so viel wie einer, der sein Land in Niederösterreich bestellte.

Aber Kaiser Franz Joseph wird hier bis heute ein liebevolles Andenken bewahrt. Man erzählt, dass er bei einem Besuch in Krakau seine Bewacher abschüttelte, um alleine durch die Altstadt spazieren zu können. Bei den berühmten Tuchhallen auf dem Ringplatz begegnete er dem damaligen Bürgermeister Mikolaj Zyblikiewicz, der entsetzt feststellte, dass der Monarch trotz klirrender Kälte keinen Mantel trug. Er legte ihm seinen eigenen um die Schulter, doch Franz Joseph wies das Angebot zurück.

»Majestät«, entgegnete der Bürgermeister streng, »hier bin *ich* der Herrscher!« Und der Kaiser ging im Mantel nach Hause.

Der kleine Vorfall hat dem Bürgermeister nicht geschadet: Zyblikiewicz wurde kurze Zeit später vom Kaiser als Minister für Galizien-Fragen nach Wien berufen.

Welche Bedeutung Polen für die Monarchie hatte, zeigt die Tatsache, dass die erste Eisenbahntrasse der k. k. Staatsbahnen von Wien nach Krakau führte. Andererseits weiß man auch, dass so manches Gesetz in Galizien »ausprobiert« wurde, ehe man es dann – sofern es sich bewährt hatte – in Österreich einführte.

1 Das »süße Wiener Mädel«
wurde an der Wende vom
19. zum 20. Jahrhundert zum
Prototyp eines völlig neuen
Frauentyps, dessen erotische
Freizügigkeit eine ganze Epoche
prägen sollte. Es war die aus der
Vorstadt stammende Jeanette
Heeger (2), die Arthur
Schnitzler (3) zur Schaffung die-
ser Figur anregte. Der Dichter
hatte mit ihr eine leidenschaftli-
che, zwei Jahre andauernde
Affäre. Erstmals erwähnt wird
das »süße Mädel« im
Einakterzyklus »Anatol«.

Österreichs Thronfolger Franz Ferdinand und se
Gemahlin Sophie (4) starben am 28. Juni 1914
diesem »Gräf & Stift«-Wagen (5), der ihnen vo
Grafen Franz Harrach (6) für die Fahrt durch Sa
jewo zur Verfügung gestellt worden war. Harrach
selbst befand sich in dem Auto, als die Schüsse
len, die den Ersten Weltkrieg auslösten. »Es war
alles wie ein böser Traum«, schrieb er in einem
an seine Frau, der hier erstmals veröffentlicht w
Um den Wagen ist neunzig Jahre nach dem Att
ein heftiger Rechtsstreit entbrannt.

Der Name Hörbiger geht wohl in erster Linie durch die große Schauspielerdynastie in die Geschichte ein. Doch auch Vater Hanns Hörbiger (7 mit Sohn Paul), dessen Erfindungen Aufsehen erregten, war ein bedeutender Mann. Obwohl die von ihm entwickelte »Welteislehre« widerlegt wurde, trägt ein Mondkrater seinen Namen. 8 Hanns Hörbiger hatte vier Söhne: Attila, Paul, Alfred (der wenige Wochen nachdem dieses Foto aufgenommen wurde, auf mysteriöse Weise starb) und Hans (von links nach rechts).

Severin von Jaroszynski (9) hatte eine Beziehung mit der Volksschauspielerin Therese Krones (10 in der Rolle der Jugend in Ferdinand Raimunds »Der Bauer als Millionär«). Die Wiener waren schockiert, als der skrupellose Galan 1827 als Raubmörder verhaftet und zum Tod verurteilt wurde. Die Karriere der Krones erlitt danach schweren Schaden, sie starb im Alter von nur 29 Jahren.

11 Rechte Seite: In jung Jahren zählte die Wiene Liane Haid zu den große Stars des deutschsprachi Films. Sie begann im Kinderballett der k. u. k. Hofoper und war dann a Schauspielerin am Thea an der Wien engagiert, e ihr 1921 in dem Stumm »Lady Hamilton« der Durchbruch gelang. Berühmt wurde sie durch die Interpretation des Chansons »Adieu, mein kleiner Gardeoffizier«, d ihr von Robert Stolz auf Leib geschrieben worder war. Die Schauspielerin eine jener Persönlichkei die im Kapitel »Neues v prominenten Hundert- jährigen« porträtiert wei den. 12 Liane Haid, kurz vor ihrem 105. Geburtst mit ihrem Sohn, dem Musiker Pierre Spycher. »Ich blicke viel zurück« sagte sie damals, »da ver ke ich in eine wunderba Zeit. Die Erinnerungen l ten mich aufrecht.« Auc die nächste Doppelseite zeigt außergewöhnliche Frauen und Männer, die hundert Jahre alt wurde

15 Rose Kennedy wurde trotz harter Schicksalsschläge 104 Jahre alt.
16 Seine Weltkarriere begann, als er achtzig war: der Komiker und Oscarpträger George Burns (»Sunny Boys«)

Der aus dem alten Österreich stammende Hollywoodstar Francis Ledere (13 mit Claudette Colbert in dem 19 gedrehten Film »Midnight«) zählt zu jenen Künstlern, die in geistiger und körperlicher Frische hundert Jahre al wurden. Bild 14 zeigt den Hundertjäh gen auf dem Hometrainer seines Hau in Palm Springs. Der Schauspieler wa diesem Zeitpunkt immer noch berufli aktiv. »Die Arbeit mit den jungen Le ten«, sagte er, »hält auch mich jung.«

›There's No Business Like Showbusi-
‹« ist eine der Melodien von Irving
lin, der 101 Jahre alt wurde.
Rosa Albach-Retty an ihrem hunderts-
Geburtstag.

»Wenn die Queen einen Raum betritt, nimmt alles Haltung
an. Wenn ihre Mum kommt, erhellen sich die Mienen«, sagten
die Briten über die Königinmutter (19), die 101 Jahren alt
wurde. Die meist gut gelaunt wirkende »Queen Mum« ließ so
manches Mitglied des Königshauses neben sich alt aussehen.

n Applaus merke ich, dass mich die
nschen nicht vergessen haben. Ans
hören hab ich noch nie gedacht. Das
e langweilig. Ich bin gesund, habe
ne Stimme und es macht mir Freude.
l ich aufhören, nur weil ich hundert
e alt bin?« Der Terminkalender von
annes Heesters ist übervoll, er dreht
sehfilme, tritt am Theater, in Talk-
ws und bei Matineen auf. Heesters im
präch mit Georg Markus aus Anlass
es hundertsten Geburtstags (20).

21 »Menschenkenntnis ist die wich
tigste Voraussetzung für mein Gewe
be. Man muss immer wissen, bei we
und auf welche Art man schnorrt.«
Das war einer der Leitsätze des
»Schnorrerkönigs« Poldi Waraschi,
dessen unveröffentlichte Lebenserin
nerungen dreißig Jahre nach seinen
Tod auftauchten und hier in Auszü
erstmals veröffentlicht werden.

22 Die Reichsgräfin Triangi zählte
den frühen Tagen des 20. Jahrhund
zu den großen Wiener Originalen.
trat, trotz ihrer Zugehörigkeit zur
Hocharistokratie, in Varietés, Bars
Kinos auf und erfreute das Publiku
durch Tanz, Gesang und Flötenspie
So mancher Zuschauer, den sie bele
digt oder gar geohrfeigt hatte, brac
sie vor Gericht.

Kapitel »Wer war die Tante Jolesch?« finden sich bisher unbekannte biografische Details über Öster-
hs wohl berühmteste Tante. Ihr Neffe Franz Jolesch (Bild 23 mit Friedrich Torberg und einer unbe-
nten Dame) vertraute seinem Freund Torberg die besten Aussprüche seiner Tante an. Der Schriftsteller
ewigte sie nebst vielen Geschichten über Kaffeehausliteraten wie Alfred Polgar, Egon Friedell oder
on Kuh (24 mit Torberg) in seinem Anekdotenklassiker »Die Tante Jolesch«. Bild 25 dürfte die echte
te Jolesch zeigen: Sie sitzt im Vordergrund, umgeben von Verwandten. Gisela Jolesch starb 1932 »fried-
und schmerzlos, von der Familie umsorgt, zu Hause und im Bett, wie damals noch gestorben wurde«.

»Es gibt nicht viel Erfreuliches zu melden. Wäre es nicht zu begrüßen, wenn unsere lebenden Komponisten etwas für die Schulbühne schreiben würden?«, regte der Direktor des Stiftsgymnasiums im bayerischen Ettal im Jahre 1946 in einem Brief an Richard Strauss an. Der besorgte Großvater verstand den Wink mit dem Zaunpfahl und schuf eine Oper, die dann tatsächlich in der Schule uraufgeführt wurde. 26 Richard Strauss mit Enkel Christian, dem zuliebe er »Des Esels Schatten« komponierte.

»Ich sehe mit meiner Seele«, sagte Helen Keller (27 mit der hinter ihr stehenden Lehrerin Anne Sullivan). Die 1880 im US-Staat Alabama geborene Schriftstellerin war als Kleinkind, vermutlich als Folge einer Gehirnhautentzündung, blind und taub geworden und konnte vorerst auch nicht sprechen. Mit unglaublicher Zähigkeit und mit Hilfe ihrer Lehrerin gelang es Helen, ein Studium abzuschließen, mehrere Bücher zu veröffentlichen und Hunderte Vorträge zu halten, in denen sie sich für den Weltfrieden engagierte.

r komponierte die
lodie zu dem mit
on Welles (28)
rehten Filmklassiker
er dritte Mann«?
ang galt der Wiener
urigenmusiker
ton Karas (29) als
estrittener Schöpfer
»Harry-Lime-
emas«. Die Schau-
elerin Liane Haid
auptete jedoch,
s die weltberühmt
ordenen Takte
ht Karas, sondern
em Vater, dem
usikalienhändler
org Haid, eingefal-
waren. Liane Haids
n, Pierre Spycher,
tätigt das. Und die
hter von Anton
as glaubt sich zu
nnern, dass ihr
er Kunde von
org Haid war. Den
l könnte freilich
noch »Der dritte
nn« klären ...

30 Oskar Kokoschka erzählte die Geschichte einer älteren Dame, die sich von ihm porträtieren ließ. Doch das Modell hatte etliche Sonderwünsche, für die der Maler letztlich doch eine schlüssige Begründung erhielt.

31 Camillo Castiglioni, eine der schillerndsten Figuren der Zwischenkriegszeit, finanzierte einers Max Reinhardts Theater in der Josefstadt. Ander seits war er auch ein gewissenloser Schieber und Kriegsgewinnler.

32 Josef Kainz erfuhr von seinem nahen Ende, weil ihm das Gesicht des behandelnden Arztes alles verriet. Mit dem Instinkt des genialen Schauspielers erkannte Kainz an der Mimik des Mediziners, wie es um ihn stand.

33 Im »Jedermann« beschreibt Hugo von Hofmannsthal die Stunde des Todes, ohne ahnen können, auf welch dramatische Weise er selbst abberufen werden würde. Der Dichter starb in der Stunde, da man seinen Sohn zu Grabe trug.

e Liebesgeschichte, die erst nach neunzig Jahren öffentlich wird. Der junge Karl Farkas (34) schrieb
nsuchtsvolle Briefe an seine schöne Schauspielkollegin Valerie von Martens (35). »Fühlst Du, wie ich
h in Gedanken streichle und liebkose?«, fragte er. Und doch hatte die Liebe keine Chance, die beiden
nten durch Krieg und dessen Folgen nicht zusammenkommen. Farkas heiratete eine andere Schauspie-
n und Valerie von Martens wurde die Frau des berühmten Autors und Schauspielers Curt Goetz.

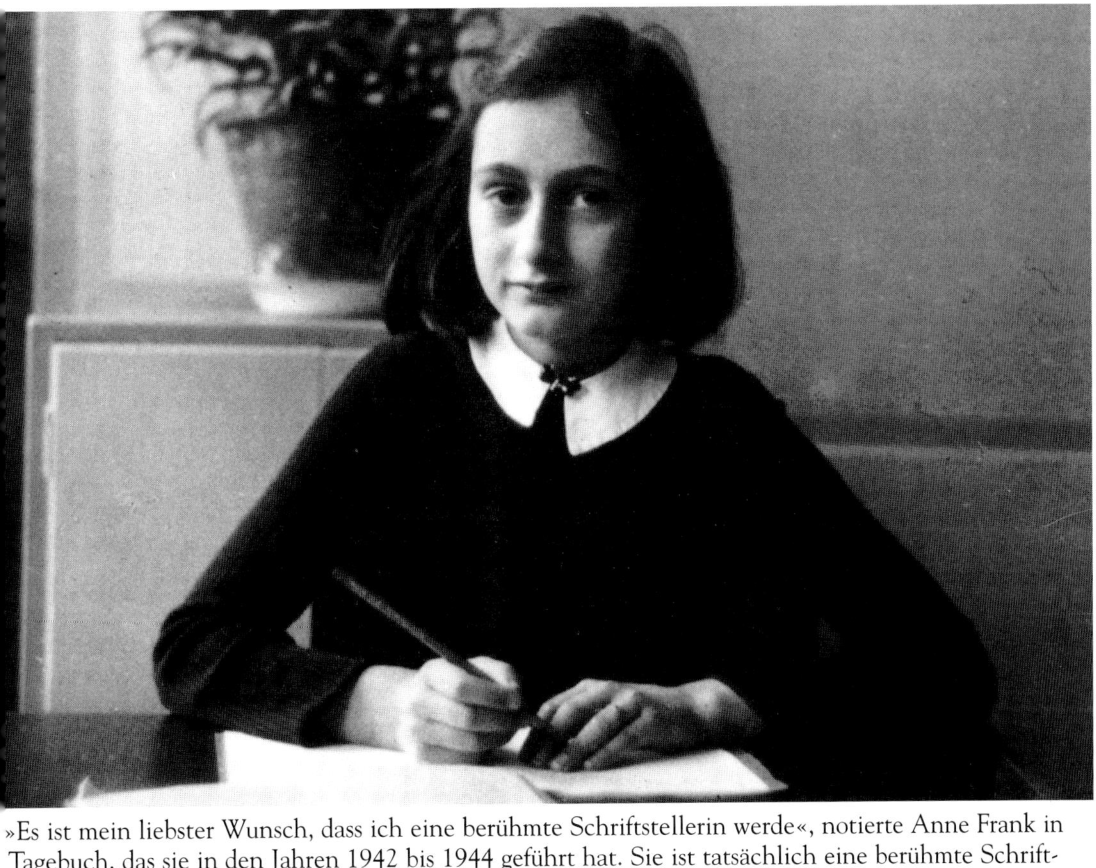

»Es ist mein liebster Wunsch, dass ich eine berühmte Schriftstellerin werde«, notierte Anne Frank in
Tagebuch, das sie in den Jahren 1942 bis 1944 geführt hat. Sie ist tatsächlich eine berühmte Schrift-
lerin geworden – doch hat sie nie davon erfahren. Sie starb im Konzentrationslager Bergen-Belsen. Der
er des jüdischen Mädchens, der die Nazizeit als einziges Familienmitglied überlebte, gab das erschüt-
nde, von einer Wienerin gerettete Tagebuch nach Kriegsende zur Veröffentlichung frei.

Die Nacht vor Mayerling verbrachte Kronprinz Rudolf (37) bei der »Soubrette« Mizzy Caspar (38), mit er zwei Jahre lang eine Affäre hatte. Erst als sie es ablehnte, mit ihm in den Tod zu gehen, fiel seine verhängnisvolle Wahl auf die Baronesse Mary Vetsera. Wie nahe der Thronfolger Mizzy Caspar stand, erke man auch daran, dass er ihr testamentarisch »alles, was an Geld sich findet« hinterließ, nachdem er sie zuvor schon mit Schmuck überhäuft und ihr ein Zinshaus gekauft hatte.

Im Kapitel »Neues Altes aus dem Haus Habsburg« wird von einem unglaublichen, aber nachweisbaren Flirt der Kaiserin Elisabeth (39) mit dem Beamten Fritz Pacher von Theinburg berichtet. Die beiden hatten einander 1874 auf einem Maskenball im Wiener Musikvereinssaal kennen gelernt und waren danach einige Zeit in Kontakt geblieben – bis der junge Mann zu neugierig wurde ...

Als Katharina Schratt im Jahre 1903 im Volkstheater als das auftrat, was sie nicht sein durfte – eine Kaiserin nämlich (40 Rollenfoto als Maria Theresia) – kam es zum Theaterskandal. Selbst Kaiser Franz Joseph (41) wollte es nicht glauben und fragte brieflich, »ob das wirklich wahr ist«. Und Karl Kraus sprach in der »Fackel« von »Schäbigkeit, Schwindel, Unfug und widerlichster Anzüglichkeit«. Die Schratt hat nach dem Wirbel, den der Auftritt verursachte, nie wieder eine Bühne betreten.

Manch historische Persönlichkeit war lebenslanger Hotelbewohner, so a
der Dichter und Bohemien Peter Altenberg (42), der im fünften Stock
Wiener Grabenhotels logierte. Nicht nur die Wände seines Zimmers, so
dern auch die Gänge, die davor lagen, waren mit Bildern und Erinnerun
stücken zugepflastert (43). »Wenn ich daran denke, wer dieses geliebte
Kabinett einmal in Bausch und Bogen erben wird, da freut mich das gan
Sterben nicht!«

Da die meisten Gebäude der Stadt an der Weichsel, ganz im Gegensatz zu denen in Warschau, im Zweiten Weltkrieg heil blieben, ist die seinerzeit bewusst geschaffene »Ringstraßen-Atmosphäre« bis heute spürbar. In mehreren Altwarengeschäften werden kaiserliche Uniformen angeboten, im *Hawelka* bekommt man Melange zum Apfelstrudel, die Mineralwasserfirma *Zywiec Zdroj* wirbt auf ihren Etiketten mit einem Bild Kaiser Franz Josephs. Und in dem Städtchen Siviets befindet sich eine *k. u. k. Brauerei*, die in der Monarchie von einem Nebenzweig des Kaiserhauses gegründet wurde. Sie ging nach dem Fall des Eisernen Vorhangs an ihre ursprünglichen Besitzer zurück und wird heute von Maria-Christina Habsburg geführt. Das kaiserlich-königliche Bier zählt zu den beliebtesten Sorten in Polen.

Nur einer sollte es nach dem alten Kaiser noch schaffen, die Herzen der Krakauer im Sturm zu erobern: Karol Wojtyla, von 1964 bis 1978 Erzbischof von Krakau. Auch Papst Johannes Paul II. hat österreichische Wurzeln, war doch sein Vater Unteroffizier des k. k. Infanterieregiments Graf Daun.*

Galizien war auch die Heimat des Schtetls, aus dem zu Kaisers Zeiten viele Juden nach Österreich ausgewandert sind. Dem berühmtesten Schtetl hat Steven Spielberg ein filmisches Denkmal gesetzt: In Kazimierz, einem Stadtteil von Krakau, stand die Emailfabrik des Oskar Schindler, der durch sein mutiges Verhalten das Leben von 1200 Juden rettete.

Die vielen einstigen Franz-Joseph-Straßen, -Plätze und -Brücken von Krakau sind längst umbenannt. Nur die *Ulica Jozefa* trägt immer noch ihren alten Namen, weil sowohl die Nazis als auch die Kom-

---

* Siehe auch Kapitel »Unser Mann im Vatikan«, ab Seite 286

munisten übersehen haben, dass die Straße nach Kaiser Joseph II. benannt wurde.

Heutzutage besteht keine Gefahr mehr, dass sie ihren Namen je verlieren sollte.

# MIT DER STRASSENBAHN NACH PRESSBURG

*Als die Slowakei noch bei Österreich war*

Die Architekten Helmer und Fellner haben zur Jahrhundertwende an die fünfzig Theatergebäude gebaut, die man nach wie vor in allen Teilen des einstigen Habsburgerreiches finden kann. In Wien sind's Volkstheater und Ronacher, andere stehen in Prag, Brünn, Karlsbad, Reichenberg. Und 1886 eröffnete Kaiser Franz Joseph das von Helmer und Fellner geplante Nationaltheater in Pressburg, das heute ein überaus angesehenes Opernhaus ist.

»Wir waren immer stolz auf unsere gemeinsame Geschichte mit Österreich«, sagt Edita Gruberova, die in Bratislava zur Welt kam und entdeckt wurde, ehe ihr Ruf an die Wiener Staatsoper erfolgte. »Doch in meiner Jugend kannten wir diese Tradition nur vom Hörensagen, da die Kommunisten diesen Teil der Geschichte getilgt hatten.«

Das Nationaltheater von Bratislava wird nach wie vor von den Wienern gestürmt – rund zwanzig Prozent der Besucher kommen aus Österreich. Und das, obwohl man längst nicht mehr mit der einst so beliebten Tramway fahren kann, die zwischen 1914 und 1935 von Wien nach Pressburg zuckelte. Dass die »Elektrische« für die siebzig Kilometer lange Strecke ganze zwei Stunden benötigte, tat ihrer Popularität keinen Abbruch. Immerhin mussten unterwegs mehrmals die Loks ausgetauscht werden, da sie in Wien und Pressburg mit Gleichstrom, überland aber mit Wechselstrom gespeist wurden. Und doch zählte man in den von Otto Wagner gestalteten Waggons jährlich drei Millionen Passagiere.

Bis weit nach dem Ende der Monarchie konnte jeder Kellner in Pressburg drei Sprachen, erzählten mir ältere Bewohner der Stadt im schönsten Burgtheaterdeutsch. Deutschsprachig waren einst auch die Theateraufführungen. Montag, Dienstag gastierten in dem Helmer-und-Fellner-Bau abwechselnd Burgtheater, Josefstadt und Volkstheater, hin und wieder kam auch die Wiener Oper. Der legendäre Anton Dermota erwähnte gegenüber der Gruberova einst, dass er sich mit einem Auftritt in Pressburg seine erste goldene Uhr verdient hatte. Von solch goldenen Zeiten konnte sie als junge Sängerin Ende der sechziger Jahre in Bratislava freilich nur träumen.

Lange vor den Königen der Oper beherbergte die oft als »Vorort von Wien« bezeichnete Metropole an der Donau auch ganz echte Könige. In den neunhundert Jahren, da die heutige Slowakei zu Ungarn gehörte, hieß die Stadt weder Pressburg noch Bratislava, sondern Pozsony. Und als solche war sie von 1526 bis 1783 die ungarische Haupt- und Krönungsstadt, in der – unter den Habsburgern – der Palatin, der ungarische Statthalter, residierte. Ein Denkmal der Kaiserin Maria Theresia erinnerte an ihre Krönung zur ungarischen Königin. Es wurde 1918 in die Luft gesprengt.

Ein Monument der Kaiserin Elisabeth gibt's hingegen immer noch. Es steht in dem ostslowakischen Badeort Bardejov und hat eine kuriose Geschichte: Das Denkmal wurde enthüllt, um an einen Kuraufenthalt der Kaiserin zu erinnern. Freilich musste »Sisis« Identität nach dem Untergang der Monarchie, je nach politischer Großwetterlage, mehrmals verändert werden. Einmal schlug man ihren Namen aus dem Sockel, dann gab man sie als Tochter eines Partisanen aus. Erst seit wenigen Jahren lautet die Inschrift wieder »Elisabeth«.

Es war Karl Farkas, der anhand der Geschichte von Bratislava die Irrwege des 20. Jahrhunderts treffend zu kommentieren wusste, als er in einer Conférence am Wiener Kabarett Simpl feststellte:

»Ich hatte einen Onkel«, sagte er, »der ist in Österreich geboren, hat in Ungarn studiert, in der Tschechoslowakei gearbeitet und ist in Deutschland gestorben. Dabei ist er sein Leben lang nie aus Pressburg herausgekommen.«

Hätte der Onkel etwas länger gelebt, wäre er auch noch Bürger der ČSSR und – nach dem Fall des Eisernen Vorhangs – der Republik Slowakei geworden.

181

## WARUM DIE MAGYAREN »SISI« LIEBEN

*Als Ungarn noch bei Österreich war*

Ihre Popularität in Ungarn ist ungebrochen. Begründet wurde »Sisis« Liebe zu den Magyaren durch den Umstand, dass Kaiser Franz Josephs Mutter Sophie alles Ungarische ablehnte. Da Elisabeth stets in Opposition zu der verhassten Schwiegermutter stand, entwickelte sie eine geradezu fanatische Liebe zu Ungarn. Also intervenierte sie immer wieder beim Kaiser, diesen Teil der Monarchie bevorzugt zu behandeln.

Das ging so weit, dass die beiden sich 1867 zum ungarischen Königspaar krönen ließen. »Sisi« lernte Ungarisch und fand im Grafen Andrássy einen klugen Mitstreiter. Die Verbindung rief Aufsehen hervor, zumal Andrássy 1849 Kommandant der magyarischen Rebellen war. Während der Graf zum Tod verurteilt worden und nach Paris geflüchtet war, setzte sich Elisabeth nach einer Amnestie für die Revolutionäre dafür ein, dass Andrássy ungarischer Ministerpräsident wurde. Das war ein unglaublicher Schritt, hatte doch der Kaiser einst selbst das Todesurteil des Grafen unterzeichnet.

»Sisis« Engagement für Andrássy führte zu bösen Gerüchten. So wurde, als ihre Tochter Marie Valerie zur Welt kam, bei Hof gemunkelt, dass Andrássy der Vater sei – was sicher nicht stimmte.

Viele bedeutende »Österreicher« waren eigentlich Ungarn, so der Arzt Ignaz Semmelweis – der das Kindbettfieber besiegt und damit das Leben zahlloser Mütter gerettet hat – oder die wichtigsten Vertreter der Silbernen Operette, Paul Abraham, Franz Lehár und

Emmerich Kálmán. Letzterer hat mit der *Gräfin Mariza* eine der
»ungarischsten« unter den Wiener Operetten komponiert – und das
trotz mangelnder Geografiekenntnisse. Anders ist nicht zu erklären,
warum einer der Hauptschlager der *Mariza* lautet:

> *Komm mit nach Varasdin,*
> *So lange noch die Rosen blüh'n,*
> *Dort ist die ganze Welt noch rot-weiß-grün.*

Tatsächlich war »die Welt« längst nicht mehr rot-weiß-grün, weil
Varasdin zum Zeitpunkt der *Mariza*-Uraufführung im Jahre 1924
bereits eine kroatisch-slawonische Stadt war und die magyarischen
Landesfarben daher ganz und gar nicht ins Lied passten.

Andererseits muss man zugeben: Welche andere Farbe hätte sich
schon auf Varasdin gereimt?

Österreicher, die heute durch Budapest fahren, fühlen sich fast
wie zu Hause. Da gibt's einen *Gösser Biergarten*, und vom Tradi-
tionsunternehmen *Herend* wird wieder jenes Service angeboten, aus
dem die Kaiserin Elisabeth ihren Kaffee einnahm.

Und zwar auf Gödöllö, jenem Lustschloss, das ihr das ungarische
Volk einst aus Dankbarkeit geschenkt hatte. Inzwischen gehört das
Anwesen dem Staat, der es als Touristenattraktion nützt.

Längst spielt in der »Sisi«-Verehrung keine Rolle mehr, dass ihre
Ungarnliebe den Untergang des Habsburgerreichs eher beschleu-
nigt als aufgehalten hat, waren doch die Nationalitätenprobleme ab
1867 größer denn je. Der Ausgleich mit Ungarn war eben nur eine
halbe Lösung …

# Lipizzaner und Sängerknaben

## Als Slowenien noch bei Österreich war

Sängerknaben, Lipizzaner, Gustav Mahler, Schiffsschraube und *Steyr-Daimler-Puch*. Was könnte »österreichischer« sein als eine solche Liste? Dabei finden sich die Wurzeln dieser »Institutionen« in der heutigen Republik Slowenien.

Sie weiden im Dorf Lipica, die 300 Prachtrösser, deren »Urväter« auch die Vorfahren der weißen Pferde in Wiens Spanischer Hofreitschule sind.

Man schrieb das Jahr 1580, als Erzherzog Karl den kaiserlichen Stallmeister Baron Khevenhüller nach Spanien schickte, um die ersten drei Hengste für das Haus Habsburg zu erwerben. Sie wurden nach Lipica gebracht, weil man annahm, dass den edlen Tieren bei der Ausbildung in den öden Karstbergen am ehesten Ausdauer und Trittsicherheit vermittelt werden könnte.

Während des Ersten Weltkriegs wurden die Pferde in die Hofburg überstellt, was sich für Österreich als Glücksfall erweisen sollte, denn als Lipica 1918 Italien zufiel, befand sich ein Großteil der Tiere in Wien, so dass die Spanische Hofreitschule im steirischen Piber ein neues Gestüt aufbauen konnte.

Der Fortbestand von Lipica entwickelte sich wesentlich schwieriger. 1945 gab es dort ganze elf Pferde, die einen nur sehr langsamen Aufbau ermöglichten. Heute zählen Reitunterricht, Gestütsbesichtigungen und Dressurvorführungen in Lipica zu den großen Touristenattraktionen Sloweniens.

184

Von den Lipizzanern ist's im Allgemeinen nicht sehr weit zu den Sängerknaben. Und wie's der Zufall will, finden sich auch deren Ursprünge in Slowenien. Denn der Gründer und erste Direktor des Knabenchors stammte aus Laibach. Georg Slatkonja war 1498 von Kaiser Maximilian I. nach Wien gerufen worden, um hier eine Hofmusikkapelle zu gründen. Unter seiner Leitung wurden die ersten achtzehn Knaben ausgebildet, deren Tradition sich seit mehr als fünfhundert Jahren fortsetzt.

Slatkonja brachte es auch als Priester zu allerhöchsten Weihen. Wurde er doch 1513 vom Papst zum Bischof von Wien ernannt. Er ging als unbequemer Gottesmann in die Geschichte ein, weil er sich standhaft weigerte, die gegen Martin Luther gerichtete päpstliche Bannbulle zu verlautbaren. Die sterblichen Überreste des Bischofs aus Laibach sind im Stephansdom beigesetzt.

Das befruchtende Zusammenspiel Österreichs mit Slowenien sollte sich in späteren Jahrhunderten fortsetzen. Kein Geringerer als Gustav Mahler begann seine Dirigentenlaufbahn in Laibach, der damaligen Hauptstadt des Herzogtums Krain. Mahler trat 1882 eine Stelle als Kapellmeister des Landestheaters an, wo sein überragendes Talent sofort erkannt wurde. Er brachte Beethovens *Egmont*-Ouvertüre »ganz exakt zur Aufführung«, wie man nach seiner Eröffnungsvorstellung in den *Laibacher Nachrichten* lesen konnte. Wiens späterer Operndirektor dirigierte hier aber auch den *Troubadur, Martha* und *Die Zauberflöte*. Jedenfalls ist man in Slowenien heute noch stolz darauf, Mahler den Weg geebnet zu haben.

Ein Vierteljahrhundert bevor Mahler nach Laibach kam, war dort – wenn auch durch Zufall – einer der bedeutendsten österreichischen Konstrukteure gestorben. Josef Ressel, der 1829 die Schiffsschraube erfunden hatte, befand sich als 64-jähriger Marine-Intendant auf Dienstreise in Laibach, wo ihn der durch Malaria verursachte Tod ereilte.

Mittelalterliche Bauten und Funde aus der Römerzeit erinnern an die historische Bedeutung des Städtchens Pettau (Slowenisch: Ptuj), das inmitten einer großen Weinbauregion liegt. Kein Denkmal und keine Tafel weisen freilich auf jenen Mann hin, der hier 1862 geboren wurde und dem Österreich seine jahrzehntelange Autoproduktion zu danken hat: Der Mechaniker Johann Puch baute Fahrräder, ehe er 1899 in Graz die *Johann-Puch-AG* gründete, in der dann auch Autos und Motorräder erzeugt wurden.

Nur in zwei uns bekannten Fällen hat der österreichisch-slowenische Austausch nicht funktioniert: Franz Schubert wurde, als er sich 1816 in Laibach um die Stelle eines Musiklehrers bewarb, mit der Begründung abgewiesen, dass er mit seinen neunzehn Jahren »zu jung und unerfahren« sei. Die Enttäuschung war groß, und doch sind sich Schubert-Forscher einig, dass der negative Bescheid gut für die Musikgeschichte war, weil sich sein Genie nicht mit irgendeiner Fessel vertragen hätte und daher zahlreiche seiner Werke »unkomponiert« geblieben wären.

Andererseits hat man in Wien einen der bedeutendsten Architekten der Jahrhundertwende verkannt. Der 1872 in Laibach geborene Josef Plecnik war in die k. u. k. Haupt- und Residenzstadt gekommen, wo Otto Wagner sein überragendes Talent erkannte und ihn als seinen Nachfolger in der Stadtplanung vorschlug. Da Plecnik aber vom Erzherzog Franz Ferdinand abgelehnt wurde, kehrte er als Architekturprofessor nach Laibach zurück, um dort ein viel beachtetes Stadterneuerungskonzept zu entwickeln. 1921 baute er dann den Prager Hradschin um.

In Wien ließ man Josef Plecnik nur die Heiligengeistkirche und das Zacherlhaus auf der Brandstätte planen. Er starb 1957 in Ljubljana.

Und wie's bei uns so üblich ist: Gebaut hat er hier so gut wie gar nichts, dafür gibt es heute in Wien einen Plecnikweg, der an den großen Architekten erinnert.

# NEUES & KURIOSES AUS ALTEN ZEITEN

# MEIN KONTAKT MIT GOETHE

## oder So kurz sind 180 Jahre

Die Geschichte, in der Johann Wolfgang von Goethe die Hauptrolle spielt, muss sich, grob geschätzt, vor 180 Jahren ereignet haben. Ist das aber wirklich eine so gigantisch lange Zeitspanne, wie's auf den ersten Blick erscheinen mag? Mir kam sie recht kurz vor, als ich – wenige Monate vor seinem Tod im Februar 1991 – ein Gespräch mit dem ehemaligen Burg- und Josefstadtschauspieler Hans Thimig führte. Da merkte ich erst, wie schnell knapp zwei Jahrhunderte an einem vorüberziehen können. Und das kam so.

Hugo Thimig, der neunzig Jahre alt gewordene Vater des ebenfalls neunzig Jahre alt gewordenen Hans Thimig, hat seinem Sohn einmal erzählt, dass er als junger Burgschauspieler noch die greise k. k. Hofschauspielerin Amalie Haizinger kennen gelernt hatte, die in ihrer Jugend wiederum mit dem Geheimrat von Goethe persönlich bekannt war.

Ich befand mich also durch Hans Thimig in der geradezu unglaublichen Situation, einem Mann gegenüber zu sitzen, dessen Vater noch jemanden kannte, der Goethe gekannt hatte. So kurz können 180 Jahre sein.

Wie aber war Johann Wolfgang, wollte mein vor Neugier brennendes Reporterherz wissen? Was haben uns Wiens große Mimen über Herrn von Goethe hinterlassen? Es musste etwas ganz Bedeutendes sein, überlegte ich. Hatte der Geheimrat der Hofschauspielerin Haizinger etwa höchstpersönlich noch Anweisung erteilt, wie sie das Gretchen in *Faust* anzulegen hätte?

Und überhaupt, wie gab sich der Dichterfürst – genial oder albern, charmant oder arrogant, gesprächig oder einsilbig, witzig oder humorlos?

Die Antwort, die uns Frau Haizinger via zwei Generationen Thimig und einer Generation Markus hinterlassen hat, mag die Schar der Goethe-Jünger enttäuschen. Von Hugo Thimig vor mehr als hundert Jahren befragt, dachte die Hofschauspielerin ein wenig nach und sagte dann: »Der Goethe, ja, ja, das is auch so ein alter Schweinehund gewesen.«

Das war's, was in Frau Haizingers Erinnerung von einem der größten Genies aller Zeiten übrig blieb. Nicht sehr viel, aber doch eine kleine Facette vielleicht für die nächste Goethe-Biografie.

## Aerarisches Essen ist oft ungeniessbar

### AEIOU gibt Rätsel auf

An Kirchen und Kapellen, Spitälern und an den Portalen herrschaftlicher Häuser – kurz, allüberall in Österreich findet sich die geheimnisvolle Buchstabenkombination »AEIOU«. Jeder kennt sie, hat irgendwann im Geschichtsunterricht von ihrer Zusammensetzung gehört, aber welche Bedeutung die fünf Vokale tatsächlich haben, weiß keiner.

Denn bisher konnte nicht einwandfrei nachgewiesen werden, was Kaiser Friedrich III. mit dem populären Wahl- und Wappenspruch gemeint hat, der sich auf Besitztümern und Gebäuden, die während seiner Herrschaft im 15. Jahrhundert errichtet wurden, befindet. Wir müssen uns also auf Spekulationen einlassen, die im Lauf der Jahrhunderte angestellt wurden. Der Historiker Alphons Lhotsky hat rund neunzig Deutungen gesammelt, die – sei es von seriösen Forschern, sei es von Witzbolden – in griechischer, lateinischer und deutscher Sprache niedergeschrieben wurden. Einige davon seien hier wiedergegeben:

*Allzu Ernstes Ist Oesterreich Ungemäß.*
*Allerlei Erdreich Ist Oesterreichs Unglück.*
*Aller Einigkeit Ist Oesterreichs Unsterblichkeit.*
*Aller Ehren Ist Oesterreich Voll.*
*Allen Eifers ist Oesterreich Voll.*
*Aller Ernst Ist Ober Uns.*

*Alte Esel Jubilieren Ohne Unterlass.*
*Auch Eselei Ist Offenkundig Unsterblich.*
*Aerarisches Essen Ist Oft Ungenießbar.*
*Auf Erden Ist Oesterreich Unsterblich.*
*Apfelstrudel Erdäpfelsalat Indianer mit Schlag*
    *Obstler Ungarisches Gulasch.* *

Die meistzitierte (und angeblich seriöseste) Auslegung findet sich in einem Pergamentnotizbuch Friedrichs, in dem der für seinen Hang zum Mystischen bekannte Kaiser 1438 zweisprachig festhielt:

*Austriae Est Imperare Orbi Universo.*
*Alles Erdreich Ist Oesterreich Unterthan.*

Diese Version würde belegen, dass der Habsburger Österreichs künftige Vormachtstellung vorausgeahnt hätte. Doch kann auch diese Variante angezweifelt werden, da sich an anderer Stelle weitere Handschriften mit zusätzlichen AEIOU-Auslegungen des Herrschers finden.

Womit ich mir erlaube, die nach einem halben Jahrtausend immer noch brennende Frage nach dem Sinn der berühmtesten Buchstabenspielerei des Landes um Version Nummer 91 zu bereichern:

*Also Eigentlich Ist's Ohnehin Unwichtig.*

---

\* Copyright der letzten Version: Louise Martini

# Franz Antel entdeckt Fred Astaire

*Ein österreichisches Schicksal*

Es war im Jahre 1892, als der Handelsreisende und k. u. k. Unteroffizier Friedrich Emanuel Austerlitz – ein gebürtiger Linzer, der zuletzt in Eisenstadt gelebt hatte – seine Heimat verließ, um in Amerika das große Glück zu suchen. Sieben Jahre später, am 10. Mai 1899, wurde er Vater eines Sohnes, dem er den Namen Fred gab. Der nannte sich später Astaire und wurde als größter Tanzstar aller Zeiten von Hollywood aus weltberühmt.

Nehmen wir einmal an, der alte Austerlitz wäre in Österreich geblieben. Sein Sohn Fred hätte als Fritzl in Wien das Licht der Welt erblickt, wäre zweifellos auch hier als großes Talent entdeckt worden, aber …

… er wäre nach mehreren Jahren als jugendlicher Liebhaber an kleineren Provinzbühnen 1931 ans Wiener Raimundtheater engagiert worden, wo er als Schöner Sigismund *Im Weißen Rössl* debütiert hätte. Er wäre als neues Tanz- und Gesangswunder gefeiert worden, doch da Fritz Austerlitz – ganz im Gegensatz zu jenem Fred Astaire, der sich in den USA von Steaks und Gemüse ernährte –, da Fritz also hierzulande mit Backhendln und Sachertorten aufgewachsen wäre, sollte er bald Probleme mit der Figur bekommen, worauf ihm der Direktor des Raimundtheaters riet: »Austerlitz, hören S' auf mit der Tanzerei, dafür san S' zu blad.«

Fritz wechselte daraufhin ins komische Fach über und wurde 1952 von Franz Antel für den Film entdeckt. Er war in einigen unverwechselbaren Rollen zu sehen, durfte sogar in deutschen Filmen an der Seite von Georg Thomalla, Trude Herr und Adrian Hoven spielen, stand aber immer im Schatten Willy Birgels und Hubsi von Meyerincks.

1968 ging Fritz Austerlitz in Pension. Mit 77 Jahren mietete er sich dann in einem Badener Altersheim für verdiente Künstler ein, konnte seine Rente aber weiterhin durch Werbung und Modeschau-Conférencen aufbessern und genoss seinen Ruhestand.

Am 10. Mai 1984, seinem 85. Geburtstag, erklärte Kammerschauspieler Prof. Fritz Austerlitz, als Ehrengast in den *Seniorenclub* geladen, er sei mit seinem Leben rundum zufrieden, denn für österreichische Verhältnisse hätte er es sehr weit gebracht. Es war das letzte Mal, dass man ihn in der Öffentlichkeit sah.

Fred Astaire starb am 22. Juni 1987 im Alter von 88 Jahren in Hollywood. Fritz Austerlitz im Lainzer Krankenhaus in Wien.

Ein österreichisches Schicksal.

## »Warum mit Ohrringen?«

*Wie ein Kokoschka-Porträt entstand*

Eine ältere Dame kam in Oskar Kokoschkas Atelier in die Lieb-hartstalstraße, um sich von ihm porträtieren zu lassen. Über den Preis war man sich schnell einig, und so begann am nächsten Tag schon die erste Sitzung. Die ältere Dame kam täglich, und nach einer Woche zeigte ihr der Meister sein Werk. Die Auftraggeberin besichtigte es kritisch und drückte dann ihre Zufriedenheit aus: »Schön ist es geworden, Herr Kokoschka, sehr schön. Aber ich hätte gern …, ich hätte gern, dass Sie mir Ohrringe dazu malen. Natürlich gegen einen Aufpreis.«

»Aber gnädige Frau«, zeigte der Maler sich entsetzt, »Sie haben doch so schöne Ohren, warum soll ich sie durch Ohrringe ver-decken?«

»Ich will Ohrringe!«

Kokoschka malte und zeigte der Dame anderntags das geänderte Werk. Sie betrachtete es und meinte nun: »Sehr schön. Aber jetzt möchte ich noch ein schönes Perlenkollier.«

»Warum denn das«, wandte Kokoschka ein, »wo Sie doch einen so schönen Hals haben?«

»Ich will ein Kollier!«

Kokoschka malte auch dieses. Neuerlich betrachtete die Dame ihr Porträt. Und wünschte sich nun – ein Diadem.

»Bei Ihrem wunderschönen Haar?« Kokoschka wusste freilich schon, dass jeder Einwand zwecklos war. Und so malte er auch noch das Diadem. Nun war die Dame endlich restlos zufrieden, sie zahlte das Bild und die Änderungen.

»Gestatten Sie mir eine Frage«, sagte Kokoschka, während er das Gemälde einpackte, »wozu wollten Sie all den Schmuck?«

»Das werde ich Ihnen erklären«, antwortete die Frau. »Schauen Sie, ich bin nicht mehr die Jüngste, und ich bin krank, sehr krank. Ich werde nicht mehr lange leben. Mein Mann hat eine junge Freundin. Kaum werde ich unter der Erde sein, wird er sie heiraten. Eines Tages wird sie sich das Bild ansehen, und ihre erste Frage wird sein: ›Wo ist der Schmuck?‹

Sehen Sie, mein lieber Herr Kokoschka«, setzte die alte Dame verschmitzt lächelnd fort, »das ist der Grund, warum ich mir das alles hab malen lassen.«

Sie nahm ihr Bild und ging. Kokoschka hat sie nie wieder gesehen.

## Der Mann mit den 14 Berufen

*Peter Ustinov, eine Begegnung*

Frühjahr 1981, Peter Ustinov ist in Wien. Von der Queen noch lange nicht zum Ritter geschlagen, und doch längst schon ein Sir vom Scheitel bis zur Sohle, steht er mir Rede und Antwort. Ich probier's gleich mit einer ganz einfachen Frage: »Herr Ustinov, was sind Sie eigentlich von Beruf?«

»Ich bin Engländer und gehöre mit meinen Berufen 14 Gewerkschaften an. Ich weiß also gar nicht, ob ich gerade streike, oder ob ich arbeiten darf.«

»Könnten Sie die 14 Berufe, in denen Sie tätig sind, näher definieren?«

»Ja gerne. Ich bin Dramatiker, Schauspieler, Film-, Opern- und Theaterregisseur, Romancier, Journalist, Showmaster, bildender Künstler ... warten Sie, was bin ich noch? Ach ja, Jurist, Weinbauer, Fotograf, Musiker ...«

»Hören Sie auf, Herr Ustinov, sagen Sie mir lieber, was Sie *nicht* können, das lässt sich einfacher niederschreiben.«

»Ich kann kein Wirtschaftsforscher sein.«

«Das ist alles? Wie wären Sie als Arzt?«

»Sehr gut. Außer Chirurg. Ich kann kein Blut sehen.«

»Sonst können Sie alles?«

»In den täglichen Dingen des Lebens bin ich ungeschickt. Ich kaufe einen Wecker, stelle ihn aufs Nachtkästchen, und er kocht

Eier. Weil ich die Anleitung nicht lesen kann. Mir wird bei dieser Art von Literatur übel.«

»Als Handwerker sind Sie also ungeeignet?«

»Sagen Sie das nicht. Mein Auto ist kaputt – ich öffne die Motorhaube, und es geht schon wieder.«

»Wie steht's mit Ihrer Arbeit fürs Fernsehen?«

»Gefällt mir sehr gut. Ich bin auch ein begeisterter Fernsehteilnehmer. Ich drehe beispielsweise die Nachrichten auf, da kündigt der Sprecher an: ›Der Papst ist auf Welttournee.‹ Dazu wird das Bild von einem Pferderennen eingeblendet, plötzlich läutet am Tisch des Moderators das Telefon, eine Stimme sagt: ›Falsch verbunden.‹ Und dann kommt ein Interview mit Lech Walesa, der mit dem Insert ›Kurt Waldheim, österreichischer Bundeskanzler‹ vorgestellt wird. Ich liebe es, vom Fernsehen umfassend informiert zu werden ...«

»Daneben haben Sie noch Zeit für all Ihre Berufe? Wie schaffen Sie das? Sie können doch nicht ununterbrochen streiken?«

»Ich bin sehr unfleißig. Ich tu nur so, als ob ich fleißig wär. Das ist auch anstrengend. Aber ich finde alles sehr interessant. Allerdings erst, seit ich die Schule verlassen habe. Bis dahin fand ich gar nichts interessant.«

»Kann man das als Kritik am britischen Schulsystem verstehen?«

»Ganz im Gegenteil. Die britische Schulausbildung ist die beste der Welt. Falls man sie überlebt.«

# WER WAR DIE TANTE JOLESCH?

*Eine Spurensuche*

Sie zählt zu Österreichs berühmtesten Tanten. Dabei weiß kaum jemand, ob sie überhaupt gelebt hat. Und wenn ja, wo und wann.

»Was a Mann schöner is wie ein Aff, is ein Luxus«, lautet ihr wohl meistzitierter Ausspruch. Wer aber war die Tante Jolesch, die durch Friedrich Torberg zur Symbolfigur jüdischen Humors wurde? Ich ging auf Spurensuche.

Torberg hat uns zwar viele Anekdoten von der Tante Jolesch hinterlassen, ohne aber mit genaueren biografischen Angaben dienlich zu sein. So viel steht jedoch fest: Sie hat wirklich gelebt. Die Tante Jolesch ist keineswegs das Ergebnis dichterischer Freiheit. Friedrich Torberg selbst hat sie zwar nie kennen gelernt, er war aber mit ihrem Neffen Franz befreundet, der in den letzten Jahren der Monarchie als »Seiner Majestät schönster Leutnant« galt.

»Der Torberg hat oft vom Franz Jolesch gesprochen«, erinnert sich Torberg-Freund Gerhard Bronner. »Und dieser Franz war es auch, der ihm die Aussprüche seiner Tante überliefert hat. Torberg erzählte mir diese Geschichten so lange, bis ich zu ihm gesagt hab: ›Jetzt kenn ich das alles schon, mach endlich ein Buch draus.‹«

So berichtete Franz Jolesch, um ein Beispiel zu nennen, seiner Tante einmal, er sei auf regennasser Straße mit dem Wagen ins Schleudern gekommen, wobei es »noch ein Glück war, dass ich nicht auf die Gegenfahrbahn gerutscht bin, sondern ins Brückengeländer«.

Da erwiderte die Tante: »Gott soll einem behüten davor, was *noch* ein Glück ist.«

Die Tante Jolesch wurde zur Symbolgestalt – wenn auch nur für einen Teil der 200 000 Juden, die zwischen den beiden Weltkriegen in Wien lebten. Während sie aus gutbürgerlichem Milieu stammte, waren Wiens Juden damals auch in ganz anderen Gesellschaftsschichten zu Hause – bei den bettelarmen, aus Galizien geflüchteten »Schtetl-Juden« ebenso wie unter den reichen Kaufleuten in den eleganten Salons. Sigmund Freud, Max Reinhardt, Arthur Schnitzler, Hugo von Hofmannsthal und Arnold Schönberg zählten zu den bedeutendsten Wiener Juden dieser Zeit.

Sicher ist, dass die Tante Jolesch – deren Vorname bisher nicht zu eruieren war – einen Mann hatte. Von ihm wissen wir, dass er auch im fortgeschrittenen Alter noch Wert auf elegante Kleidung legte. Als sich der »Onkel Jolesch« also einen teuren Mantel schneidern ließ, erklärte seine Frau: »Ein Siebzigjähriger lässt sich keinen Überzieher machen. Und wenn, soll ihn der Franz gleich mitprobieren.«

Wie aber hat die Tante Jolesch ausgesehen?

In ihrem Gesicht drückten sich »Güte, Wärme und Klugheit aus«, hinterließ uns Torberg, »aber schön war sie nicht«. Fest steht, dass der Autor, ehe sein Kultbuch 1975 erstmals in Druck ging, dem *Langen Müller Verlag* ein Foto der Tante Jolesch vorlegte. Doch dem Lektor gefiel das Bild nicht, weshalb eine Zeichnung angefertigt wurde, die auf dem Umschlag platziert wurde, aber keinerlei Ähnlichkeit mit der Originaltante aufwies.

Als einige Jahre später bei *Donauland* eine Lizenzausgabe des inzwischen zum Bestseller avancierten Buches erschien, tauchte das Foto der Tante Jolesch neuerlich auf – und gelangte diesmal tatsächlich aufs Cover*. Ob es sich hier um die echte Tante handelte, ist heute nicht mehr nachzuweisen – aber eher wahrscheinlich.

Erwiesen ist hingegen, dass es von ihrem Neffen Franz ein Foto gibt. Torbergs Nachlassverwalter David Axmann hat es in den Unterlagen des 1979 verstorbenen Schriftstellers entdeckt.**

Ein Großteil der von Torberg erzählten Anekdoten handelt gar nicht von der Tante Jolesch selbst, sondern von den legendären Kaffeehausliteraten Karl Kraus, Peter Altenberg, Anton Kuh, Egon Friedell oder Alfred Polgar, der einmal – so Torberg – von einem lästigen Menschen auf der Straße gefragt wurde: »In welche Richtung gehen Sie?«

Worauf Polgar antwortete: »In die entgegengesetzte!«

Doch die Aussprüche der Tante Jolesch stehen jenen ihrer prominenten Zeitgenossen an Originalität um nichts nach. »Alle Städte sind gleich«, hatte sie herausgefunden, »nur Venedig is e bissele anders.«

Ihre Geschichten fanden wohl auch deshalb Eingang in den allgemeinen Sprachgebrauch, weil sich in ihnen Wehmut und Heiterkeit auf einzigartige Weise vereinen. Nichts symbolisiert die Aufbruchstimmung der jungen Republik und das gleichzeitig sich abzeichnende, nahende Ende treffender als Torbergs *Untergang des Abendlandes in Anekdoten*.

Im Wiener Telefonbuch des Jahres 1925 sind drei Teilnehmer mit Namen Jolesch verzeichnet. Einer dieser Anschlüsse sollte uns zu ihrer Familie führen.

---

* Siehe Foto 25 im Bildteil
** Siehe Foto 23 im Bildteil

**Jolesch Alexander,** Wohnung,
XIX/2, Probusg. 3.  **12–7–35**
**Jolesch Ernst,** Strick- u. Raschel-
warenerzeugung, XII/2, Thunhofg. 9/11.
**80–2–99**
**Jolesch Julius,** Gen.Dir. d. Textilwerke Mautner A. G., IX/2, Michel-
bauerng. 9 a.  **24–0–95**
Wohnung, I., Franz-Josefs Kai 53.
**64–1–28**

*Auszug aus dem
Amtlichen Wiener
Telefonbuch,
Jahrgang 1925*

Gefühlsmäßig löste bei mir die letzte Eintragung – »Jolesch Julius, Gen. Dir. d. Textilwerke Mautner A. G.« den stärksten »Verdacht« aus. Wo aber ansetzen bei den weiteren Recherchen, zumal sich im Amtlichen Telefonbuch des Jahres 2004 und auch im Melderegister der Stadt Wien kein einziger Teilnehmer namens Jolesch mehr findet?

Ein Gespräch mit Judith Pór-Kalbeck sollte mich dann um ein gutes Stück weiterbringen. Sie ist die Witwe des bekannten Schriftstellers Florian Kalbeck, der mütterlicherseits aus der Wiener Industriellenfamilie Mautner stammte.

»Ja«, sagte Frau Pór-Kalbeck spontan, »mein Mann hat in den siebziger Jahren des Öfteren von der Tante Jolesch gesprochen – damals, als sie durch Friedrich Torbergs Buch berühmt geworden ist. Und er hat mir erzählt, dass sie die Frau vom Generaldirektor in der Textilfabrik seines Großvaters Isidor Mautner war.«

Der Fabrikant Mautner galt selbst als großes Original, und von ihm sind etliche Aussprüche in Umlauf, die durchaus in Torbergs Anekdotensammlung hätten Eingang finden können. Als man Isidor Mautner einmal, um ein Beispiel zu nennen, als »Herr Generaldirektor« ansprach, erwiderte er lächelnd: »Ich bin kein Generaldirektor – ich halte mir welche.«

Und der Generaldirektor, den er sich für seine Wiener Niederlassung »hielt«, war eben Julius Jolesch, der Ehemann der von uns gesuchten Dame.

Damit wären wir einen großen Schritt weitergekommen, noch aber kennen wir weder Vornamen noch Herkunft unserer Hauptperson – der Tante Jolesch eben.

Das Matrikelamt der Israelitischen Kultusgemeinde in der Wiener Seitenstettengasse war dann die nächste Station meiner Nachforschungen. Und hier, genau genommen im dort aufliegenden Trauungsbuch, sollte sich das Rätsel vollends lösen.

Findet sich doch am 25. Dezember 1893 eine Eintragung bezüglich der Hochzeit des Fabrikdirektors Julius Jolesch, geboren in Iglau am 18. Februar 1862. Und jetzt kommt's: Seine Braut hieß Gisela Salacz, geboren im ungarischen Städtchen Großwardein am 4. Dezember 1875, wohnhaft bis zu ihrer Eheschließung in Wien IX., Stroheckgasse 2.

Sie ist die Tante Jolesch.

Gisela Jolesch wurde zum Zeitpunkt ihrer Heirat natürlich noch lange nicht Tante gerufen – war sie doch damals erst 18 Jahre alt und damit um 13 Jahre jünger als ihr Mann. Giselas Vater war der in Budapest ordinierende praktische Arzt Dr. Siegmund Salacz, ihre Mutter hieß Fanni und war eine geborene Schwarz. Als Trauzeugen des Ehepaares Julius und Gisela Jolesch sind im Heiratsbuch der Rechtsanwalt Dr. Eugen Weinberger aus Budapest und der Wiener Arzt Dr. David Podzabradsky eingetragen.

Somit ist uns jetzt, fast dreißig Jahre nach Erscheinen des nach ihr benannten Buches, zum ersten Mal die Identität der Tante Jolesch bekannt. Die Identität jener Tante also, der – um noch einmal Torberg zu zitieren – in ihren späteren Jahren aus dem Familienkreis

| Trauungs-Buch für die Israel. Cultusgemeinde | | | | | | | |
|---|---|---|---|---|---|---|---|
| Des Bräutigams | | | | Der Braut | | | |
| Name, Stand, Charakter, Geburts- und Zuständigkeitsort. | Name, Stand und Wohnort seiner Eltern, nebst dem Geschlechtsnamen seiner Mutter. | Wohnort und Haus-Nummer | Alters-Jahre | Stand: ledig, Wittwer oder geschieden (seit wann) Dauer der früheren Ehe | Name, etwaiger Charakter, Geburts- und Zuständigkeitsort. | Name, Stand und Wohnort ihrer Eltern, nebst dem Geschlechtsnamen ihrer Mutter. | Wohnort und Haus-... |
| Julius Jolesch Fabriks... und Iglau geb. ... nach ... Böh... | Vater: Samuel Jolesch Fabrikant in Wiese  Mutter: Sara geb. Wurmfeld | Wallau | 31 geb. 18. Febr. 1862 | ledig | Gisela Salacz und Großwardein | Vater: Dr. Siegmund Salacz prakt. Arzt in Budapest  Mutter: Fanni geb. Schwarz | IX Hof... ...gasse 2 |

*Julius und Gisela Jolesch: Eintragung im Trauungsbuch, 1893*
ISRAELITISCHE KULTUSGEMEINDE, WIEN

die Frage gestellt wurde: »Stell dir vor, Tante, du sitzt in einem Gasthaus und weißt, dass du nur noch eine halbe Stunde zu leben hast. Was bestellst du?«

»Etwas Fertiges«, erklärte die Tante prompt.

Selbst als es dann von ihr Abschied zu nehmen galt, hinterließ uns Frau Gisela Jolesch einen bemerkenswerten Satz. Ihre Nichte Louise fragte sie an ihrem Totenbett: »Tante – ins Grab kannst du das Rezept nicht mitnehmen. Willst du uns nicht endlich sagen, wieso deine Krautfleckerln immer so gut waren?«

»Weil ich nie genug gemacht hab«, sprach die Tante, lächelte und verschied.

Das war im Jahre 1932, als sie, so Friedrich Torberg, »friedlich und schmerzlos, von der Familie umsorgt, zu Hause und im Bett« gestorben ist. »Wie damals noch gestorben wurde (und wie es

205

bald darauf so manchem ihrer Angehörigen nicht mehr vergönnt war).«

Wenn ich mir bei der Lektüre des Torberg-Klassikers die Tante Jolesch vorgestellt habe, dann war das immer eine ziemlich betagte Dame mit sehr vielen Falten im Gesicht. Gisela Jolesch ist aber nur 57 Jahre alt geworden.

# Neues Altes aus dem Hause Habsburg

## HERR PACHER UND DIE KAISERIN

### *»Sisis«* Flirt im Musikverein

Da »Sisi« Festlichkeiten jeder Art verhasst waren, intensivierte sie ihre auch sonst ziemlich rege Reisetätigkeit im Fasching ganz besonders. Da war sie so gut wie nie in Wien. Dennoch ist uns eine – geradezu unglaublich anmutende – Ballepisode der Kaiserin überliefert.

Wir schreiben den Faschingsdienstag des Jahres 1874, als Elisabeth ausnahmsweise in Wien weilt. Da befällt sie plötzlich, ganz gegen ihre sonstigen Intentionen, die Lust, einen Maskenball zu besuchen. Natürlich inkognito.

Nur ihre Vorleserin Ida von Ferenczy, die ständige Friseurin Fanny Feifalik und die Kammerfrau Gabriele Schmidl werden in das Geheimnis eingeweiht. Sie müssen schwören, nichts zu verraten. Elisabeth wartet an diesem Abend, bis alle in der Hofburg schlafen, wirft sich in ein aus Brokat verfertigtes leuchtend gelbes Dominokostüm und zieht eine große, rotblonde Perücke über ihr Haar. Dann aber das Wichtigste, eine Maske mit langen schwarzen Spitzen, die ihr Gesicht verdeckt.

Im Fiaker fährt sie, nur begleitet von Ida von Ferenczy, die ein rotes Dominokostüm trägt, in den Musikvereinssaal, in dem die vornehme Faschingsdienstag-Redoute stattfinden soll. Die Kaiserin wünscht, von Ida unter dem Decknamen »Gabriele« angesprochen zu werden – dem Vornamen der Kammerfrau Schmidl, deren hohe, schlanke Figur tatsächlich der der Kaiserin ähnelt. Ida und »Gabriele« nehmen auf der Galerie Platz und beobachten eine Zeit lang das ausgelassene Treiben im Ballsaal. Als Frau von Ferenczy gegen 23 Uhr bemerkt, dass sich die Kaiserin langweilt, schlägt sie ihr vor: »Gabriele, bitte, suche irgendjemanden im Saale aus, der dir gefällt und der nicht der Hofgesellschaft angehört. Ich werde ihn dann zu dir heraufbringen. Man muss auf einer Redoute die Leute ansprechen.«

»Ja, meinst du«, erwidert der gelbe Domino und blickt suchend hinab in den Saal. Schließlich fällt die Entscheidung zugunsten eines gut aussehenden jungen Mannes, der am Rande der Tanzfläche alleine auf und ab geht. Elisabeth zeigt auf ihn, Ida läuft die Stiegen hinunter und spricht den Fremden unter dem Schutz ihrer Maske mit den Worten an: »Willst du mir einen Gefallen tun?«

»Ja, gerne«, sagt er.

»Ich habe eine schöne Freundin hier, die ganz einsam oben auf der Galerie sitzt und sich furchtbar langweilt. Möchtest du sie nicht einen Augenblick unterhalten?«

»Aber natürlich«, und schon führt der rote Domino seinen Schützling hinauf zum gelben. Der junge Mann stellt sich vor, er heißt Fritz Pacher von Theinburg und ist Ministerialbeamter.

»Weißt du, ich bin hier ganz fremd«, eröffnet die Kaiserin das Gespräch. »Du musst mich ein bisschen orientieren. Fangen wir gleich oben an. Was spricht man so im Volk vom Kaiser? Ist man mit seiner Regierung zufrieden? Sind die Folgen der Kriege schon ganz vernarbt?«

Fritz Pacher antwortet vorsichtig, wohlwollend und freundlich.

»Kennst du auch die Kaiserin?«, fragt der gelbe Domino weiter, »wie gefällt sie dir und was spricht man von ihr?«

»Ich kenne sie nur vom Sehen, wenn sie in den Prater fährt, um dort zu reiten«, sagt der junge Mann. »Ich kann nur sagen, sie ist eine wunderbare, herrlich schöne Frau. In der Öffentlichkeit bemängelt man, dass sie sich so ungern sehen lässt und sich allzu viel mit ihren Pferden und Hunden beschäftigt.«

Elisabeth amüsiert die Kritik, sie hängt sich in Fritz Pachers Arm und geht an seiner Seite hinunter in den Ballsaal. Das ungleiche Paar spricht nun über Gott und die Welt, die Kaiserin will von ihrem Begleiter Herkunft, Beruf und vieles mehr wissen, später diskutieren sie über Elisabeths Lieblingsdichter Heinrich Heine, den auch der junge Mann verehrt. Und damit hat er die Unbekannte vollends für sich gewonnen.

Wie er Elisabeths Biografen Egon Caesar Conte Corti viele Jahre später wissen ließ, dachte Fritz Pacher von Theinburg sehr bald, in der unbekannten Schönen die Kaiserin zu erkennen, doch verwarf er den Gedanken sofort wieder, da er ihm absurd erschien.

»Du bist sympathisch, klug und vernünftig«, sagt die Kaiserin, »sonst sind die Menschen immer nur Schmeichler, du aber scheinst ganz anders zu sein.«

Als sie sich nach gut zwei Stunden von ihrem Galan verabschiedet, bittet dieser die 36-jährige, strahlend schöne Erscheinung, ihren Handschuh auszuziehen und ihn doch wenigstens ihre Hand sehen zu lassen. Doch Elisabeth lehnt ab: »Du wirst mich schon noch kennen lernen, aber nicht heute; wir sehen uns wieder. Würdest du etwa nach München oder Stuttgart kommen, wenn ich dir dort ein Rendezvous gebe? Du musst nämlich wissen, dass ich keine Heimat habe und fortwährend auf Reisen bin.«

»Ich komme überallhin, wohin du befiehlst!«

Die Kaiserin notiert seine Adresse und verspricht, ihm bald zu schreiben. Pacher begleitet sie aus dem Ballsaal, führt sie zu ihrem Fiaker und Elisabeth fährt ab. Nicht ohne dem Kutscher Anweisung zu geben, er möge sie auf Umwegen in die Hofburg bringen: Der Fremde sollte ihr nicht folgen können.

Die kleine Episode um die Ballbekanntschaft der Kaiserin ist damit noch nicht zu Ende. Den jungen Mann plagen Gefühle und Gedanken, er weiß nicht, wem er begegnet ist, denkt aber, die edle Frau müsse Fürstin oder Prinzessin sein.

Eine Woche später erhält er einen Brief. »Lieber Freund«, schreibt »Gabriele«, »Sie werden erstaunt sein, meine ersten Zeilen aus München zu erhalten. Ich bin seit wenigen Stunden hier auf der Durchreise und benütze die kurzen Augenblicke meines Aufenthalts, Ihnen das versprochene Lebenszeichen zu geben. Und wie sehnsüchtig haben Sie es erwartet. Leugnen Sie es nicht, ich fordere keine Erklärungen, ich weiß ja so gut wie Sie, was seit jener Nacht in Ihnen vorgeht. Mit tausend Frauen und Mädchen haben Sie schon gesprochen, sich auch gut zu unterhalten geglaubt, aber Ihr Geist traf nie auf die verwandte Seele. Endlich haben Sie im bunten Traum das gefunden, was Sie jahrelang suchten, um es ewig vielleicht wieder zu verlieren.«

Pacher antwortet augenblicklich, stellt »Gabriele« tausend Fragen, mit wem sie den ganzen Tag zusammen sei, ob er eifersüchtig sein müsse usw. Er bringt den Brief zur Hauptpost, wo er, wie vereinbart, postlagernd hinterlegt wird. Nach zwei Tagen schon fragt er an. Ja, der Brief ist abgeholt worden.

Während Pacher das Abenteuer ziemlich ernst nimmt, ist es für Elisabeth, wie sie Ida Ferenczy anvertraut, eine Mischung aus Flirt, Spiel und Neugierde. Im März desselben Jahres schickt sie ihrem Verehrer einen zweiten Brief. »Lieber Freund … träumst Du in diesem Moment von mir oder sendest Du sehnsuchtsvolle Lieder in die stille Nacht hinaus? Im Interesse Deiner Nachbarschaft wünsche ich das erste. Meine Kusine ist zu ihren Eltern zurück, sende daher Deine Briefe künftig unter dieser Adresse: Mr. Leonard Wieland, General-Postoffice, London. Mit herzlichen Grüßen, Gabriele.«

Nun schreitet Ida Ferenczy, eine der wenigen in das kleine Abenteuer der Kaiserin eingeweihten Vertrauten, ein: Elisabeth möge die Korrespondenz augenblicklich einstellen, die Fortführung derselben sei zu gefährlich. Zwar wurden noch einige Briefe ausgetauscht, doch bald wird der Galan zu neugierig. »Weißt Du, dass Du sehr indiskret bist«, schreibt sie, »nichts weniger verlangst Du von mir als meine Biografie – langweilen würde sie Dich freilich nicht, aber dazu muss ich Dich erst besser kennen ...« Die Sache geht so lange gut, bis Fritz Pacher der Kaiserin in einem Brief auf den Kopf zusagt, wer sie tatsächlich ist.

»Die Strafe ist der völlige Abbruch der Korrespondenz«, berichtet Conte Corti. Elisabeth sieht Pacher zwar weiterhin bei ihren Praterausfahrten und bei einer Blumenausstellung, »dankt wohl etwas freundlicher für seinen Gruß als für andere, aber spricht niemals mehr mit ihm«.

Was bleibt, ist eine für eine Kaiserin doch sehr außergewöhnliche Episode, die auf einem Ball ihren Anfang genommen hat.

So unglaublich die ganze Geschichte erscheinen mag – sie ist wirklich wahr! Elisabeths Tochter Erzherzogin Valerie schildert sie aufgrund der Erzählungen ihrer Mutter in ihren Tagebüchern, Ida von Ferenczy berichtet davon und Fritz Pacher stellte – als letzten Beweis – dem Schriftsteller Egon Caesar Conte Corti »Gabrieles« Briefe zur Verfügung, die unzweifelhaft die Handschrift der Kaiserin verraten.

## DIE NACHT VOR MAYERLING

*Kronprinz Rudolf und Mizzy Caspar*

Einer der wenigen Abschiedsbriefe, die Kronprinz Rudolf der Nachwelt hinterlassen hat, war an eine junge Frau namens Mizzy Caspar gerichtet. Während Mary Vetsera zu trauriger Berühmtheit gelangte, blieb das Schicksal der Mizzy Caspar ziemlich unbekannt, obwohl gerade sie im Leben des unglücklichen Erzherzogs eine wichtige Rolle gespielt hat.

Mizzy Caspar war es, mit der er ursprünglich sterben wollte, und erst als diese das wahnwitzige Ansinnen ihres Liebhabers abgelehnt hatte, entschied sich Rudolf dafür, die Baronesse Vetsera mit in den Tod zu nehmen. »Wer war schon die Vetsera?«, schreibt Rudolfs Witwe Stephanie in ihren Memoiren. »Eine von vielen … noch die letzte Nacht verbrachte er bei seiner Freundin, der Grande Cocotte von Wien« – womit Mizzy Caspar gemeint war.

Wie nahe ihm diese stand, zeigt die Tatsache, dass Rudolf in seinem Testament vermerkte, »was an Geld sich findet, bitte ich alles Mizzy Caspar zu übergeben. Mein Kammerdiener Loschek weiß ihre Adresse genau«. Zuvor schon hatte sich der Kronprinz Mizzy zuliebe in hohe Schulden gestürzt, ihr wertvollen Schmuck und ein Haus auf der Wieden geschenkt, in dem er so manche Nacht verbrachte. Auch die letzte, ehe er sich nach Mayerling fahren ließ.

Maria Caspar wurde am 28. September 1864 in Graz geboren und war, als ihre Beziehung mit dem Sohn des Kaisers begann, 22 Jahre alt. »Soubrette« oder auch »Tänzerin« trug sie in amtlichen Papieren als Berufsbezeichnung ein, es ist jedoch auszuschließen, dass die dunkelhaarige Schönheit in diesem Metier tatsächlich tätig war, jedenfalls scheint ihr Name in keinem Spielplan einer österreichischen Bühne auf. Lediglich im Theateralmanach ihrer Heimatstadt Graz findet sich 1877 und in den beiden folgenden Jahren die Eintragung »Kinderrollen: Frl. Caspar. (auch in der Schreibweise Kaspar)«. Man kann annehmen, dass Mizzy, die ihr Leben lang keiner geregelten Arbeit nachging, das Metier, »um den guten Ruf zu wahren«, als ihre Profession nannte.

1886, vier Jahre nachdem die Caspar, von Graz kommend, in Wien ihren ersten Wohnsitz genommen hatte, begann die Affäre mit dem Kronprinzen. Wie aber lernt ein einfaches Mädchen aus der Steiermark den populären Thronfolger, den Erben eines der reichsten Monarchen der Welt, dem die schönsten Frauen Wiens zu Füßen lagen, kennen?

Dem Zufall war nichts überlassen, vielmehr hatte Rudolf die »stadtbekannte Kupplerin« Wolf immer wieder beauftragt, für weibliche Abwechslung in seinem vom lästigen Hofzeremoniell bestimmten und daher recht eintönigen Leben zu sorgen. Als Mizzy ihm vorgestellt wurde, war er seit fünf Jahren mit Erzherzogin Stephanie, der Tochter des belgischen Königs Leopold II., verheiratet, doch war ihm die Ehe längst zur Qual geworden, sein Alltag von Streit und Eifersucht beherrscht. Die Wolf, in deren Obhut die schönsten Halbweltdamen Wiens zu finden waren, vermittelte dem Erzherzog – gegen sehr gutes Entgelt – mehrere Liebschaften. Die für ihn zweifellos bedeutendste war Mizzy Caspar.

Den Detektiven des k. k. Polizei-Agenten-Instituts, die in den Monaten vor der Mayerling-Tragödie in Rudolfs Privatleben »um seiner Sicherheit willen« schnüffelten, verdanken wir recht detailreiche Schilderungen der Beziehung des Habsburgers zu der attraktiven Grazerin: »Mizi sagt, der K. R. (Kronprinz Rudolf, Anm.) war impotent und nur dann zum Coitus fähig, wenn er Champagner getrunken hatte.«

Aufschlussreiches ist dem Polizeiakt auch über Rudolfs Meinung zur Politik zu entnehmen: »Kronprinz Rudolf äußerte sich zu Mizzy: Er scheißt auf die Regierung und der Franzl (Erzherzog Franz Ferdinand, Anm.) solle die Geschichte fortmachen. « Der Kronprinz war also der Meinung, dass nicht er, sondern sein Cousin eines Tages die Nachfolge Kaiser Franz Josephs anzutreten hätte, möglicherweise weil er bereits den Entschluss gefasst hatte, vorzeitig aus dem Leben zu scheiden.

Und auch die Caspar wusste das: Schon im Sommer 1888, also ein halbes Jahr vor dem tatsächlichen Selbstmord, machte er Mizzy den Vorschlag, sich mit ihr vor dem Husarentempel in Mödling zu erschießen. Als die entsetzte Geliebte daraufhin zum Wiener Polizeipräsidenten Baron Franz Krauß ging, um ihm das mitzuteilen, ließ dieser den Kronprinzen noch intensiver als bisher beschatten. Bei Tag und Nacht wurden Rudolfs Schritte von Polizeidetektiven bewacht.

Aus einem Einvernahmeprotokoll des Polizei-Agenten-Instituts: »K. R. (Kronprinz Rudolf) äußerte sich Mizi gegenüber wiederholt – aber immer erst seit dem Sommer 1888 – es erheische seine Ehre, dass er sich erschieße. Warum es seine Ehre erheische, detaillierte er nicht näher.« Vor allem aber bleibt ein Rätsel, wie es mit Rudolfs »Ehre« vereinbar war, einen schuldlosen Menschen mit in den Tod nehmen zu wollen.

Fest steht jedoch: Die Polizei wusste durch Mizzy Caspar seit längerem von der lebensbedrohlichen Situation des Thronfolgers.

Doch ausgerechnet als Baron Krauß Ende Jänner 1889 von seinen Agenten erfuhr, dass der Kronprinz seit Tagen in der Hofburg »abgängig« war, und als ihn gleichzeitig die aufgeregte und gut informierte Gräfin Marie Larisch* von der konkreten Befürchtung in Kenntnis setzte, »in Mayerling könnte was geschehen«, sah der Polizeipräsident keine Möglichkeit einzuschreiten: Zu dem im Privatbesitz des Kronprinzen befindlichen Jagdschloss war den Kriminalbeamten nämlich jeglicher Zutritt versperrt, und so mussten sie, obwohl ihnen die Gefahr bekannt war, tatenlos zusehen, wie er dorthin fuhr.

Rudolf hatte seinen letzten Weg nach Mayerling von der Wohnung seiner Geliebten Mizzy Caspar aus angetreten, die in der Wiener Heumühlgasse 10 lag. Schon im ersten Jahr der Freundschaft hatte ihr der Kronprinz das dreistöckige Bürgerhaus auf der Wieden geschenkt, wobei ihm das Geld dafür von seinem Freund und Finanzier Baron Moritz Hirsch zur Verfügung gestellt worden war.

Aber der Thronfolger war mit Mizzy nicht nur in trauter Zweisamkeit verbunden, sondern kompromittierte seine Frau mit der »Dame zweifelhaften Rufs« – so der Hofjargon über die Caspar – auch in aller Öffentlichkeit. Rudolfs Flügeladjutant Maximilian Graf Orsini-Rosenberg gab zu Protokoll, der Kronprinz hätte in seinen beiden letzten Lebensjahren Mizzy Caspar, sehr zum Missfallen der unmittelbaren Umgebung, sogar auf militärische Inspektionsreisen mitgenommen, und diese war auch »in den betreffenden Nachtquartieren gesehen worden«.

Während Rudolfs Leibfiaker Josef Bratfisch nach der Kronprinzen-Tragödie kein Wort über das Privatleben seines Herrn zu ent-

---

* eine Nichte der Kaiserin Elisabeth

locken war, erzählte dessen Stieftocher Antonia Konhäuser am 15. Juni 1921 dem Chronisten und Oberlandesgerichtsrat Alfred Pick (einem Sohn des *Fiakerlied*-Komponisten Gustav Pick): »Kronprinz Rudolf war mit der Caspar sehr oft abends im Hause Bratfisch zu Gast und aß dort deftige Hausmannskost: am Dienstag Zwiebelrostbraten und am Freitag Blutwurst mit Sauerkraut.«

Eine Episode, die sich vor Mizzys Haus zugetragen haben soll, ist durch Zeugenberichte überliefert: Bratfisch verbrachte mit seinem »Zeugl« oft die halbe Nacht in der Heumühlgasse, manchmal stand er auch tagsüber dort, wie etwa an jenem Tag, als die eifersüchtige Kronprinzessin Stephanie im Hofwagen vorfuhr und den Leibkutscher ihres Mannes anherrschte, den auffälligen »Standplatz« auf der Wieden zu verlassen und sich augenblicklich in die Hofburg zu begeben. Dutzende skandalfreudige Wiener sollen diese Szene beobachtet und für deren rasche Verbreitung gesorgt haben.

Auch über Kronprinz Rudolfs letzte Nacht in Wien wissen wir dank eines Protokolls des Polizeiagenten Dr. Florian Meissner Bescheid, der das Haus der Mizzy Caspar wochenlang beobachtet hatte und unmittelbar nach der Mayerling-Tragödie dem Polizeipräsidenten Krauß schriftlich mitteilte: »Montag den 28/1. 1889 war E. R. (Erzherzog Rudolf) bei Mizi bis 3 Uhr morgens, trank sehr viel Champagner, gab dem Hausmeister 10 Gulden Sperrgeld. Als er sich von Mizi empfahl, machte er ganz gegen seine Gewohnheit ihr an der Stirne das Kreuzeichen. Von Mizi fuhr er (direct?) nach Maierling.«

Konsequenzen hatte die Tragödie auch für den Hausmeister in der Heumühlgasse, der »jetzt über die Hurenbagage schimpfte« (Polizeiprotokoll) und daraufhin von der Caspar gekündigt wurde.

Immerhin muss man Mizzy zugute halten, dass sie – in dieser Beziehung durchaus vergleichbar mit Josef Bratfisch oder Katharina Schratt, der Vertrauten des Kaisers – nach Rudolfs Tod diskret blieb, obwohl es an Gelegenheiten sicher nicht mangelte, das Erlebte in sensationell aufgemachten Zeitungsartikeln oder im Auftrag eines Buchverlags zu Geld zu machen.

Doch Rudolf hatte seine Geliebte ohnehin reich belohnt, wie dem Polizeiakt zu entnehmen ist: »Kronprinz Rudolf soll der Mizi außer dem Haus, das 60 000 Gulden kostete, 80 000 im letzten Juni gegeben haben. Ihr Schmuck soll 50 000 Gulden werth und bei Rutzky (Mehlmarkt) zum großen Theile gekauft worden sein.« Nach Rudolfs Tod wurde in seiner Schreibtischlade in der Hofburg ein für die Caspar vorgesehenes Kuvert mit der Aufschrift »100 000 Gulden« gefunden, in dem aber nur noch 30 000[*] vorhanden waren.

Falsch ist hiermit sicher die oft verbreitete These, der Kronprinz wäre aus unglücklicher Liebe zur Baronesse Vetsera aus dem Leben geschieden. Sein Jagdfreund Josef Graf Hoyos hielt in der von ihm herausgegebenen *Denkschrift* fest, dass das Verhältnis zwischen Rudolf und Mary in den tragischen Jännertagen des Jahres 1889 bereits erkaltet war. Die Mizzy stand ihm wesentlich näher, ihr war der Kronprinz wie eh und je zugetan. Unter seinen zahlreichen Liebschaften war sie überhaupt mit Sicherheit diejenige, zu der er das größte Vertrauen hatte, die ihm am nächsten stand. Was ja auch sein Testament beweist, in dem er sie nach der rund zwei Jahre andauernden Verbindung großzügig bedachte.

Rudolfs Abschiedsbrief an Mizzy Caspar ist niemals aufgetaucht. Der Kronprinz hatte ihn – neben den Kuverts an Stephanie, Schwes-

---

[*] Das aus Haus, Bargeld, Schmuck und Erbschaft bestehende Vermögen von insgesamt 220 000 Gulden entspricht lt. Statistik Austria im Jahre 2004 rund 1,6 Millionen Euro.

ter Valerie und Bankier Hirsch – in seinem Schreibtisch im türkischen Zimmer der Hofburg aufbewahrt und einen seiner engsten Vertrauten, den Sektionschef Ladislaus Graf Szögyeny-Marich, um Weiterleitung gebeten. Unter Berufung auf Szögyeny wurde durch den Grafen Hoyos lediglich bekannt, dass es ein »von Liebe überströmender Brief« war, den Rudolf seiner Mizzy hinterlassen hatte.

Drei Jahre nach der Mayerling-Katastrophe verkaufte die Caspar ihren Besitz in der Heumühlgasse und übersiedelte in eine Wohnung im nahe gelegenen Haus Paniglgasse 19.

Glaubt man einer Mitteilung des k. k. Polizei-Agenten-Instituts, so lebte die rassig-schöne Mizzy auch nach dem Tod des Kronprinzen keinesfalls als Kind von Traurigkeit weiter. Denn in einem der Protokolle heißt es: »Die Mizzy soll nach Paris reisen wollen und ihre Koffer gepackt haben. Sie soll dann beabsichtigen, nach König Humbert (Umberto I. von Italien) ihre Netze auszuwerfen.«

Über den weiteren Lebensweg der Mizzy Caspar wissen wir lediglich, dass sie eine uneheliche Tochter namens Maria hatte, deren Vater aber nicht Kronprinz Rudolf gewesen sein dürfte. Als Beruf gab die einstige Mätresse des Thronfolgers in späteren Jahren »Hausbesitzerin« an, einen weiteren Hinweis liefern die Memoiren der Fürstin Nora Fugger, in denen von der Caspar als »auffallend hübsches Mädchen, das von Künstlern oft gemalt wurde« zu lesen ist.

Am 29. Jänner 1907, achtzehn Jahre nach Mayerling, verstarb Mizzy Caspar in ihrem 43. Lebensjahr an den Folgen von »Rückenmarksverhärtung«, wie dem Totenschauprotokoll zu entnehmen ist. Sie war, ebenso wie der Kronprinz, an Syphilis erkrankt und wurde von ihrer Mutter Anna Caspar um zehn Jahre überlebt.

Mizzy Caspars sterbliche Überreste wurden am Mödlinger Friedhof, nicht allzu weit von Mayerling entfernt, beigesetzt.

# Neues aus alten Zeiten

# WER BEIM KONGRESS TANZTE

*Bälle, Amouren und ein bisserl Politik*

Nur die eine Hälfte des Satzes wurde berühmt, die zweite aber auf gut wienerisch unter den roten Teppich gekehrt. »Der Kongress tanzt«, meinte der Feldmarschall Charles de Ligne, um dann fortzusetzen, »aber es geht nix weiter.« In der Tat wurde während des Wiener Kongresses in den Jahren 1814/15 wesentlich mehr gefeiert als konferiert.

Wozu hat man den Wiener Kongress überhaupt einberufen? Napoleon saß entmachtet auf der Insel Elba, nachdem er die Völkerschlacht bei Leipzig verloren hatte. Durch die von ihm so zahlreich geführten Kriege hatten sich Europas Grenzen total verschoben, jetzt trafen einander die Siegermächte in Wien, um nach dem offensichtlichen Ende der napoleonischen Zeit über eine »Neuordnung Europas« zu verhandeln. Neben Österreichs Kaiser Franz nahmen an den Gesprächen Russlands Zar Alexander I., die Monarchen von Preußen, Bayern, Württemberg und Dänemark teil, die ob ihrer langen Abwesenheit während des Kongresses in der eigenen Heimat vielfach als »Könige auf Urlaub« bezeichnet wurden. In Wien weilten auch Englands Herzog von Wellington und Frankreichs Außenminister Talleyrand, durch dessen geschickte Verhandlungstaktik es gelungen war, dass sein wieder von den Bourbonen regiertes Land nicht mehr als Verlierer behandelt wurde.

Österreichs Staatskanzler Fürst Metternich konnte hochrangige Diplomaten aus insgesamt zweihundert Staaten begrüßen, die in prächtigen Equipagen nach Wien gekommen waren, um Politik zu machen, vor allem aber um Walzer zu tanzen, denn davon versteht man hierzulande wirklich etwas.

Getanzt und gefeiert wurde vom ersten Tage an. Und die Wiener hatten ihren Tratsch. Als sich der 34-jährige Zar Alexander – obwohl mit Gattin Elisabeth Alexiewna nach Wien gekommen – in die Fürstin Katharina Bagration verliebte, war das zwar *die* Romanze des Kongresses, aber bei weitem nicht die einzige. Über derlei Ereignisse wussten die Wiener wesentlich besser Bescheid als über den politischen Verlauf der Konferenz, hatten sie doch vor den wichtigsten Adelspalästen Wachtposten aufgestellt, um die Liebesaffären der Könige und Fürsten in möglichst allen Details bereden zu können. So wurde registriert, dass Metternich in den Armen der bildschönen Herzogin von Sagan Erholung vom anstrengenden Kongressalltag fand, dass aber gleichzeitig auch Fürst Windisch-Graetz derselben Dame regelmäßig seine Aufwartung machte.

Zu Spannungen zwischen den Staatsmännern war es freilich weniger infolge der schönen Frauen als durch handfeste politische Auseinandersetzungen gekommen. Man konnte sich während der 232 Kongresstage und (vor allem) -nächte in so wenigen Punkten einigen, dass die in Wien tagenden »befreundeten Nationen« einander als Ergebnis im Jänner 1815 mit Krieg drohten!

Ausgerechnet Erzfeind Napoleon sorgte dafür, dass es dazu nicht kam. Denn er kehrte, für alle Kongressteilnehmer völlig überraschend, während der Wiener Verhandlungen auf Frankreichs Thron zurück. Nun hatten die zerkrachten Verbündeten wieder einen gewichtigen Grund zusammenzuhalten – gegen den Korsen, dessen zweite Herrschaft nur noch hundert Tage dauern sollte. Der Kaiser musste danach neuerlich ins Exil, diesmal nach St. Helena.

Doch in Wien wurde weiter getanzt. Und ein bisserl verhandelt. Das wichtigste politische Ergebnis war die Wiederherstellung des Gleichgewichts der Großmächte, praktisch wurde der Status quo der vornapoleonischen Zeit erreicht. Preußen erhielt den größeren Teil Sachsens, Österreich bekam unter anderem Venedig zugesprochen. Nur Dänemark ging als einzige Siegermacht leer aus, es wurde um keinen Quadratmeter größer. Als sich der Zar am Ende des Kongresses vom dänischen König mit den Worten »Sire, Sie nehmen alle Herzen mit sich« verabschiedete, konterte dieser: »Die Herzen vielleicht, aber keine einzige Seele.«

Doch die Wiener hatten ohnehin ganz andere Gesprächsthemen, schließlich gab es Hunderte Theateraufführungen, Redouten, Praterfeste, Militärparaden, Konzerte, Jagden und Karusselle. Vor allem aber unzählige Bälle am kaiserlichen Hof, dem jeder Grund zur Festivität recht war. Geradezu als »Idealfall« entpuppte sich der 28. Juni 1815, an dem – wie's der Zufall wollte – mehrere solcher Anlässe zusammenfielen: Der König von Dänemark feierte seinen Geburts- und die Königin von Bayern, der Herzog von Sachsen-Weimar und der Großherzog von Baden hatten Namenstag.

Die unerhört aufwändig gestalteten Feste in der Hofburg – insgesamt kostete der Kongress rund dreißig Millionen Gulden – waren natürlich von den strengen Vorschriften der Etikette beherrscht. Rang und Ansehen der Gäste bestimmten die Sitzordnung an den langen Tafeln, und so hatte der russische Zar bei offiziellen Festen neben Maria Ludovika, der Frau des österreichischen Kaisers, Platz zu nehmen. Leider war dabei vom Obersthofmeister nicht bedacht worden, dass sowohl der Zar als auch die Kaiserin auf je einem Ohr taub waren. Nun saßen die beiden unglücklicherweise genau so, dass sie nicht hören konnten, was ihr kaiserlicher Gesprächspartner sagte. Ein »Umsetzen« war aus protokollarischen Gründen ausgeschlossen. Boshafte Wiener stellten eine Konversation zwischen Zar und Kaiserin so dar:

»Wie schmeckt's Eurer Majestät?«

»Schrecklich müde.«

»Das freut mich.«

Wie immer war auch bei diesem Fest vor dem goldenen Sessel des Königs Karl Friedrich von Württemberg ein rundes Loch in den Tisch geschnitten worden, um für dessen gewaltigen Bauch Platz zu schaffen. Der »dicke König« war wohl einer der wenigen, der darauf verzichtete, auf den zahlreichen Bällen das Tanzbein zu schwingen. Eröffnet wurden die Bälle und Redouten mit Polonaise und Quadrille; da die hohen Gäste auch Musikkapellen aus ihrer Heimat mitgebracht hatten, kamen ganz neue Rhythmen nach Wien – zu den beliebtesten zählte bald die Mazurka. Der Walzer existierte zwar seit langem schon, doch besaß er nicht jene Popularität, die er später durch Joseph Lanner und die Strauß-Dynastie erlangen sollte.

Apropos Tanz! Die drei berühmtesten Tänzerinnen der Zeit weilten an der Donau: Aimee Petite, Aumer und Emilie Bigottini. Keine Frage, dass alle drei im »Kongress-Wien« bedeutende Verehrer fanden: die Aimee den Fürsten Kaunitz, die Aumer den Fürsten Trauttmansdorff und die Bigottini den Grafen Pálffy. Letzterer war dem Gaststar der Komischen Oper Paris so ergeben, dass er der Tänzerin ein ganzes Hotelappartement überaus aufwändig einrichten ließ. Zwei pferdebespannte Möbelwagen lieferten Fauteuils, Kästen sowie ein Doppelbett mit Hirschhautmatratze.

Als die Affären der Balletteusen bekannt wurden, ließ der Kaiser die drei Aristokraten durch seinen Obersthofmeister ermahnen. Für Pálffy hatte die Liaison auf Hirschleder noch weiterreichende Folgen: Emilie reiste »mit einem Sohn, zu dem sich Franz Graf Pálffy bekannte«, wieder ab. Er überließ der Mutter seines Kindes 100 000 Gulden und eine jährliche Apanage.

Weit größeres Aufsehen sollte aber das Duell zweier Aristokraten erregen. Auch hier war der Grund – ein Liebesabenteuer: Die Frau des Fürsten R. war berühmt für ihr penetrant riechendes Parfum, ein Gemisch aus Rosenwasser und Bisam. Als der Fürst im Zuge des Kongressgeschehens das Palais des Grafen M. besuchte, erkannte er dort ganz deutlich den ihm so vertrauten Duft seiner Frau. Trotz des eindeutigen Falles leugnete der schnell zur Rede gestellte Graf die Anwesenheit der Fürstin auf das Entschiedenste. Am nächsten Morgen traten die beiden Herren einander im Zweikampf gegenüber, und die Ertappte verließ die Kongressstadt. Fürst und Graf kamen mit leichten Verletzungen davon.

Die zahlreich bekannt gewordenen Ausschweifungen führten zu heftigen Protesten aus Kirchenkreisen. Wobei der Dichter und Kanzelprediger Zacharias Werner mit einer Messe bei den Franziskanern den Vogel abschoss. Am 8. Dezember 1814 hielt er seine berühmte Rede über »das gefährlichste Stückchen Fleisch« am Menschenkörper. Nachdem er an Deutlichkeit nichts ausgelassen hatte, fragte er sein entsetztes Publikum: »Soll ich es euch zeigen?«

Die Damen waren einer Ohnmacht nahe, die Herren warteten fassungslos, wozu der Prediger fähig wäre – als er donnernd verkündete: »Meine Damen und Herren, sehen Sie hier die Ursache unserer Sünden!«

Und dann streckte er die Zunge heraus.

Eine Woche danach schloss »der rosarote Prinz«, Charles de Ligne, im Alter von achtzig Jahren für immer seine Augen. Der eifrige Genießer so vieler Festivitäten, der die Konferenz der Mächtigen mit dem treffenden Wort vom tanzenden Kongress versehen hatte, wäre nicht er selbst gewesen, hätte er nicht noch auf seinem Totenbett eine Pointe geliefert: »Ich will dem Kongress ein besonderes Schauspiel bieten«, sagte er zwei Tage vor seinem Tod, »nämlich das Leichenbegräbnis eines österreichischen Feldmarschalls.«

Monarchen, Militärs, Diplomaten und weitere Prominenz folgten seinem Sarg. Wien hatte, was dieser Stadt so wichtig ist, »a schöne Leich«.

Es war der einzige Tag, an dem der Kongress nicht tanzte.

# Wenn Kriege zerstören

*Kulturschätze, die für immer verloren gingen*

Träumen Sie mit mir einen Moment lang den Traum von einer anderen Welt. Von einer Welt, in der das Wort Krieg nicht existiert. Wir hätten uns zu keiner Zeit die Schädel eingeschlagen, gegenseitig erstochen und niedergeschossen. Und niemals das Haus des anderen angezündet. Kurz: Die Welt würde so aussehen, wie Gott sie erschaffen und der Mensch sie aufgebaut hat.

Die Akropolis wäre keine Ruine, Kathedralen, Schlösser, Paläste stünden heute noch da als steinerne Zeugen einer friedlichen Zeit.

Es ist aber nur ein Traum. In Wahrheit gingen ganze Völker und Kulturen im sinnlosen Gemetzel der Jahrtausende unter, unwiederbringliche Kunstwerke von Leonardo da Vinci bis Picasso sollten nicht verschont bleiben und sind für alle Zeiten verloren.

Unternehmen Sie mit mir einen kurzen Streifzug durch die Geschichte der Zerstörung: Ins 16. Jahrhundert etwa, als 15 000 deutsche Landsknechte Kaiser Karls V. durch Rom zogen, um den Großteil der »zur Plünderung freigegebenen« Ewigen Stadt dem Erdboden gleichzumachen. »Dies war der Untergang nicht der Stadt, sondern der Welt«, berichtete ein Zeitzeuge vom *Sacco di Roma*, bei dem innerhalb weniger Wochen Kirchen und Kunstschätze von unermesslichem Wert in Schutt und Asche fielen.

Eine venezianische Kanonenkugel vernichtete 1687 die Akropolis in Athen. Türken hatten in dem mehr als 2000 Jahre alten griechischen Gebäude ein für militärische Zwecke eingerichtetes Pulvermagazin untergebracht, das infolge heftiger Gefechte mitsamt dem Parthenontempel explodierte. Seither ist die Akropolis – eine der ältesten und prächtigsten Kulturstätten der Menschheit – eine Ruine.

Über Türkenbelagerungen, Napoleons Völkerschlachten und den amerikanischen Bürgerkrieg führt ein ruinöser Pfad ins 20. Jahrhundert, in dem mehr Kulturgut zerstört wurde als je zuvor: Im Ersten Weltkrieg gingen gigantische Werte an der Isonzofront verloren, und 1916 wurde ein Großteil der belgischen Stadt Löwen durch deutsche Truppen niedergebrannt; zur Rettung des gotischen Rathauses mussten alle umliegenden Gebäude gesprengt werden, um so ein Übergreifen der Flammen zu verhindern.

Nicht weniger als 160 Gotteshäuser wurden im spanischen Bürgerkrieg zwischen 1936 und 1939 dem Erdboden gleichgemacht – meist von Franco-Gegnern, die in der katholischen Kirche den politischen Feind sahen.

Seit dem vorletzten Jahrhundert versucht sich die Menschheit gegen die Vernichtung ihrer wertvollsten Kulturgüter zu schützen. In internationalen Verträgen – vor allem in der Haager Landkriegsordnung – wurde das Bombardement historischer Stätten verboten, Zuwiderhandeln kann als Kriegsverbrechen geahndet werden. Alfred Rosenberg, Hitlers Reichsminister für die besetzten Ostgebiete, wurde beim Nürnberger Kriegsverbrecherprozess nicht nur als Urheber des Rassenhasses, sondern ausdrücklich auch wegen »Beseitigung und Vernichtung von Kulturgut« zum Tod verurteilt.

Erwähnt werden müssen freilich auch jene Herrscher und Offiziere, die sich bleibende Verdienste um den Erhalt gigantischer Werte erwarben: Österreichs Erzherzog und späterer Kaiser Karl etwa hat 1914 beim deutschen Verbündeten interveniert, um die gotische

Kathedrale von Reims zu schützen. Tatsächlich wurde daraufhin die bereits eingeleitete Beschießung der französischen Bischofsstadt abgebrochen. Zwei Jahre später untersagte Kaiser Karl jegliche Kampfhandlungen im historischen Kern von Venedig, womit er wohl eine der wichtigsten Kulturstätten Europas gerettet hat.

Im Zweiten Weltkrieg war es der General und spätere US-Präsident Dwight D. Eisenhower, der noch vor der Frankreich-Invasion Befehl gab, die dortigen Kulturdenkmäler vom Bombardement auszunehmen. Der österreichische Offizier Julius Schlegel rettete im Februar 1944 die Kunstschätze des ältesten Klosters des Abendlandes, als er die Einrichtung von Monte Cassino auf eigene Initiative in den Vatikan schaffte. Papst Pius XII. wiederum ließ die Alliierten nach einem Fliegerangriff auf Rom wissen, er werde sich ab sofort »dort aufhalten, wo Bomben fallen«. Rom wurde zur Offenen Stadt erklärt und blieb von da an verschont.

Eine besondere Kulturschande war die Vernichtung der Altstadt von Rotterdam, die im Mai 1940 – trotz vorheriger Kapitulation – durch deutsche Bomber verwüstet wurde. Die Deutschen waren es auch, die durch Bombardements auf Coventry, Birmingham, Bristol und London wertvolle britische Kulturdenkmäler zerstörten. England »antwortete« mit Bomben auf Köln, Bremen, Lübeck und Dresden, die zu den wichtigsten Zentren deutscher Kultur zählten.

Auch österreichische Städte blieben im Zweiten Weltkrieg nicht verschont. Wiener Neustadt war die am meisten betroffene Stadt. Wiens Stephansdom verlor sein gotisches Chorgestühl, und auch das Burgtheater und die Staatsoper wurden fast völlig zerstört. Sie mussten mit ungeheurem Aufwand wiederaufgebaut werden.

»Die ganz großen Kulturstätten«, erklärt der Kriegshistoriker Peter Broucek, »gehören nicht einem Land oder gar dessen Führer, sondern der ganzen Welt.« Nichtsdestoweniger wurden auch in der jüngeren Vergangenheit am Balkan und im Nahen Osten unglaubliche Werte durch Kriege vernichtet.

Vor allem aber zerstört der Mensch das wertvollste aller Kulturgüter. Das menschliche Leben. Ein nicht unerheblicher Teil der Weltbevölkerung hat sich im Lauf der Jahrtausende gegenseitig umgebracht, im Dreißigjährigen Krieg etwa starben zwei Drittel der Bevölkerung (!) der beteiligten Staaten durch Kampfhandlungen und deren Folgen wie Seuchen und Hunger.

# WIE WILD WAREN DIE ZWANZIGER JAHRE?

*Die kurze Freude zwischen den Weltkriegen*

Die Welt taumelt im Jazzfieber. Charleston, Shimmy und Fox-trott sind die neuen Modetänze, die Extravagantes und Exotisches verkünden. Erstmals wird nicht nur mit den Beinen, sondern mit dem ganzen Körper getanzt. In New York, London, Berlin, aber auch in Wien schießen zahllose Revuetheater aus dem Boden, und jedes versucht das andere zu übertrumpfen. Geld spielt keine Rolle, 250 Mitwirkende, die in Tanzpalästen Abend für Abend Tausende Kostüme zur Schau stellen, sind keine Seltenheit.

Die Sucht nach Unterhaltung ist verständlich. Millionen Menschen haben nur den einen Wunsch: Die schlimmsten Jahre ihres Lebens zu vergessen! Der Ruf »Nie wieder Krieg!« ertönt nach 1918 lauter denn je, und das Verlangen, sich endlich ins Vergnügen stürzen zu können, ist stärker als alles andere. Das Wunder, dem Krieg entkommen zu sein, gipfelte in dem Satz: »Hoppla, wir leben!« Und das sollte gefeiert werden.

Die Voraussetzungen für das Erblühen der neuen Unterhaltungsindustrie standen günstig: Inflation und Rezession schienen überwunden, und Europa erlebte ab 1924 eine Periode ungeahnten wirtschaftlichen Aufschwungs.

Die *Roaring Twenties* – die lauten Zwanziger also – kamen aus den USA. Der technische Fortschritt schien im Land der unbegrenzten Möglichkeiten tatsächlich grenzenlos zu sein. Das Automobil begann das Straßenbild der Städte zu beherrschen, man hörte Radio, kaufte Schellacks, ging ins Kino, wo man sich entweder in die Garbo verlieben oder über Charlie Chaplin kranklachen konnte. Jeder Amerikaner träumte davon, durch Spekulation »reich wie Rockefeller« zu werden, die Naturwissenschaften lieferten neue, epochale Entdeckungen. Man bewunderte Charles Lindbergh, der 1927 den Atlantik überquert hatte, entdeckte den Sport als Massenbewegung und fand unter den Athleten Idole wie den Schnellläufer Paavo Nurmi, den Schwimmer Johnny Weismüller oder die Boxer Jack Dempsey und Max Schmeling.

Die in dieser Euphorie entstandenen Rhythmen erobern den europäischen Kontinent. Ein neues, junges Publikum ersetzt die infolge der Inflation vielfach verarmten »klassischen Theaterbesucher«, und dieses erwartet die Ablöse der etwas verstaubt wirkenden Silbernen Operette durch die Große Ausstattungsrevue. Sie bietet neue Musik und Sensationen, Stars, Humor, Schmuck und prachtvolle Kleider, vor allem aber »Girls, die in einem teuren Hauch von Nichts« ihre nackte Haut zur Schau stellen. »Der Zweck ihres Erscheinens und Tuns ist es«, definiert Alfred Polgar die aufkommende Girl-Kultur, »Zuschauer erotisch anzuregen und diese hierdurch über das, was sonst noch auf der Bühne vorgeht, zu trösten … Eine Girl-lose Revue, eine vegetarische Revue also, hat gar keinen Nährwert. Warum eigentlich Frauen (als Besucherinnen) ins Revuetheater gehen, verstehe ich nicht recht. Kein Ensemble von halbnackten Boys bietet ihnen Anregung, wie sie uns die Girls bieten …«

Egal welchen Geschlechts, die Zuschauer vergessen, wie wenig golden die zwanziger Jahre tatsächlich sind oder – wie es ein Zeitzeuge formulierte: »Zwei, drei Stunden lang bekommt das Publikum

233

vorgesagt: Es gibt keine Not, es gibt keine Sorgen, es gibt keinen Daseinskampf. Alles ist spaßhaft, sonnig, heiter und froh gestimmt, das Leben ist eine Freude! Die Revue verleugnet den Alltag!«

Über Berlin – Europas damalige Unterhaltungsmetropole – gelangt das glänzende, uns die heile Welt vorgaukelnde Treiben nach Wien. Durch den Wegfall der bisher strengen Zensur kann man auch hier plötzlich Beine und nackte Brüste sehen, und so werden die Tiller-, Fischer- und Jackson-Girls und die Mädchen von der Haller-Revue bei uns das, was die Ziegfeld-Girls für die USA sind. Und alle machen mit; in der Berliner Revueshow *Tausend süße Beinchen* ist kein Geringerer als Hans Albers der Stargast.

Für Wien entdeckt der Theaterdirektor und Operettenstar Hubert Marischka die Girls, und er wird damit zum König der Revue. Er besaß das Theater an der Wien, das Bürger- und Stadttheater, das Apollo, die Femina und das Ronacher. *Die Wunder-Bar*, die erfolgreichste österreichische Revue, geht von Wien aus um die Welt, vor allem aber ein Lied daraus: *Wenn die Elisabeth nicht so schöne Beine hätt*. Als Autor zeichnet Karl Farkas, der die Gründung der neuen Revuetheater so definierte: »Man stellt Beine auf die Bühnen, um den Bühnen auf die Beine zu helfen.«

Viel Haut gibt es nicht nur am Theater zu bewundern, sondern auch bei der »Frau von nebenan«. Trägt sie doch zum ersten Mal in der Geschichte der Mode ein kurzes Kleid. Die neue Frisur heißt Bubikopf und wird durch Asta Nielsen – die ihn 1920 in ihrer Aufsehen erregenden Rolle als Hamlet auf der Leinwand kreierte – populär. Die Männer sind anfangs empört über die »Vermännlichung« der Frauen, finden sich aber schließlich damit ab. Der Pagenschnitt war wohl der erste Ausdruck einer neuen Weiblichkeit.

Neben all dem heiteren Unfug führten die zwanziger Jahre aber auch zu einer Blüte der Wissenschaften und der Künste. Der Physiker Albert Einstein und der Arzt Albert Schweitzer, die Maler Oskar Kokoschka, Otto Dix und George Grosz, die Regisseure Max Reinhardt, Ernst Lubitsch und Josef von Sternberg zählen ebenso zu den Großen der Zeit wie die Dichter Arthur Schnitzler, Erich Kästner, Franz Werfel, Hugo von Hofmannsthal, Carl Zuckmayer, Bert Brecht oder die Brüder Thomas und Heinrich Mann. In den Berliner und Wiener Literatencafés trifft man Kurt Tucholsky, Egon Erwin Kisch, Joachim Ringelnatz, Egon Friedell und Anton Kuh.

Doch die Pracht des Gebotenen täuscht. Während sich die Eintänzer und Gigolos in Berlin zwecks Geschäftsanbahnung Pomade ins Haar schmieren, gärt es im Untergrund: Das klein gewordene Österreich erweist sich als »Staat, den keiner wollte«, und auch die erste deutsche – die Weimarer – Republik, die den Aufbruch in ein neues, besseres Zeitalter verkündete, steht bald am Rande des Abgrunds. Rechte wie linke Gruppen versuchen Staat und Regierung zu destabilisieren, in München war schon 1923 ein nationalsozialistischer Putschversuch misslungen, und im selben Jahr riefen auch die Kommunisten zur Revolution auf.

Die Welt nimmt das in den Zwanzigern noch kaum zur Kenntnis. Lieblinge wie Maurice Chevalier überstrahlen alle politischen Gewitter. Joséphine Baker und die Mistinguette werden zu Wunschbildern des »kleinen Mannes«, der davon träumt, dass er gemeint sein könnte, wenn die Dietrich singt: »Kinder, heut abends da such ich mir was aus, einen Mann, einen richtigen Mann.«

Manchmal werden Träume sogar wahr, etwa wenn die kleine Tänzerin Lilian Harvey in der Revue *Alles per Radio*, uraufgeführt 1924 im Wiener Ronacher, in einer Statistenrolle entdeckt und bald darauf zum höchstbezahlten Ufa-Star aller Zeiten gemanagt wird.

In den USA zeigt die *Prohibition* schlimme Folgen. Die Verbote treiben die Menschen – statt sie vom Alkohol loszureißen – in die Kriminalität, fördern Schmuggel und Bandentum. Am 24. Oktober 1929 schließlich stürzen infolge einer waghalsigen Spekulationswut an der Börse in der New Yorker Wall Street die Kurse ins Bodenlose, womit sich das Ende des bunten Treibens ankündigt. Es dauert nicht lange, bis die Weltwirtschaftskrise auch Europa erfasst ... womit wir aber schon im nächsten Kapitel angelangt wären.

# DER »SCHWARZE FREITAG«

*New York, am 25. Oktober 1929*

Jesse Livermore hatte an der Wall Street innerhalb weniger Jahre ein Vermögen gemacht. Am Freitag, dem 25. Oktober 1929, geht er in die Toilette einer New Yorker Hotelbar und jagt sich eine Kugel in den Kopf. Sechzehn weitere Herren im dunklen Nadelstreif stürzen sich aus den Fenstern ihrer Wolkenkratzer. Millionäre hatten über Nacht ihren gesamten Besitz verloren, verzweifelte Kleinanleger ihre gesamten Ersparnisse.

Was war geschehen? Die Jahre nach dem Ersten Weltkrieg hatten der Weltwirtschaft einen gewaltigen Aufschwung gebracht, und man nahm an, dass die Konjunktur der »goldenen zwanziger Jahre« ewig anhalten würde. US-Präsident Herbert Hoover verkündete das Zeitalter, »in dem für das amerikanische Volk das Wort Armut der Vergangenheit angehört«. Wer ein paar Dollars übrig hatte, investierte in Aktien, vor allem des damals neuen Mediums Radio, die Erfolg versprechend in die Höhe schnellten. In der Tat hatten sich manche Werte in kürzester Zeit verfünffacht – ohne dass irgendjemand daran dachte, dass die meisten Papiere heillos überbewertet waren.

Als dann jedoch, am Donnerstag, dem 24. Oktober, die ersten Kurse in den Keller purzelten, machte sich in der Wall Street Panik breit. Zwölf Millionen Aktien wurden verkauft, und da half es auch nicht mehr, dass Börsenvizepräsident Richard Whitney Kaufaufträge über 240 Millionen Dollar platzierte, um den Abwärtstrend zu stoppen. Der Zug war bereits abgefahren.

Der nächste Tag, der als »Schwarzer Freitag« in die Geschichte eingehen sollte, war eigentlich gar nicht so »schwarz« – er war nur der Tag, an dem sich der Absturz vom Vortag weltweit herumsprach. Wirklich »schwarz« sah es dafür beim Erwachen nach dem Wochenende aus, als die Katastrophe in ihrer ganzen Tragweite spürbar wurde. Jetzt war klar, dass es sich bei den Kurseinbrüchen nicht um normale Turbulenzen gehandelt hatte, sondern um ein regelrechtes Erdbeben.

Und so stieß am Montag und am Dienstag jeder, der noch eine Aktie besaß, unter dem verzweifelten Ruf »Verkaufen um jeden Preis!« seine Papiere ab. Amerikas Geldanleger hatten damit innerhalb weniger Tage mehr als 15 Milliarden Dollar verloren!

Wo es Verlierer gibt, gibt's auch Gewinner. Einer von ihnen hieß Joseph Kennedy. Der Stammvater des Kennedy-Clans hatte zum richtigen Zeitpunkt auf die Börsenverluste gesetzt und am »Schwarzen Freitag« den Grundstein für das gewaltige Vermögen seiner Familie gelegt.

Insgesamt verursachte der Absturz der Börse in der Wallstreet katastrophale wirtschaftliche Folgen. Das Land versank zu Beginn der dreißiger Jahre in eine nie da gewesene Depression, die von einer Massenarbeitslosigkeit begleitet war. Zahlreiche Banken, die ihren Kunden Kredite zum Kauf der angeblich so profitablen Aktien gewährt hatten, schlitterten in die Pleite, weil die Anleger ihre Schulden nicht mehr zurückzahlen konnten.

Dem wirtschaftlichen Zusammenbruch folgte der politische: Der Börsenkrach hatte am Mythos der kapitalistischen Welt gekratzt und in Europa zu einer Polarisierung zwischen Faschismus und Kommunismus geführt. Damit wurden der »Schwarze Freitag« und die daraufhin einsetzende Weltwirtschaftskrise zur wesentlichen Vo-

raussetzung dafür, dass die Nationalsozialisten 1933 in Deutschland
– wo es sechs Millionen Arbeitslose gab – an die Macht kommen
konnten.

Aber auch andere Länder gingen zu autoritären oder diktatorischen Regimen über; und Österreich war von der Wirtschaftskrise
besonders betroffen, da hier rund 600 000 Menschen keine Arbeit
hatten.

# Wenn es in Dallas geregnet hätte

*Wetter macht Weltgeschichte*

Vom Wetter hängt viel mehr ab, als uns bewusst ist. Manchmal beeinflusst es sogar den Lauf der Weltgeschichte.

Am 22. November 1963, mittags um 12.30 Uhr, wurde John F. Kennedy erschossen. Was das mit dem Wetter zu tun hat? Sehr viel: Es war am Morgen dieses Tages in Dallas, der Hauptstadt des US-Bundesstaats Texas, regnerisch und kühl bei Temperaturen um neun Grad Celsius. Bis dann am späteren Vormittag die Sonne herauskam und die Luft sich auf 20 Grad erwärmte, worauf der Präsident der Vereinigten Staaten doch im offenen Wagen durch die Stadt fuhr. Wäre es weiterhin regnerisch geblieben – John F. Kennedy hätte diese Fahrt wohl überlebt.

»Kriege wurden gewonnen und verloren, weil sich das Wetter anders verhielt, als die Generale dachten«, analysiert man an der Wiener Zentralanstalt für Meteorologie und Geodynamik. 1941 war zum Beispiel ein so extrem kalter Winter, dass die deutschen Panzer im Schnee stecken blieben und der Kampf um Moskau zum Anfang vom Ende des Dritten Reichs führte.

Ein Krieg hat auch dazu geführt, dass die internationalen Wetterdienste ins Leben gerufen wurden. Als nämlich im Krimkrieg 1853 etliche Schiffe der alliierten Mächte in einem Sturm versanken – der mit den Mitteln der Meteorologie damals vorhersehbar gewesen wäre –, wurden die ersten derartigen Institutionen gegründet.

Weiter zurück in der Weltgeschichte: Um 1250 v. Chr. entkamen die Israeliten, weil sie durch das ausgetrocknete Rote Meer wateten, während ihnen die Ägypter nicht folgen konnten, da mittlerweile eine Flutwelle aufgetreten war. Auch hier schrieb das Wetter Geschichte.

In Berichten über Wolfgang Amadeus Mozarts Beerdigung liest man oft, dass sich, infolge heftiger Schneestürme, auf seinem letzten Weg kaum ein Mensch eingefunden hätte. »Falsch«, sagen Wiens Meteorologiehistoriker, »wir können in unseren Unterlagen, die bis 1775 zurückreichen, an diesem Tag kein Schlechtwetter feststellen.« Zur Kunde vom »Unwetter« ist es wohl gekommen, weil es den Wienern später peinlich war, dass »ihr« Musikgenie alles andere als eine »schöne Leich« hatte. So schob man's aufs Wetter.

Tatsächlich eiskalt war es hingegen beim Leichenzug Kaiser Franz Josephs am 30. November 1916, dem sich dennoch Hunderttausende Menschen anschlossen. Und weil wir gerade in der letzten Phase der Monarchie sind: Als Erzherzog Franz Ferdinand am 28. Juni 1914 in Sarajewo ermordet wurde, schien dort die Sonne, und es hatte 30 Grad. Einen Monat später, am 28. Juli, brach der Erste Weltkrieg aus. In weiten Teilen des Landes war es an diesem Hochsommertag bedeckt, und die Höchsttemperaturen lagen bei 22 Grad.

Als besonders gefährlich für Österreich sollte sich die Wetterlage am 26. April 1986 erweisen. An diesem Tag explodierte im Atomkraftwerk Tschernobyl ein Reaktorblock. Während die Strömung des Windes meist von West nach Ost geht, blies sie ausgerechnet an diesem Tag und an den Tagen danach umgekehrt. So gelangten die hochgiftigen verstrahlten Teilchen zu uns.

Große Hitze kann nicht dazu geführt haben, dass am 1. August 1976 die Wiener Reichsbrücke einstürzte. War es doch an diesem Morgen regnerisch und trüb, bei nur zwölf Grad.

In anderen Fällen kam es immer wieder vor, dass Bauwerke durch thermische Einflüsse – bei großer Hitze – einstürzten oder, dass sich Schienenanlagen verbogen, Züge entgleisten. Und extreme Temperaturen hatten unzählige Brand-, Dürre- und Hungerkatastrophen zur Folge.

Hier noch ein paar Wettermeldungen aus der Weltgeschichte: Als Adolf Hitler am 12. März 1938 Österreich besetzte, kam das schlechte Wetter – sozusagen mit ihm – von Nordwest nach Ost. Es war kühl und unfreundlich, und es gab leichte Schneeschauer. Trist war das Wetter auch am 1. September 1939, dem Tag, an dem der Zweite Weltkrieg ausbrach.

Die Titanic versank am 14. April 1912, nachdem der Luxusdampfer einen 150 Kilometer langen Eisberg gerammt hatte. 1500 Opfer waren zu beklagen. »Ein derartiges Unglück«, behaupten die Meteorologen, »wäre in unseren Tagen praktisch undenkbar: Die Weltmeere werden von den internationalen Wetterdiensten ständig beobachtet, und vor einem so großen Eisberg würden Reedereien sofort über Satellit gewarnt.«

Wir können dem Wetter heutzutage also so manches Schnippchen schlagen.

# Neue Theatergeschichten von Gestern

# Nie wieder eine Bühne betreten

*Theaterskandale*

Was wär' das Theater ohne Skandal? Beginnen wir gleich bei einem der schönsten. Man schreibt den 13. April 1956, als die Schauspielerin Käthe Dorsch vor dem *Café Raimund*, vis-à-vis vom Wiener Volkstheater, dem Kritiker Hans Weigel auflauert. Als dieser erscheint, holt die 66-jährige Künstlerin weit aus und verabreicht ihm zwei schallende Ohrfeigen. Dann beschimpft sie ihn noch als »Dreckskerl« und »Dreckfink«. Und geht ab.

Was war geschehen? Wenige Stunden zuvor war Weigels Kritik zu einer Burgtheateraufführung von Christopher Frys *Das Dunkel ist licht genug* erschienen. Nach großer Anerkennung für Käthe Dorschs »gepflegte Sprachkunst« hielt der Rezensent einschränkend fest: »Alles, was gestaltet, erlebt sein sollte, blieb Ansatz, Andeutung – wie Stars oft auf Verständigungsproben sind oder bei der dreihundertsten Vorstellung.«

Hans Weigel lachte laut auf, als ich ihn, mehr als dreißig Jahre später, auf den seinerzeitigen Skandal ansprach: »Die Käthe Dorsch, mit der ich ansonsten persönlich sehr gut war, hat ja eine bisserl pathologische Schlagfertigkeit gehabt. Sie hatte vor mir schon den deutschen Kritiker Harich geohrfeigt.«

Es kam zum Prozess Weigel gegen Dorsch, im Zuge dessen der als Zeuge geladene Raoul Aslan mit angemessenem Pathos »die Todesstrafe für Hans Weigel« forderte. Verurteilt wurde dann aber Käthe

244

Dorsch, und zwar »zu einer Geldstrafe von öS 500,–, im Nichteinbringungsfalle drei Tage Arrest«.

Skandale, Intrigen, Beschimpfungen werden am Theater genüsslich und meist publikumswirksam zelebriert. Wen wundert's, lebt doch der Mime in nicht unwesentlichem Ausmaß vom Grad seiner Bekanntheit, und der wird durch eine einzige Schlagzeile nach Liebesaffäre, Scheidung, Ohrfeige oder sonstigem Eklat weit mehr gefördert als durch Tausend anerkennende Kritiken. »Da werkelt man sein Leben lang mit klassischen Rollen am Theater«, meint Erika Pluhar, »und stellt dann fest, dass ein paar Männer im Leben und ein nackter Hintern alles sind, was die Leute an einem wirklich interessiert.«

Die Pluhar sprach aus Erfahrung, fand doch der zwischen ihr und ihrer Kollegin Gertraud Jesserer in aller Öffentlichkeit gefeierte »Partnertausch« André Heller/Peter Vogel unzweifelhaft mehr Aufmerksamkeit als jeder noch so große Bühnenerfolg. Und als sich die Pluhar 1973 in Tom Stoppards *Akrobaten* dem Publikum des Akademietheaters textilfrei zeigte, erregte das ebenfalls größeres Aufsehen als irgendeine ihrer anderen Premieren.

Für den ersten großen Theaterskandal im Wien des 20. Jahrhunderts hatte Katharina Schratt gesorgt, weil sie – als Freundin des Kaisers – eine Kaiserin spielte! Stein des Anstoßes war Franz von Schönthans Lustspiel *Maria Theresia* am Deutschen Volkstheater. Karl Kraus prangerte nach der Premiere am 17. Oktober 1903 den Umstand, dass die Schratt in der Titelrolle zu sehen war, als »Gipfel der Geschmacklosigkeit« an. Während nämlich Kaiser und Künstlerin über Jahrzehnte darauf Bedacht nahmen, ihre Beziehung möglichst nicht in die Öffentlichkeit zu tragen, sollte die Hofschauspielerin nun in den Augen vieler Wiener die Grenzen des guten Geschmacks überschritten haben. Selbst Franz Joseph konnte nicht recht glauben, was er da erfahren musste: »In der Zeitung habe ich gelesen«, schreibt er der Seelenfreundin schon am 26. August, »dass Sie im Oktober die Maria Theresia spielen werden. Ist das wahr?«

»Das Unglaubliche geschah«, schäumte Karl Kraus, »Frau Schratt griff nach der Rolle, auf deren Feingehalt die Theatermacher ihre Hoffnungen bauten. Die Sensation verlief programmgemäß. Die in- und außerhalb der Volkstheaterkasse etablierte Agiotage feierte Orgien, die gewiss nicht in der schauspielerischen Anziehungskraft der Frau Schratt begründet sind. Frecher Reklameeifer, der noch ein Übriges tun zu müssen glaubte, ließ verkünden, der Kaiser werde der Premiere beiwohnen.«

Zum Skandal wurde der Umstand, dass man die Schratt auf der Bühne als das sah, was sie im Leben nicht sein durfte: eine Kaiserin. In einem mehrere Seiten langen Pamphlet konnte man in der *Fackel* für die damalige Zeit ungewöhnlich deutliche Worte lesen. Karl Kraus sprach von »Schäbigkeit der Gesinnung, Schwindel, Unfug, widerlichster Anzüglichkeit, um vor einem nach Klatsch geilen Publikum die leeren Kassen eines Geschäftstheaters füllen zu helfen«.

Tatsächlich hatte die Direktion des Volkstheaters den Auftritt der »Kaiserin Katharina« für die Propaganda weidlich zu nützen gewusst. Schon Wochen vor der Premiere war der Presse zu entnehmen, dass »die Schauspielerin mit ihrem privaten Schmuck auftreten« würde – und jeder wusste, wer ihr diesen Schmuck geschenkt hatte: der Kaiser!

Katharina Schratt hat nach dem Wirbel, den das Stück verursacht hat, nie wieder eine Bühne betreten.

Zwanzig Jahre später, in der Ersten Republik bereits, geriet der Chronist obigen Theaterskandals selbst in den Mittelpunkt eines solchen: Die Aufführung des Karl-Kraus-Stücks *Die Unüberwindlichen* wurde untersagt, weil darin der Wiener Polizeipräsident Johannes Schober angegriffen wurde.

Derselbe Schober sollte in einem ganz anderen, wesentlich ernsteren Skandal eine weitere, unrühmliche Rolle spielen: Die Aufführung des *Reigen* vom 16. Februar 1921 hatte einen politischen Krach zur Folge, der Österreich in zwei Lager spaltete. Nationale Demonstranten stürmten damals, wenige Tage nach der Erstaufführung, die Wiener Kammerspiele, während dort Schnitzlers Liebeskarussell gezeigt wurde. Die Vorstellung wurde zum Kampfplatz zwischen Nationalen und Liberalen: 600 Männer drangen auf ein Sirenenzeichen eines ehemaligen Offiziers namens Burian in das Theater, überrumpelten die anwesenden Polizisten, schleuderten Logensessel gegen ahnungslose Theaterbesucher. Mehrere Frauen wurden von der Horde an den Haaren zu Boden gerissen, ein Zuschauer durch einen Schlagring schwer verletzt. Die Schauspieler verließen fluchtartig die Bühne, und auch der zufällig im Theater anwesende Arthur Schnitzler konnte sich nur hinter dem schnell herabgelassenen eisernen Vorhang in Sicherheit bringen. Tags darauf verbot Polizeipräsident Schober »aus Gründen der öffentlichen Ruhe und Sicherheit« jede weitere Aufführung.

Damit nicht genug, wurde bei der nun folgenden Parlamentsdebatte der sozialdemokratische Abgeordnete Albert Sever durch einen Faustschlag getroffen und der konservative Innenminister Egon Glanz unter den Rufen »Hinaus mit dem Lump!« zum Rücktritt aufgefordert. Saalordner des Parlaments mussten die einander attackierenden Abgeordneten trennen. Schnitzler ließ sein in der

Presse auch als »Saustück« bezeichnetes Werk für alle Zeiten sperren.*

Die schamlosesten Theaterskandale sollten in den zwanziger und dreißiger Jahren durch nationalsozialistische Störtrupps inszeniert werden. Als etwa während einer Vorstellung von Kurt Weills Oper *Aufstieg und Fall der Stadt Mahagonny* Stinkbomben geworfen und Feuerwerkskörper zur Explosion gebracht wurden. Oder, als bei der Wiener Silvesterpremiere 1927 von Ernst Křeneks Jazzoper *Jonny spielt auf* Flugblätter mit dem Hinweis verteilt wurden, die Staatsoper sei »einer frechen jüdisch-negerischen Besudelung zum Opfer gefallen«.

Fünfzig Jahre nach dem »Anschluss« an Hitlerdeutschland eskalierten die Ereignisse zur Uraufführung von Thomas Bernhards *Heldenplatz* zu einer regelrechten Theaterschlacht, in deren Verlauf man Bernhard und Burgtheaterdirektor Claus Peymann als »Vaterlandsverräter« bezeichnete. Wobei die lautesten Protestaktionen von Leuten stammten, die das Stück nie gesehen hatten.

Aber so war das immer schon bei den großen Theaterskandalen. Hingehen muss man nicht, um schimpfen zu können.

---

* Erst sein Sohn Heinrich erteilte lange nach Schnitzlers Tod die Erlaubnis, den »Reigen« wieder aufzuführen.

## Die Geschäfte des Herrn Castiglioni

*Max Reinhardts Financier*

Es war im Jahre 1924, als Max Reinhardt das von der Schließung und dem totalen Verfall bedrohte Theater in der Josefstadt rettete. Ermöglicht wurde die ebenso notwendige wie aufwändige Renovierung durch Camillo Castiglioni, eine der schillerndsten Figuren der Zwischenkriegszeit. Einerseits großzügiger Kunstmäzen, tat er sich aber auch als gewissenloser Schieber hervor.

Geboren in Triest, ließ Castiglioni sich in jungen Jahren in Wien nieder und wurde im Ersten Weltkrieg Armeelieferant. In der Inflationszeit war er durch Spekulationen zu einem enormen Vermögen gekommen, und beteiligte sich nun an renommierten Firmen wie *Daimler-Puch*, *Alpine Montan* und *Leykam*. Sein Palais auf der Wiener Prinz-Eugen-Straße wurde zum Treffpunkt der High Society, die seine wertvolle Kunstsammlung bewunderte.

Castiglioni hatte sich schon bei der Gründung der Salzburger Festspiele durch Subventionen eingestellt, nun finanzierte er Max Reinhardts Neugründung des Theaters in der Josefstadt. Das war zwar sehr großzügig, aber nicht ganz uneigennützig. Reinhardt musste nämlich die Bedingung akzeptieren, dass Castiglionis Freundin – und spätere Frau –, die Schauspielerin Iphigenie Buchmann, an die von ihm subventionierte Bühne engagiert wurde.

Doch das Glück währte nur kurze Zeit, denn Castiglionis Finanzimperium brach noch im Lauf desselben Jahres, 1924, zusammen. Nach Fehlspekulationen erlitt er Verluste, die er durch den Verkauf von Industriebeteiligungen und seiner Kunstsammlung auszugleichen versuchte. Doch es war zu spät.

Als seine *Depositenbank* zusperrte, wurde Strafanzeige wegen Veruntreuung von Spareinlangen erstattet, worauf der Magnat nach Rom flüchtete. Und dort Finanzberater des »Duce« Benito Mussolini wurde.

Infolge seiner Flucht entkam Castiglioni einer Verurteilung in Österreich, weshalb die »Vernehmung« nur noch durch die *Wiener Humoristischen Blätter* durchgeführt werden konnte.

RICHTER: »Waren Sie schon einmal angeklagt?«

CASTIGLIONI : »Ja. Es handelte sich aber um so hohe Beträge, dass ich freigesprochen wurde.«

Und in einem Wiener Kellertheater sang ein in Castiglionis Maske auftretender Kabarettist zur Melodie des *Fiakerlieds:* »I bin halt an echts Weana Kind, ein Bankier, wie ma so leicht net an find ...«

Er war Kriegsgewinnler, Schieber, Spekulant. Vielleicht gäb's aber – andererseits – ohne ihn das Theater in der Josefstadt nicht mehr.

## WIE MAN DOYEN WIRD

*Skurriles aus dem Burgtheater*

Noch so was Wienerisches. Die Doyenne des Burgtheaters. Und der Doyen. Sicher wird auch in Wien keiner Schauspieler, weil er davon träumt, einmal Doyen zu werden. Aber was Feines ist dieser Titel schon. Man geht nämlich, wenn man Doyen bzw. Doyenne ist, nie in Pension. Nein, nein, keine Sorge, man kann schon aufhören zu spielen – mit sechzig, siebzig, achtzig, wann immer man will. Aber man kriegt dann weiterhin den Aktivbezug und genießt auch all die anderen Privilegien eines Staatsbeamten. Und solche sind die Burg-schauspieler ja seit Kaiser Joseph II.

Wer aber wird Doyen?

Der Doyen ist nicht, wie meist fälschlich vermutet, der älteste Schauspieler im Ensemble. Er muss dem Haus jedoch »seit vielen Jahren«, wenn möglich seit Jahrzehnten, angehören (genauer ist das nicht definiert). Und er muss bei seiner Ernennung den Titel Kam-merschauspieler tragen. Man bekommt die ehrenvolle Position erst, wenn der bisherige Doyen verstorben ist. Der künstlerische Betriebs-rat schlägt in diesem Fall den Namen des künftigen Doyens vor, der dann durch die Direktion an den amtierenden Kunstminister weiter-geleitet wird. Und der ernennt den Schauspieler zum Doyen.

Dasselbe gilt für das weibliche Gegenstück, die Doyenne.

Annemarie Düringer und Michael Heltau sind die regierenden Doyens. Und sie behalten diesen Titel, wie alle ihre Vorgänger, auf Lebenszeit.

Die Aufgabe der Doyenne und des Doyen ist es, das Ensemble nach außen hin zu vertreten, vor allem bei Ehrungen, Jubiläen und bei Begräbnissen. Und da sie das Privileg haben, nie in Pension geschickt zu werden, bekommen sie eben ihr Gehalt – ganz egal, ob sie auftreten oder nicht. Was schon zu kuriosen Vorfällen geführt hat.

Annemarie Düringers Vorgängerin war Paula Wessely, vor der wiederum Rosa Albach-Retty die Stellung der Doyenne innehatte. Österreichs letzte Hofschauspielerin ist mit 83 Jahren das letzte Mal auf der Bühne gestanden, aufgrund ihrer Ernennung zur Doyenne aber nie in Pension gegangen. Und so blieb sie, bis zu ihrem Tod im stolzen Alter von 106 Jahren, immer »aktiv«. Heute noch erinnert man sich am Burgtheater schmunzelnd daran, dass die alte Dame von Zeit zu Zeit in der Direktion anrief, um nachzufragen, wann denn die nächste Gehaltserhöhung fällig sei …

Fest steht, dass nur solche Mitglieder des Burgtheaters Doyenne bzw. Doyen werden können, die dem Ensemble als Hauptdarsteller angehören. Es gab nur eine Ausnahme. Vor Michael Heltau war diese Ehrung Fred Liewehr zuteil geworden, der natürlich ebenfalls zu den würdigen Trägern dieses Titels zählte. Dessen Vorgänger aber hieß Karl Eidlitz. Der war zwar ein alter Burgschauspieler, hatte aber kaum je eine Hauptrolle verkörpert.

Demnach hätte er nie und nimmer Doyen werden dürfen. Dass er es dennoch wurde, lag daran, dass er der Ehemann der großen Alma Seidler war. Die wiederum prädestiniert gewesen wäre, den Titel Doyenne zu tragen. Das konnte sie aber infolge der außergewöhnlich zähen Langlebigkeit ihrer Kollegin Rosa Albach-Retty nicht werden. Um das auszugleichen, konnte es Alma Seidler durchsetzen, dass wenigstens ihr Gatte Doyen wurde.

Wo sonst als am Burgtheater zu Wien sollte so was möglich sein.

## AUCH DER KAISER GING INS KINO

*Als der Film noch stumm war*

Eigentlich wurde das Kino dreimal erfunden. 1891 ließ sich Thomas Edison ein *Kinetoskop* patentieren, etwas später belichtete der Schausteller Max Kladanovsky die ersten bewegten Filmstreifen. Und 1895 entwickelten die Glühlampenfabrikanten Lumière einen *Cinematographen*, den sie auch in Wien öffentlich vorstellten. Als die in Frankreich ansässigen Brüder bei dieser Gelegenheit einen Dokumentarfilm mit dem etwas sperrigen Titel *Ankunft eines Eisenbahnzuges im Bahnhof* zeigten, liefen zahlreiche Zuschauer in Panik vor der heranbrausenden Lokomotive aus dem Kinosaal.

Zwischen der Flucht aus der Filmvorführung und dem Selbstverständnis, mit dem wir heute einen Film betrachten, liegt die Entwicklung einer gigantischen Industrie. Wiens erstes Kino wurde am 27. März 1896 Ecke Kärntner Straße/Kruger Straße eröffnet. Täglich von 10 bis 20 Uhr konnte man hier – gegen fünfzig Kronen Eintritt – nonstop die Ergebnisse der »lebenden Photographie« bewundern. Am Eröffnungstag standen Dokumentationen wie *Bubis Frühstück*, *Schiffspromenade* und *Das Meer* auf dem Programm, Spielfilme kamen erst später.

Nach dreiwöchigem Probelauf stellte sich in Wiens erstem Kino allerhöchster Besuch ein. Am 17. April 1896 wohnte, wie der Tagespresse zu entnehmen ist, »Seine Majestät der Kaiser einer Vorführung des Cinematographen bei, die dem Publikum im Mezzanin des Hauses Krugerstraße 2 seit einiger Zeit dargeboten werden. Der Kaiser wurde in den Produktionssaal geleitet, der gleich verfinstert wurde, worauf die Bilder auf eine weiße Fläche projiziert wurden. Der Kaiser zeigte sein lebhaftes Interesse für den sinnhaften Apparat«.

Der Aufstieg des Kinos ging rapide vor sich. Gab es 1903 in Wien erst drei Lichtspieltheater, so waren es 1907 schon zehn und 1918 bereits 155; in ländlichen Regionen eröffneten die ersten Wanderkinos. Meist wurde der Vorführapparat per Handkurbel bedient, der Strom fürs Licht von einer Dampfmaschine erzeugt. Anfangs gab es auch noch keine Zwischentitel, weshalb eigene »Erklärer« engagiert wurden, die das stumme Geschehen auf der Leinwand in blumenreicher Sprache kommentierten. Die Filmleute hatten bald erkannt, dass die optischen Eindrücke allein ermüdend waren. Allzu viele Kinobesucher schliefen während der Vorstellungen ein, also engagierten die Kinos Musikkapellen. »Die ersten Klavierspieler und Geiger dienten eigentlich dazu, die Zuschauer wach zu halten«, bestätigte der spätere Regisseur Géza von Cziffra, als er sich an die frühen Tage des Stummfilms erinnerte. Erst später gingen die Musiker dazu über, Stimmung zu erzeugen: bei dramatischer Handlung drohende Klavierakkorde, bei Liebesszenen schluchzende Geigen. Aus einem Kinoprogramm, das zur Jahrhundertwende auflag: »Zum Drama in zwölf Bildern spielt das Hausorchester schaurige *Tannhäuser*-Klänge, dann zum Märchenzauber, ganz in grünes Licht getaucht, Mendelssohnsche Musik.«

Die Kinomusiker waren nur selten große Virtuosen. Als einmal der Stummfilmstar Asta Nielsen, wie so oft, am Ende eines Films ins Wasser ging, rief ein Zuschauer im Kinosaal: »Asta, nimm den Geiger mit!«

Die Betreiber der Lichtspieltheater beklagten sich, dass sie, wie alle Schausteller, dem Vagabundengesetz unterstellt waren und somit von der Behörde als Menschen zweiter Klasse behandelt wurden.

Während man bald in fast allen Großstädten Europas Studios errichtete, gab es in Österreich-Ungarn erst ab 1908 eigene Filmproduktionen. Schauspieler freilich, die in diesen Filmen mitwirkten, wurden allseits verachtet. Weshalb sich der große Werner Krauß in seinem ersten Film einen Bart aufklebte, um vom Publikum und vor allem von seinen Theaterkollegen nicht erkannt zu werden.

Und dennoch siegte – der höheren Gagen wegen – zu guter Letzt der Film. Der erste wirkliche Kinostar hieß Henny Porten. Ihr gelang der Durchbruch, weil sie erkannt hatte, dass man sich vor der Kamera anders bewegen muss als auf der Bühne. Je blutrünstiger ihre Filme, desto größer der Erfolg. In dem Stummfilm *Hintertreppe* spielte sie 1921 ein Dienstmädchen, dessen Liebesleben durch die Eifersucht eines Briefträgers hintertrieben wird. Als Hennys Verlobter bemerkt, dass seine Liebesbriefe nicht zugestellt werden, geraten die beiden Männer aneinander. Das schreckliche Ende: Der Verlobte wird vom Briefträger erschlagen, das Dienstmädchen begeht Selbstmord.

Auch sonst wurden in den Pioniertagen des Kintopp vor allem Horror-, Grusel- und monumentale Kostümschinken gedreht. Allein in Österreich waren's über tausend Stummfilme, produziert meist von der *Sascha-Film* des legendären Grafen Alexander Kolowrat, der 1913 mit *Der Millionenonkel* Alexander Girardi fürs Kino entdeckte und 1927 mit den Film *Café Electric* die noch unbekannte Marlene Dietrich. Ernst Lubitsch *(Der Reigen)*, F. W. Murnau *(Nosferatu)* und Fritz Lang *(Dr. Mabuse)* waren weitere Wegbereiter des Films.

Ende der zwanziger Jahre konnte man im Kino die ersten Geräusche vernehmen. Vorerst nur in den USA, wo *Der Jazzsänger* als erster Tonfilm der Geschichte produziert wurde. Dabei wollten, laut einer Umfrage, nur zwanzig Prozent des amerikanischen Publikums den Ton im Film. Schließlich weigerte sich auch Charlie Chaplin, der Größte aller Stars, »mit Geräusch« zu drehen. David Grifith, sein Partner bei *United Artists*, hatte noch 1924 erklärt, dass »es niemals möglich sein wird, sprechende Bilder zu erzeugen«. Tatsächlich sollte Chaplins *Tramp* viele weitere Jahre stumm bleiben.

Europas Filmindustrie stand dem neuen Phänomen noch skeptischer gegenüber. Kein Wunder, Stars wie Asta Nielsen und Harry Liedtke ließen sich ohne Ton weltweit vermarkten, mit Ton jedoch nur in ihrem Sprachraum, zumal die Synchronisation noch lange nicht erfunden war. Viele wollten nicht daran glauben, dass der »Krachfilm«, wie er oft genannt wurde, Zukunft hätte. Luis Trenker etwa, schon im Stummfilm ein Star, prophezeite: »Viele Kinobesucher werden nicht mehr kommen, wenn der Lärm die Leinwandruhe stört, und sie haben Recht: Aus dem Krachfilm wird bald ein Filmkrach werden.«

Als sich der »Filmkrach« dennoch durchzusetzen begann, ging's Schlag auf Schlag weiter. Von den zweihundert Filmen, die 1929 in Deutschland gedreht wurden, waren nur acht mit Ton, im Jahr darauf war dies hingegen schon bei dreiviertel aller Produktionen der Fall.

Für viele Stummfilmstars wurde die neue Entwicklung freilich zur Katastrophe. Denn, um im Stummfilm beschäftigt zu werden, hatte es genügt, gut auszusehen, jetzt aber musste man zusätzlich über eine Sprechausbildung verfügen. Mehrere Schauspieler, die keine Aufträge mehr erhielten, nahmen sich daraufhin das Leben.

# Neues aus dem Reich der Liebe

## BERUF: MÄTRESSE

### *Pompadour und Dubarry*

Zur ersten Begegnung kam es in einem Wald in der Nähe von Versailles. Sie, Jeanne-Antoinette Poisson, war eine schlichte, aber wunderschöne Frau aus dem Volke. Er war der König von Frankreich. Als Madame Pompadour sollte sie dann zwanzig Jahre an der Seite Ludwigs XV. verbringen und zur berühmtesten Mätresse aller Zeiten werden. Doch gingen ihre Aufgaben weit über die einer Liebesdienerin hinaus, war sie doch auch Gesellschaftsdame und vor allem politische Beraterin.

Eine Handleserin hatte der neunjährigen Jeanne im Jahre 1730 vorhergesagt, sie würde dereinst »mächtiger sein als die Königin«. Die Tochter eines kleinen Finanzbeamten setzte ihren ganzen Ehrgeiz daran, diese Prophezeiung wahr zu machen. Dass die Pompadour ihr Ziel tatsächlich erreichte, war das Ergebnis jahrelanger strategischer Planung.

Dabei lagen die Voraussetzungen gar nicht günstig. Der Vater, in dunkle Geschäfte verwickelt, floh ins Ausland, um seiner Verhaftung zu entgehen. Ihre Mutter, eine ebenso attraktive wie lebenslustige und alles andere als prüde Frau, nützte dessen Abwesenheit für zahlreiche Liebschaften, die sie so großzügig unterstützten, dass Madame Poisson in der Lage war, ihren beiden Kindern eine erstklassige Erziehung angedeihen zu lassen. Jeanne kam zu den Ursulinen von Poissy, wo sie eine umfassende Ausbildung genoss. Sie konnte sich, als sie die Klosterschule verließ, in ihrem Auftreten und

Benehmen durchaus mit den jungen Aristokratinnen ihrer Zeit messen, war aber darüber hinaus klug, bildschön und überaus charmant. Monsieur de Tournehem – ein Verehrer ihrer Mutter – war es, der ihr den Zugang zur vornehmen Gesellschaft von Paris eröffnete.

Doch auch wenn sie bald Zutritt zu den eleganten Salons hatte, fand sich infolge ihrer bürgerlichen Herkunft, der kriminellen Vergangenheit des Vaters und der bekannten Leichtlebigkeit ihrer Mutter kein Aristokrat, der Jeanne-Antoinette Poisson zum Traualtar geführt hätte. Dafür lernte sie durch Monsieur de Tournehem immerhin den wohlhabenden Bürger Charles-Guillaume Le Normant d'Etioles kennen, der die zwanzigjährige Schönheit vom Fleck weg heiratete. Monsieur liebte Jeanne über alles, doch für sie war die Ehe nur in einer Hinsicht von Bedeutung: Das Anwesen ihres Gemahls lag in unmittelbarer Nachbarschaft von Schloss Versailles, der Residenz des Königs von Frankreich. Und wie's der Zufall so wollte, ging die junge Frau regelmäßig just in jenem kleinen Wäldchen spazieren, in dem Ludwig XV. fast täglich zur Jagd ausritt.

Es dauerte auch nicht lange, bis sie Seiner Majestät begegnen und ihm den Kopf verdrehen sollte. Der Monarch freilich musste vorsichtig sein. Weniger wegen seiner polnischen Gattin Maria Leszczynska, die sich längst mit der Existenz zahlloser Nebenfrauen abgefunden hatte. Viel gefährlicher war Ludwigs eifersüchtige Favoritin, die Herzogin von Châteauroux. Sie war eine der Töchter des Marquis de Nesle und wurde vom König ebenso beglückt wie ihre beiden älteren Schwestern. Erst als die junge Herzogin an den Folgen einer Lungenentzündung starb, stand der Weg frei für die Pompadour.

24 Jahre alt, verließ Jeanne-Antoinette Poisson 1745 ihren völlig überraschten Ehemann, in dessen Obhut nun die gemeinsame Tochter Alexandrine verblieb, und zog in Versailles ein.

Man kann nicht sagen, dass sie vom Hofstaat des Bourbonen mit offenen Armen aufgenommen worden wäre. Auch wenn der König sie bald zur Marquise de Pompadour und später sogar zur Herzogin erhob, galt das nichts an einem Hof, der den Adel erst akzeptierte, wenn er auf einen zumindest vierhundertjährigen Stammbaum zurückblicken konnte. Der Regent freilich war der intelligenten und – wie gemunkelt wurde – im Liebesspiel einzigartig begabten Mätresse verfallen und hielt über alle Anfeindungen hinweg zu ihr. Er schenkte ihr Paläste und verstieß Minister und Nebenfrauen, die es wagten, die Herkunft oder die sprichwörtliche Verschwendungssucht der Pompadour anzuprangern.

Des Königs neue Favoritin richtete ein Appartement ein, in dem auch er sich wohl fühlen, Freunde zum Souper empfangen, sich ungezwungen benehmen konnte und nicht so sehr auf die Etikette achten musste wie in den übrigen Trakten von Versailles. Hier verkehrten Voltaire und andere große Denker der Zeit, mit denen die Pompadour vortrefflich zu parlieren verstand. Auf diese Weise gelangten die Gedanken der Aufklärung und damit auch die Ideen, die später zur Französischen Revolution führen sollten, an das Ohr des absolutistisch regierenden Königs.

Die Geliebte schaffte es sogar, mit Ludwigs Gemahlin eine Verbindung aufzunehmen, die auf gegenseitigem Respekt aufgebaut war. »Wenn schon Mätresse«, soll die Königin einmal in Richtung Pompadour gesagt haben, »dann lieber diese als alle anderen.«

Als sie im achten Jahr ihrer Liaison ernstlich erkrankte und ihrem liebestollen Galan nicht mehr zu bieten imstande war, was er verlangte, erkannte die Mätresse, dass sie nur dann bei ihm bleiben konnte, wenn sie neue Frauen an seiner Seite akzeptieren würde. So ließ sie das Lustschloss Eremitage errichten, in dem König Ludwig

*Sie war die intelligente und – wie gemunkelt wurde – im Liebesspiel einzigartig begabte Mätresse König Ludwigs XV.: Jeanne-Antoinette Poisson, genannt die Pompadour.*
RÖTELZEICHNUNG: FRANÇOIS BOUCHER

ab sofort ganz junge Mädchen, oft noch halbe Kinder, als Gespielinnen zur Verfügung standen. Waren sie schwanger oder nicht mehr erwünscht, brachte die Pompadour »die Sache« in Ordnung, verheiratete die armen Geschöpfe und sorgte dann wieder für »Nachschub« in der Mädchenmenagerie.

Je geringer ihre sexuelle Anziehung auf den König wurde, desto größer wurde ihre politische Macht. Die Pompadour hatte Einfluss auf die Bestellung der Kabinettsmitglieder, nahm an den Sitzungen des Ministerrats teil, beriet den Regenten in seinen Staatsgeschäften. Nicht immer zum Nutzen der Nation. Nach intensiven Geheimverhandlungen, die sie mit dem österreichischen Botschafter auf einem ihrer Landsitze außerhalb von Paris geführt hatte, konnte sie Ludwig überreden, ein Bündnis mit Österreich zu schließen, das seit dem Erbfolgekrieg Frankreichs Erzfeind gewesen war. Die Allianz mit Maria Theresia trug Ludwig freilich den Siebenjährigen Krieg und damit eine Katastrophe ein: Frankreich verlor Kanada sowie seine Besitzungen in Indien und Afrika.

Hintergrund des diplomatischen Ehrgeizes der auf ihren Einfluss bedachten Mätresse bildete wohl ihr abgrundtiefer Hass gegen Preußens König Friedrich II., der sie einmal als Hure bezeichnet hatte. Die Pompadour pflegte im Zuge ihrer außenpolitischen Mission Kontakte auf allerhöchster Ebene, korrespondierte mit Österreichs Staatskanzler Kaunitz und mit Maria Theresia, die ihr für ihre Bemühungen ein wertvolles Schreibpult schenkte. Für den bis dahin allseits beliebten König bedeutete der verlorene Krieg aber das Ende seiner Popularität im französischen Volk.

Zu Weihnachten 1763 fanden sich der gerade achtjährige Wolfgang Amadeus Mozart mit Schwester Nannerl und Vater Leopold in Versailles ein, wo sich König und Königin sowie Madame Pompadour vom Orgelspiel des Wunderknaben ergriffen zeigten. Erstaunt berichtete Nannerl später über die Begegnung: »Als sich Wolfgang im Zuge der Begrüßung auch zur Pompadour hinüberneigte, um sie zu küssen, wehrte sie ihn ab.« Der geniale Knirps war's gewöhnt, mit Küssen überhäuft zu werden, selbst Kaiserin Maria Theresia hatte das getan. Über die Zurückweisung der Pompadour einigermaßen verwundert, zeigte Mozart auf die Mätresse und fragte seinen Vater: »Wer ist die da, die mich nicht küssen will?«

Es ist keineswegs anzunehmen, dass die Pompadour den kleinen Mozart brüskieren wollte, eher scheint es, dass sie das Kind vor der Gefahr einer Ansteckung schützen wollte: Als die Mozarts in Versailles weilten, litt sie bereits an offener Tuberkulose.

Sie starb im darauf folgenden April im Alter von 42 Jahren. Ihre Handleserin hatte Recht behalten: Die kleine Jeanne-Antoinette Poisson war mächtiger geworden als die Königin von Frankreich.

Der König suchte nun eine Nachfolgerin. Sie sollte nicht nur – wie zuletzt die Pompadour – eine warmherzige, liebevolle Beraterin sein, sondern vor allem wieder Geliebte. Obwohl sich viele adelige Damen für diese Funktion anboten, entschied Ludwig sich einmal mehr für ein Mädchen aus dem Volke. Es hieß Jeanne Bécu – und ging als Madame Dubarry in die Geschichte ein.

Als sie in Versailles einzog, saß der Schock noch tiefer als bei der Pompadour, da der Regent dem Hof mit der Dubarry eine stadtbekannte Prostituierte als Tischdame zumutete. Tatsächlich war Jeanne Bécu – die uneheliche Tochter einer Näherin und (wie man vermutete) eines Mönchs namens Frère Ange – wegen ihrer makellosen Schönheit und ihres Charmes in der höchsten Pariser Gesellschaft »herumgereicht« worden. Ihr Tätigkeitsfeld lag im berüchtigten Salon des polizeibekannten Grafen Jean Dubarry.

Der Graf war das schwarze Schaf einer angesehenen Familie und verdiente sein Geld als Vermittler zwischen Aristokratie und halbseidener Damenwelt. Zur ebenso zahlreichen wie zahlungskräftigen Kundschaft der schönen Jeanne zählte der Herzog von Richelieu, einst einer der erbittertsten Gegner der Pompadour.

Im Jahre 1768 sandte Graf Dubarry seine beste Kokotte ins Schloss von Versailles, in dem auch die Regierungsmitglieder saßen, aus deren Reihen die Damen häufig ihre »Aufträge« erhielten. Es war wohl kein Zufall, dass König Ludwig just in dem Augenblick das Zimmer eines Ministers betrat, als sich dort die 25-jährige Schönheit befand. Der Monarch beauftragte seinen Kammerdiener, augenblicklich Nachforschungen anzustellen, wer die junge Frau gewesen sei, und dieser meldete – nicht gerade zutreffend –, dass es sich um eine »verheiratete Frau von tadellosem Ruf« handelte. Nach seinem ersten Rendezvous mit ihr vertraute der Monarch dem (von ihren Vorzügen ohnehin einschlägig informierten) Herzog von Richelieu an: »Ich bin entzückt von Madame, sie ist die einzige Frau in ganz Frankreich, die mich vergessen lässt, dass ich demnächst sechzig werde.«

Ludwig fühlte sich in ihrer Gesellschaft so jung, dass er sie bald zur Favoritin erwählte, obwohl er inzwischen natürlich von ihrer wahren Profession erfahren hatte. Um bei Hof überhaupt vorgelassen zu werden, benötigte sie freilich einen Ehemann – wenn möglich einen Aristokraten. Da Graf Jean Dubarry – der sonst für alle nur möglichen Geschäfte zur Verfügung stand – bereits verheiratet war, vermittelte er seinen Bruder Guillaume als Gatten für die kleine Jeanne. Jetzt hatte das Kind einen Namen, wenn auch keinen wirklich hoffähigen. Infolge ihres Vorlebens war die Dubarry in Versailles noch größeren Anfeindungen ausgesetzt als irgendeine andere Mätresse zuvor, wobei Marie Antoinette zu ihrer mächtigsten Gegnerin wurde. Die erst 15-jährige Frau des Thronfolgers und späteren Königs Ludwig XVI. weigerte sich, die Geliebte ihres Schwiegergroßvaters auch nur anzusprechen, geschweige denn an der Hoftafel oder bei anderen offiziellen Anlässen mit ihr Konversation zu betreiben. »Wie schade«, schreibt sie im Sommer 1770 an ihre Mutter Maria Theresia nach Wien, »dass der König eine solche Schwäche für Mme. du Barry zu haben scheint, die das dümmste und frechste Geschöpf ist, das man sich vorstellen kann.« Maria Theresia sandte einen strengen Verweis, doch es sollte eineinhalb Jahre dauern, bis die Situation bereinigt war.

*Als die ehemalige Prostituierte im königlichen Schloss Versailles einzog, saß der Schock in der Hofgesellschaft tief: Jeanne Bécu, verehelichte Gräfin Dubarry.*

Endlich beim Neujahrsempfang 1772 blickte Marie Antoinette »ungefähr in die Richtung« der Dubarry und sprach die historisch gewordenen Worte: »Heute sind viele Leute in Versailles, Madame.« Damit war die Mätresse von der Thronfolgerin akzeptiert und der Etikette Genüge getan.

Die Dubarry führte ein noch aufwändigeres Leben als die Pompadour, erhielt vom König Schlösser und riesige Ländereien, wertvollen Schmuck und teure Kleider. Doch obwohl sich in der Bevölkerung zahlreiche Details ihrer Verschwendungssucht herumsprachen, verstand sie es besser als ihre Vorgängerin, die Herzen der Menschen zu gewinnen. Die Dubarry zeigte keine politischen Ambitionen, sie half, wo sie nur konnte und wurde zu einer Anlaufstelle für Arme und vom Schicksal Benachteiligte.

Als der König 1774 starb, wurde die Gräfin Dubarry vom Hof gejagt und für zwei Jahre als Gefangene hinter Klostermauern gesteckt. Danach durfte sie sich auf eines ihrer Güter zurückziehen, und selbst aus dieser Zeit ist noch die eine oder andere stürmische Liebesaffäre der ehemaligen Kurtisane überliefert.

Wie ihre schärfste Widersacherin Marie Antoinette endete auch die Dubarry, knapp fünfzig Jahre alt geworden, auf dem Schafott der Französischen Revolution.

Sowohl Pompadour als auch Dubarry waren wohl besser als ihr Ruf.

# AMOR IN DER HOFBURG

*Seitensprünge im Kaiserhaus*

Während man die Kurtisanen der französischen Könige Mätressen nannte, blieben die Liebschaften der Habsburger im Allgemeinen ganz gewöhnliche Affären. Der Unterschied: Zu einer Mätresse steht man in aller Öffentlichkeit, die »Affäre« bleibt geheim.

Zwar war die Beziehung der Katharina Schratt zu Kaiser Franz Joseph in allen Teilen der Monarchie bekannt, doch wurde sie stets nur als »Seelenfreundin« bezeichnet. Da sie darüber hinaus als – überaus angesehene – Schauspielerin tätig war, täte man ihr wohl unrecht, sie als Mätresse abzutun.

Wie auch immer, Kaiserin Elisabeth war schon nach wenigen Ehejahren ständig auf Reisen, und so hatte Franz Joseph bald bei anderen Frauen Trost gesucht. Weniger bekannt als die Beziehung zur Schratt ist des Kaisers Verhältnis mit Anna Nahowski, der Gattin eines Beamten der k. u. k. Südbahngesellschaft. Der Monarch hatte die erst 15-Jährige 1875 während eines Spaziergangs im öffentlich zugänglichen Kammergarten von Schloss Schönbrunn kennen gelernt und ihr später eine Villa in der Maxingstraße geschenkt, in der er sie vierzehn Jahre lang regelmäßig besuchen sollte. Der Liaison entsprangen, wie wir den Tagebüchern der Anna Nahowski entnehmen können, zwei illegitime Kinder: Helene, die später den Komponisten Alban Berg heiratete, und Franz Josef, ein begabter Maler, der aber infolge einer Nervenkrankheit mehrere Jahre in

Heilanstalten verbringen musste und schließlich Selbstmord beging.

Franz Joseph ist nicht der einzige österreichische Monarch, dessen Seitensprünge bekannt wurden. Kaiser Josef I., der am Beginn des 18. Jahrhunderts regierte, hatte seine ersten Amouren gleich nach der Hochzeit. Die Witwe Catarina di Balbino gilt ebenso als seine Geliebte wie deren Tochter und auch eine Gräfin Marianne Pálffy. Französische Geheimagenten meldeten nach Paris, »dass der Kaiser während der Konferenzen bei Hof Liebesbriefe an seine Mätressen« verfasste.

Nach Josefs Tod übernahm in Wien dessen Bruder Karl VI. die Herrschaft. Seine Favoritin war die Italienerin Mariana Pignatelli, die Michael Graf Althann, des Kaisers bester Freund, »aufheiraten« musste, wie es damals hieß, um sie gesellschaftsfähig zu machen.

Kein Kind von Traurigkeit soll auch Kaiser Josef II. gewesen sein. So wird immer wieder der Verdacht geäußert, dass der Kaufmann Josef Pargfrieder – auf dessen Heldenberg der siegreiche Feldmarschall Radetzky beigesetzt wurde – ein unehelicher Sohn des Kaisers gewesen sei.

Der lebenslustigste aller Habsburger war aber Josefs Bruder und Nachfolger, Leopold II. Namentlich bekannt sind seine Geliebten Lady Anne Cowper, Comtesse Josepha von Erdödy und vor allem die schöne Tänzerin Livia Raimondi, die er noch in seiner Funktion als Großherzog von Toskana getroffen hatte: Studenten pfiffen sie während eines Ballettabends in Pisa aus, worüber sich die Künstlerin bei Leopold beschwerte. Nach der Audienz wurden zarte Bande geknüpft, denen ein Sohn namens Luigi entsprang. Im Jahr, in dem dieser zur Welt kam, gebar ihm auch seine Gemahlin Maria Luise ein Kind – das sechzehnte!

Als Leopold im Jahre 1790 Kaiser wurde, ließ er Livia mit ihrem Sohn nach Wien übersiedeln. Und das, obwohl er hier mittlerweile in der Gräfin Prichovsky eine neue Geliebte gefunden hatte.

Aber auch die meisten anderen Ehen im österreichischen Kaiserhaus waren selten echte Liebesbeziehungen, wurden sie doch sehr oft nur geschlossen, um nach dem Grundsatz »Tu felix Austria nube« Politik zu machen und »ebenbürtige Thronfolger« zu zeugen. Josef II. etwa hatte seine, ihm von seiner Mutter aufgezwungene, zweite Frau Maria Josepha in einem Brief als »kleine und dicke Gestalt ohne jugendlichen Reiz« beschrieben, »die Bläschen und rote Flecken im Gesicht und hässliche Zähne« hatte.

Der Kaiser soll sie nie berührt haben.

# ZWEI HOCHZEITEN, KEIN BRÄUTIGAM

*Warum Napoleon und Schuschnigg
aus der Ferne »Ja« sagten*

Die Braut erschien am 11. März 1810 in der Wiener Augustinerkirche. Doch vom Bräutigam fehlte jede Spur. Die Vermählung war dennoch rechtsgültig. Frankreichs Kaiser Napoleon und Marie Louise, die Tochter des österreichischen Kaisers Franz, wurden ein Ehepaar. Und auch Bundeskanzler Kurt Schuschnigg war nicht dabei, als er »Ja« sagte.

Zum ersten Fall: Napoleon hatte nie aufgehört, seine erste Frau Joséphine zu lieben. Da sie ihm jedoch keinen Thronfolger schenkte, ließ er sich scheiden und sah sich in Europas Fürstenhäusern um eine neue Frau um. Die erste, um deren Hand er sich bemühte, war die Schwester des russischen Zaren Alexander I. Die fünfzehnjährige Großfürstin Anna lehnte das Angebot mit dem Hinweis »Lieber würde ich einen Ofenheizer ehelichen!« nicht besonders höflich ab. Bei der nun folgenden Suche standen die englische Prinzessin Charlotte Augusta und die jüngst geschiedene holländische Königin Hortense zur Wahl.

Da lässt Österreichs Außenminister Klemens Fürst Metternich durch seinen Botschafter ausrichten, dass Kaiser Franz I. der Vater einer heiratsfähigen Tochter sei. Hintergrund dafür, die siebzehnjährige Erzherzogin Marie Louise »in die Schlacht zu werfen«, war, dass Österreich, von den Kriegen gegen Napoleon geschwächt, dringend Entspannung suchte. Und eine schönere Friedensgarantie als die Ehe einer Habsburgerin mit dem Erzfeind Napoleon gab es nicht.

Der Korse stellte sich anfangs strikt gegen die Verbindung. »Eine Österreicherin! Niemals!«, rief er aus. »Das würde nur an Marie Antoinette erinnern.« Doch nach kurzer Überlegung – und einer Intervention, die ausgerechnet von seiner geschiedenen Gemahlin Joséphine kam – wurde ihm klar, dass eine Frau aus Europas ältestem Herrscherhaus seine junge Monarchie stark aufwerten würde.

Metternich hatte in Paris freilich das Angebot unterbreitet, ohne die Braut gefragt zu haben. Von ihr eine Zustimmung zu bekommen, schien wenig wahrscheinlich, hatte Marie Louise doch gleich, als sie von Napoleons »Suche« erfuhr, in einem Brief an ihre Freundin, die Gräfin Colloredo, geschrieben: »Ich bedaure nur die arme Prinzessin, die er wählen wird. Ich werde jedenfalls nicht das Opfer der Politik werden … Napoleon hat zu sehr Angst vor einer Abweisung und viel zu große Lust, uns weiterhin Böses zu tun. Und Papa ist viel zu gut, als dass er mich in einer so wichtigen Sache irgendwie zwänge.«

So »gut« war Papa dann doch nicht. Er schickte Metternich zu seiner geliebten Tochter, die mit einem empörten »Nein« reagierte, was nicht verwunderte, da ihr der Hass auf den »Emporkömmling Bonaparte« geradezu mit der Muttermilch eingeflößt worden war. Dazu kam, dass Marie Louise sich gerade erst in den Erzherzog Franz von Modena-Este verliebt hatte.

Doch es stand zu viel auf dem Spiel, als die Entscheidung einer kleinen Prinzessin zu überlassen. Kaiser Franz und der mit allen Wassern gewaschene Metternich redeten so lang auf die Erzherzogin ein, bis diese einwilligte.

Und so kam es in Wien zur Hochzeit *per procurationem*, bei der Marie Louises Onkel Erzherzog Karl als Vertreter des abwesenden Napoleon »Ja« sagte. Ausgerechnet jener Erzherzog Karl, der dem Korsen auf so vielen blutigen Schlachtfeldern gegenüber gestanden war!

Gleich nach der Trauung reiste die neue Frau des französischen Kaisers (die einander nie zuvor persönlich begegnet waren – man hatte nur Bilder ausgetauscht) nach Paris, um Napoleon zum zweiten Mal zu heiraten.

Was danach geschah, kommt einem Wunder gleich. Der 41-jährige Herrscher und die mittlerweile achtzehnjährige Marie Louise verliebten sich ineinander. »Es schien mir unmöglich«, vertraut sie ihrem Tagebuch an, »dass ein so großer Krieger einer Frau gegenüber so angenehm und unterwürfig sein könnte. So zeigt sich der Kaiser; er bittet mich mit einer Stimme, die sehr lieb klingt, und es ist gut möglich, dass ich ihn bald von Herzen liebe.«

Das tut sie bereits, als sie ein paar Tage später ihrem Vater nach Wien schreibt: »Ich bin fast beständig bei ihm und er liebt mich inniglich, ich bin ihm auch sehr erkenntlich und erwidere herzlich seine Liebe, ich finde, dass er sehr gewinnt, wenn man ihn näher kennt, er hat so etwas Einnehmendes und Zuvorkommendes, dem man unmöglich widerstehen kann. Ich bin überzeugt, dass ich recht zufrieden mit ihm leben werde.«

Der ersehnte Thronfolger kam ein Jahr später als Napoleon II. zur Welt und erhielt den Titel eines Königs von Rom. Doch das gemeinsame Glück währte nur kurze Zeit. Marie Louise ging, als der Kaiser 1814 in die Verbannung nach Elba geschickt wurde, mit ihrem Sohn nach Wien. Sie hat ihren Mann nie wieder gesehen

*Erste Begegnung in der Reisekutsche: Napoleon empfängt seine Frau Marie Louise.*

und heiratete nach Napoleons Tod den Grafen Adam Adalbert Neipperg.

Napoleon II. starb als Herzog von Reichstadt, nur 21 Jahre alt, an Tuberkulose.

Auch Kurt Schuschnigg, der letzte Regierungschef der Ersten Republik, konnte bei seiner eigenen Hochzeit nicht dabei sein. Es war am 1. Juni 1938, als er die Gräfin Vera Fugger ehelichte.

Schuschniggs erste Frau Herma war drei Jahre davor bei einem Autounfall tragisch ums Leben gekommen. Der Chauffeur des Kanzlers sollte das Ehepaar in die Ferien nach St. Gilgen bringen. Als der Fahrer unterwegs einschlief, prallte der Dienstwagen gegen einen Baum. Schuschnigg wurde aus dem Auto geschleudert, kam aber wie sein kleiner Sohn, der Fahrer und ein Kriminalbeamter mit Verletzungen davon. Seine Frau starb.

Ein Jahr später verliebte sich der 39-jährige Witwer in die um sieben Jahre jüngere Vera Fugger. Da sie geschieden war, dachte der streng katholische Regierungschef an einen Rückzug aus der Politik, fasste dann aber den Entschluss, Österreich angesichts der Bedrohung durch die Nationalsozialisten nicht im Stich zu lassen. Er wollte »aus moralisch-politischen Gründen« auf eine Heirat verzichten, so lange er in der Regierung saß. 1937 wurde die Ehe der geborenen Vera Czernin mit dem Grafen Fugger jedoch kirchlich annulliert, da sie angeblich »nicht vollzogen« worden war.

Am 12. März 1938 – wenige Stunden nach seiner historischer Rede, die mit den Worten »Gott schütze Österreich« geendet hatte – wurde Schuschnigg von den Nationalsozialisten unter Hausarrest gestellt. Den 1. Juni verbrachte er im Gestapohauptquartier am Wiener Morzinplatz. Und doch konnte an diesem Tag in der Dominikanerkirche die Trauung stattfinden. Anwesend waren Vera Fugger sowie Artur Schuschnigg, der seinen Bruder Kurt vertrat und für ihn »Ja« sagte.

Es gab sogar eine Art Happyend: So lange der Exkanzler in Wien saß, durfte ihn seine Frau nur einmal pro Woche für jeweils zehn Minuten – und unter Aufsicht eines Wachebeamten – besuchen. Nach seiner Überstellung in eine Münchner Haftanstalt konnte sich Vera Schuschnigg täglich mehrere Stunden ohne Kontrolle bei ihrem um 25 Kilo abgemagerten Mann aufhalten.

Diese Vergünstigung blieb nicht ohne Folgen: Am 26. März 1941 brachte Frau Schuschnigg ihre Tochter Maria Dolores zur Welt. Dem Vater wurde nun im Konzentrationslager Sachsenhausen bei Berlin eine Holzhütte zugewiesen, in der er mit Frau und Kind leben durfte. Im Mai 1945 wurde die Familie von US-Truppen aus dem KZ Dachau befreit.

Nach mehreren Jahren in Amerika, wo Vera Schuschnigg 1959 starb, siedelte sich der Exkanzler in der Nähe von Innsbruck an. Er überlebte seine zweite Frau um 18 Jahre.

# DIE GESCHICHTE EINER
## GROSSEN LIEBE

*Karl Farkas und Valerie von Martens*

Er ist uns als Herr in seinen reifen Jahren in Erinnerung, der Österreich wie kein anderer zum Lachen bringen konnte. Mehr als dreißig Jahre nach seinem Tod ist ein interessantes Zeugnis aus seiner Jugend aufgetaucht. Die Nationalbibliothek entdeckte die Liebesbriefe des Kabarettisten Karl Farkas an die Schauspielerin Valerie von Martens. Sie verraten nicht nur viel über Farkas, sondern auch über die Zeit, in der sie geschrieben wurden.

»Fühlst Du, wie ich Dich in Gedanken streichle und liebkose, Dein duftiges Lockenhaar, Deinen süßen Leib?«, schreibt Farkas am Beginn der Beziehung im Sommer 1914. Und damit in einer Zeit, die schlimmer nicht hätte sein können. Denn kaum hatten die beiden einander gefunden, brach der Erste Weltkrieg aus, der den 21-jährigen Schauspielschulabsolventen zu den Waffen rief. Noch ist er optimistisch, wie ein Gedicht an Valerie zeigt:

> *Wenn sich der Krieg jetzt nicht kompliziert*
> *(Ich habe darüber gesprochen),*
> *Dann kann die Geschichte erledigt sein,*
> *So circa in 6 bis 8 Wochen.*

Niemand ahnte, dass aus Wochen Jahre werden würden. Vier Jahre, die die Liebenden auf eine harte Probe stellten. Immer wieder hat er

»ein solch glühendes Verlangen, dass ich mein Leben dafür gäbe, könnte ich nur einen Augenblick bei Dir verbringen«.

Die kriegsbedingte Trennung macht die Briefe von Karl Farkas zu einem Dokument, das auf dramatische Weise aufzeigt, wie sehr die Weltgeschichte in das Schicksal jedes Einzelnen eingreift.

Alles, was ihn aufrecht hielt, war die Liebe zu Valerie. Farkas schrieb der Freundin fast jeden Tag – egal, wo er gerade stationiert war – manchmal sogar mehrmals täglich! Bekam er nur zwei Tage keine Antwort, überfiel ihn rasende Eifersucht: »Mein liebes Spitzi! Weder gestern noch heute habe ich Nachricht von Dir. Ich fürchte, dass sich jemand Deiner bemächtigen könnte, da ich viel zu weit entfernt bin, um es zu verhüten. Ich kenne ja dieses masculine Gesindel zur Genüge … Aber es wär ja kein Wunder, denn Du bist das Bezauberndste, was ich je kennen lernte. Bitte, vernachlässige mich nicht, ich kann ja nichts dafür, dass ich in den Krieg muss.«

Während Farkas 1915 als Kadettaspirant des 4. Honved-Infanterieregiments um die Festung Przemysl kämpft, beginnt Valeries Schauspielkarriere. Karl rät ihr, ein Angebot des Theaters in der Josefstadt anzunehmen, während sie eher zur Operette tendiert, wo ihr ein ganz Großer hilfreich sein möchte: »Es ist reizend, dass sich Lehár so sehr mit Dir befasst, er kann Dir sicher von Nutzen sein«, meint Farkas. »Jedoch, er ist ein Mann, und ich bin immer schrecklich eifersüchtig, wenn sich ein Mann mit Dir beschäftigt.«

Tatsächlich sollte der k. u. k. Armee die Rückeroberung Przemysls gelingen, doch um den Preis Tausender Toter. »Soldaten kommen und gehen. Kranke, Sieche, viele für immer zugrunde gerichtet«, schreibt Farkas, ehe er selbst verwundet im Wiener Vereinsspital 7 landet. Doch die Hoffnung, seiner in der Mariahilfer Theobaldgasse wohnenden Valerie dadurch nahe zu kommen, zerschlägt sich, da sie ausgerechnet jetzt mit ihrer Mutter in Karlsbad weilt. Als sie zurückkehrt, liegt er schon wieder im Schützengraben, diesmal am Isonzo.

»Man sagt, es gäbe vier Jahreszeiten«, schwärmt er, »das kann möglich sein. Für mich aber gibt es nur zwei: Einen herrlichen Frühling – die Zeit, wo ich bei Dir bin. Und einen ewigen, eisigen Winter, wenn Du fern bist, Geliebte!«

Die andere große Sorge galt seiner beruflichen Zukunft. Farkas hatte schon als Gymnasiast Theaterstücke verfasst, doch jetzt wusste er nicht, wie es weitergehen sollte: »Die schriftstellerische Technik habe ich schon eingebüßt. Ich werde, falls ich den Krieg überlebe, wieder wahnsinnig daran feilen müssen. Wenn Du eine gute Komödie kennst, so schicke sie mir. Ich verlerne sonst alles …«

Je länger der Krieg dauert, desto weniger glaubt er an seine Heimkehr. »Mein letzter Wunsch an Dich: Werde eine Künstlerin von Weltruf und vergiss nicht ganz Deinen Dich liebenden K.«

Aus Karls Briefen (von Valeries Antworten fehlt jede Spur) geht hervor, dass es – so lange der Krieg dauerte – fast keine Möglichkeit gab, einander zu sehen. Und als er dann endlich vorbei war, schlitterte die Beziehung, wohl auch als Folge der langen Trennung, in eine Krise. Er arbeitete jetzt als Schauspieler in Linz und Olmütz, sie in Prag und Wien.

Die neunhundert Briefe und Feldpostkarten des Karl Farkas an Valerie von Martens fanden sich im Nachlass der 1986 verstorbenen Schauspielerin und wurden im Jahre 2003 von ihrem Wiener Rechtsanwalt an das Literaturarchiv der Österreichischen Nationalbibliothek verkauft. Dessen Leiter Volker Kaukoreit bezeichnete die Korrespondenz als »wertvolle Neuerwerbung, gerade weil sie den privaten und damals noch ganz jungen Karl Farkas so zeigt, wie man ihn bisher nicht kannte«.

»Du hast mir sehr weh getan, das ist viel ärger als alle Kriegsjahre es waren«, schreibt Farkas, als Valerie 1919 gesteht, sich in Prag in einen anderen Mann verliebt zu haben. Zwei Jahre später folgt das endgültige Aus: »Die besten Wünsche für immer. Vielleicht erinnerst Du Dich doch wieder meiner, Karl.«

Das sind die letzten Worte einer mehrere tausend Seiten umfassenden Korrespondenz. Valerie lernte 1923 in Wien den Schriftsteller und Schauspieler Curt Goetz kennen, den sie im selben Jahr heiratete. Fast gleichzeitig fand auch Karl Farkas mit seiner jungen Kollegin Anny Han die Frau fürs Leben.

Und doch blieb Valerie für ihn »eine unersetzliche, eine unvergessliche Frau«.

# DER GRAF UND DAS WÄSCHERMÄDEL

*Vom Entstehen einer pikanten Legende*

Sie waren die Vorgängerinnen der süßen Mädeln. Die Wäschermädchen gehörten zum Stadtbild wie die Fiaker, Dienstmänner und die Straßenmusikanten. Um keine andere Volkstype ranken sich so viele Legenden wie um sie. Operetten und Couplets erinnern an die üppigen, bildhübschen jungen Frauen in ihren blitzsauberen Kitteln, verehrt und geliebt von Grafen und Baronen. Kaum ein Berufsstand wird jedoch so verklärt dargestellt wie dieser. Denn während die Schrammeln am Wäschermädelball aufspielten, rackerten die »Waschweiber« – wie sie in Wahrheit meist genannt wurden – in ihren finsteren, feuchten Kellern. Und das bei Tag und Nacht. Wie aber kamen sie zu ihrem Ruf und wie lebten sie wirklich?

»Um sechs Uhr früh hab ich mit der Wäsch begonnen, und gearbeitet hab ich oft bis tief in die Nacht hinein.« Therese Kaukal hat praktisch ihr ganzes Leben lang gewaschen. Schon als Kind – ihre Mutter starb, als sie zwei Jahre alt war – erledigte sie die Wäsche einer Großfamilie, später war sie »in Bedienung«, und ein halbes Jahrhundert lang hat sie dann in einem gemieteten Kellerlokal nahe der Landstraße gewaschen, gestärkt und gebügelt.

Therese Kaukal dürfte wohl die letzte Wäscherin vom alten Schlag gewesen sein, und sie war 87, als sie mir die bittere Wahrheit erzählte. So aber liest sich, ganz im Gegensatz dazu, eine zeitgenössische Darstellung ihres Berufsstands: »In jedem Wäschermädel steckt eine Balletttänzerin. Jeder Zoll des Körpers tanzt, und in welch eigenartig beschwingtem Rhythmus: Polka, Walzer, Schottisch, Quadrille, auf Festen, die von vornehmen Herren aufgesucht werden …« Solche Überlieferungen sind es, denen wir das drastisch verfälschte Bild des Wäschermädels verdanken.

»In meinem ganzen Leben war ich kein einziges Mal auf so einem Wäschermädelball«, erzählte Therese Kaukal, »ich hätt ja gar keine Zeit dafür gehabt. Abgesehen davon, waren wir am Abend todmüde von der Arbeit.«

Auf den beliebten Faschingsfesten der Wäscherinnen, meist in den Gasthaussälen der Vorstädte Lerchenfeld und Alsergrund veranstaltet, ging's zwar tatsächlich überaus heiter und beschwingt zu, aber nur die wenigsten Besucherinnen wuschen tagsüber. In Wahrheit waren es eher Maskenbälle, auf denen Bürgersfrauen (die sich als Wäschermädeln verkleidet hatten) lachten, tanzten, kosten und küssten.

Sie selbst, die echten Wäschermädeln nämlich, hausten in elenden Hütten nahe des Wienflusses und des Alserbaches, denn an diesen Gewässern fanden sie, was in dem oft zitierten Zungenbrecher gesucht wurde: »Wir Wiener Wäschermädeln wollen weiße Wäsche waschen, wenn wir wüssten, wo weiches Wasser wär.«

Die Ursprünge des Berufsstandes führen uns an den Beginn des 18. Jahrhunderts, als das Kleinbürgertum die Mode für sich zu entdecken begann. Während adelige und großbürgerliche Häuser über genügend Personal verfügten, um stets mit gestärkten Röcken und gebleichten Krägen zu imponieren, legten jetzt auch die »kleinen Leut« – selbst unter erheblichen materiellen Opfern – Wert auf schöne Wäsche. Man musste sie aber »außer Haus« geben.

Das verband das Proletariat übrigens mit dem kaiserlichen Hof. Dieser beschäftigte mehrere der im Volksmund auch »Lader-Nymphen« genannten Wäscherinnen. Den Familien Hauser, Wermuth und Hofmann war über Jahrhunderte die Pflege der Allerhöchsten Bett- und Unterwäsche anvertraut. Diese Tradition endete erst 1866, mit dem Ausbruch der Cholera in Wien, in deren Folge in Schönbrunn ein eigenes Hofwaschhaus gegründet wurde.

Samstags lieferten hunderte Wäschermädeln, sauber, adrett und manchmal auch kokett gekleidet, in allen Bezirken Wiens die Wäsche aus und zogen die Blicke der Männer auf sich. Diese auffallenden Touren trugen ebenso zu ihrem fröhlichen Ruf bei wie ihr für die damalige Zeit sehr freizügiges Verhalten. Denn im Gegensatz zu den Fabrikarbeiterinnen, die noch im 19. Jahrhundert während der Arbeitszeit mit striktem Sprechverbot belegt waren, »ratschten« die in großen Gruppen am Fluss waschenden Mädchen in einem fort miteinander.

Aus dem Tratsch entstand Gesang, und weil sie trotz der harten Arbeit gut gelaunt zu bleiben versuchten, dichtete man niemandem lieber amouröse Affären an als den Wäschermädeln. Einige tatsächliche Liebschaften, die sich in Wien natürlich über Nacht herumsprachen, verstärkten diesen Ruf. Berühmt wurde das Verhältnis des jungen Grafen Arnstein, der angeblich entschlossen war, »eine Wäscherin zum Traualtar zu führen« – wenn dies seine Eltern nicht zu verhindern gewusst hätten – ebenso wie die Beziehung der schönen »Sommerer-Wettl« zum Grafen Sándor Metternich.

Jedenfalls war, was etwa bei den Dienstmädchen bereits als anrüchig galt, den Wäschermädeln allemal erlaubt. Selbst die Flirts beim Wäscheausliefern in den Kasernen wurden nachsichtig belächelt, die obligaten Plaudereien mit Soldaten und Wachleuten auf der Straße, der Besuch von Wirtshäusern, kurz alles, was für andere Gruppen von Frauen längst als unschicklich galt, konnte dem liebenswerten Image der Wäscherinnen keinerlei Abbruch tun.

In krassem Gegensatz zu ihrem Ruf stand der graue Alltag: Aufgrund schlechtester Entlohnung zählten die »Waschweiber« zu den Ärmsten der Armen von Wien. Sie arbeiteten oft sechzehn Stunden am Tag, und diese Arbeit war viel härter, als man sich das im Zeitalter von Waschmaschine und Weichspüler vorstellen kann. »Aus Asche haben wir Lauge erzeugt«, erinnerte sich Therese Kaukal an ihre Jugend, »denn Waschmittel hat es natürlich keines gegeben.« Das Wasser musste auf dem Kohleofen gekocht und der schwere Trog quer durchs Haus in die Waschküche geschleppt werden. Auch nach Jahrzehnten sah man die Spuren der Schwerstarbeit mit Rumpel und Bürste noch an den Händen des einstigen »Wäschermädels«.

Die »Original-Wäschermädel«, die an den Flüssen wuschen, sind längst ausgestorben. Dampfwäschereien und chemische Putzereien haben sie verdrängt. Geblieben ist nur ihr Ruf. Der so gut wie nichts mit der Wahrheit zu tun hat.

# Neues von Päpsten und Kardinälen

# Unser Mann im Vatikan

*Österreichische Päpste*

Sie lebten in Böhmen und Mähren, in Istrien und Venetien, in der Herzegowina und in Galizien – mehr als 50 Millionen Menschen konnten in der Monarchie als Österreicher bezeichnet werden. Einer von ihnen hieß Karl Wojtyla. Er ist der Vater des Papstes und war noch für Kaiser Franz Joseph in den Krieg gezogen. Der polnische Papst ist Sohn eines Österreichers, seine Heimatstadt Wadowitz bei Krakau war bis 1918 österreichisch. Und Johannes Paul II. ist nicht der erste »Österreicher« auf Gottes Thron. Insgesamt stellten wir bereits vier Päpste.

Pius X. war »unser erster Mann« im Vatikan. Als Giuseppe Sarto – am 2. Juni 1835 in der österreichischen Region Venetien zur Welt gekommen – wurde er 1903 zum Papst gewählt. Zu diesem Zeitpunkt war er freilich kein Österreicher mehr, denn gerade als Giuseppe zum jungen Kaplan ernannt wurde, musste die Monarchie Venetien an das Königreich Italien abtreten.

Immerhin war es einer österreichischen Intervention zuzuschreiben, dass Giuseppe Sarto Papst wurde. Und das kam so: Nach dem Tod des 93-jährigen Leo XIII. hatten sich die einflussreichsten Kardinäle Italiens, Frankreichs und Spaniens im Konklave für einen anderen Kandidaten, den Kardinalstaatssekretär Mariano Rampolla, stark gemacht. Doch gegen diesen sprach Österreichs Kardinal in Krakau sein Veto aus. Und er berief sich dabei ganz offiziell auf Kaiser Franz Joseph, der gegen Rampolla war, weil dieser nicht die öster-

286

reichischen Interessen in der Balkanfrage vertrat. Die Folge war nicht nur die Wahl des gebürtigen Österreichers Giuseppe Sarto, sondern auch eine Welle scharfer Proteste gegen die »österreichische Einmischungspolitik« in Fragen des Vatikans.

Obwohl Pius X. gerade diesem Umstand sein hohes Amt zu verdanken hatte, machte er es sich zur Aufgabe, ähnliche Kirchenskandale für alle Zeiten zu verhindern: Unter Androhung der Exkommunikation verbot er für künftige Papstwahlen jede Einmischung staatlicher Stellen.

Besagter Pius X. wird als eindrucksvolle Persönlichkeit beschrieben, seine letzte »Amtshandlung« als Papst war ein Aufruf an alle Völker, für den Frieden zu beten. »Ich würde gerne mein Leben opfern, wenn ich dadurch den Frieden Europas erkaufen könnte«, sagte er am 2. August 1914, wenige Tage nach Ausbruch des Ersten Weltkriegs. Drei Wochen später war er tot, aber der Friede lag in weiter Ferne.

Österreich war bereits Republik, als Kardinal Achille Ratti am 6. Februar 1922 Papst wurde. Seinem »österreichischen« Vorgänger zu Ehren nannte er sich Pius XI. Er stammte aus Desio bei Monza in der Lombardei, die 1857 – im Jahr seiner Geburt – gerade noch zu Österreich gehörte. Man warf Pius XI. vor, sich mit Hitler »arrangiert« zu haben, tatsächlich hatte er im Dezember 1933 ein Konkordat mit dem Dritten Reich abgeschlossen, doch später wies er in seiner Enzyklika *Mit brennender Sorge* die willkürlichen Verstöße der Nazis gegen den Kirchenvertrag zurück. Er richtete mehrere Schreiben an Hitler, aber alle Versuche, den »Führer« zur Einhaltung des Konkordats zu bewegen, scheiterten. Auch seine letzte Stunde schlug zum Auftakt eines Weltkriegs – Pius XI. starb am 10. Februar 1939.

Als einer der populärsten Päpste aller Zeiten ging Johannes XXIII. in die Geschichte ein. Angelo Roncalli kam am 25. November 1881 im Bergdorf Sotto il Monte in der Provinz Bergamo als eines von 13 Kindern einer armen Bauernfamilie zur Welt – Vater und Mutter waren noch Österreicher gewesen. Anhand seiner Biografie lässt sich einmal mehr der Irrwitz der Weltpolitik erkennen, denn als der spätere Papst während des Ersten Weltkriegs von der italienischen Armee als Sanitätssoldat und Militärpfarrer eingezogen wurde, da standen die Österreicher auf der anderen Seite – die Landsleute seiner Eltern waren plötzlich zu Feinden geworden.

Als Angelo Roncalli 1958 zum Heiligen Vater gewählt wurde, sah man ihn aufgrund seines Alters von 77 Jahren lediglich als »Übergangspapst« an. Doch gerade in den fünf Jahren seines Pontifikats wurden der Kirche – vor allem durch das Zweite Vatikanische Konzil – neue und wichtige Wege für die Zukunft geöffnet.

Es wäre übertrieben, die aus der ehemaligen Donaumonarchie stammenden Päpste als »waschechte Österreicher« zu bezeichnen, viel mehr ist ein Wort Leo Slezaks geeignet, deren Herkunft zu definieren, stellt der weltberühmte Tenor doch am Beginn seiner Memoiren fest: »Wie jeder echte Wiener bin ich in Brünn geboren.«

»Unsere Päpste« kamen – frei nach Slezak – wie so viele echte Österreicher in Venetien, der Lombardei, in Bergamo und in Polen zur Welt.

# ÜBERFALL AUF DEN KARDINAL

*Der Sturm des Erzbischöflichen Palais*

Wien, am 8. Oktober 1938. Rund hundert Jugendliche stimmen vor dem Sitz des Wiener Erzbischofs Nazilieder an und rufen »Unser Glaube ist Deutschland« und »Innitzer nach Dachau«. Steine werden gegen die Fenster des dreihundert Jahre alten Palais geschleudert, Angehörige der Hitlerjugend und der SA sprengen das mächtige Eingangstor in der Wollzeile. Schreiend und polternd stürmen sie durch den Hof über die Hauptstiege und dringen in die Amtsräume des Kardinals ein. Unterwegs zertrümmern sie, was ihnen in den Weg kommt.

Theodor Innitzer kann von seinen Sekretären gerade noch ins Matrikelarchiv in Sicherheit gebracht werden, geistliche Schwestern verstecken sich angsterfüllt am Dachboden des ehrwürdigen Palais.

Doch dem jugendlichen Terrorkommando genügt die Verwüstung der Kunstwerke und die Schändung von Kruzifixen und anderen geweihten Gegenständen nicht. Im zweiten Stock begegnen die Rowdys dem Domkuraten Krawarik, den sie kurzerhand aus dem Fenster werfen. Schwer verletzt bleibt der Priester auf dem Stephansplatz liegen und muss danach für ein halbes Jahr ins Spital.

Noch ehe es den Gewalttätern gelungen war, das Palais zu stürmen, hatte Kardinal Innitzer unter der Telefonnummer A-i-22 das Überfallkommando der Schutzpolizei verständigt. Doch Polizeipräsident Otto Steinhäusl – selbst führender NSDAP-Mann und vier Jahre zuvor einer der Dollfuß-Attentäter – ließ die Jugendbande

289

unbehelligt in das Haus eindringen und beobachtete die brutale Szene vom gegenüberliegenden *Café de l'Europe*. Erst nach einer Stunde gab er seinen Leuten den Auftrag, einzuschreiten: Die Terroraktion gegen die katholische Kirche war von den Behörden des »Deutschen Reichs« gebilligt, ja sogar unterstützt worden. Keiner der Täter wurde verhaftet oder angezeigt.

Wie war es zu dem Überfall gekommen?

Kardinal Innitzer hatte tags zuvor im Stephansdom vor siebentausend Jugendlichen eine Ansprache gehalten, in der er die nationalsozialistischen Machthaber attackierte. Um den Einfluss der Religion auf die Jugend auszuschalten, hatten sie Klosterschulen gesperrt, kirchliche Feiertage aufgehoben, Stifte und Klöster enteignet, die Caritas aufgelöst und immer wieder Predigten gestört. »Man hat uns alles genommen«, sagte der Kardinal vor den versammelten Burschen und Mädchen im Dom, »nur eines kann man euch nicht nehmen: euren Glauben.«

Nach dieser Veranstaltung riefen die Gläubigen vor dem Erzbischöflichen Palais lauthals »Wir wollen unseren Bischof sehen!«, was die Nazis als Affront betrachteten, da man mit dem Worten »Wir wollen unseren Führer sehen!« Adolf Hitler auf Balkons und Tribünen zu rufen pflegte.

Die Ereignisse auf dem Stephansplatz gelten als erste Massendemonstration gegen Hitler, die Stürmung des Erzbischöflichen Palais am nächsten Tag war als Racheaktion geplant worden.

Heute stellt sich die Frage, wo Kardinal Innitzer in der Geschichte Österreichs einzuordnen ist. Hatte er doch einerseits im März 1938 den »Anschluss« begrüßt und einem Begleitschreiben zu der Empfehlung an die österreichischen Bischöfe, bei der Volksabstimmung mit »Ja« zu votieren, sogar handschriftlich die Worte »Heil

Hitler!« beigefügt. Andererseits übte er bei der Andacht im Stephansdom und bei anderen Gelegenheiten heftige Kritik an der Kirchenpolitik der Nationalsozialisten. Und mit einer »Hilfsstelle für nichtarische Christen«, die er im Erzbischöflichen Palais eingerichtet hatte, ermöglichte er Verfolgten die Ausreise.

Historiker sind der Ansicht, Innitzer sei für den »Anschluss« eingetreten, nachdem ihm von Hitler ein »neuer Frühling« zwischen Kirche und Staat versprochen worden war. Es wäre aber – genau wie bei Karl Renner, der ebenfalls für den »Anschluss« gestimmt hatte – falsch, ihn als nazifreundlich zu bezeichnen.

Bei der polizeilichen Einvernahme nach dem Überfall auf sein Palais gab Innitzer an, er hätte seine Amtsräume »in grauenhafter Verwüstung angetroffen«. Wertvolle Bilder waren devastiert, Gegenstände aus dem Besitz des Kardinals geraubt worden. Laut Innitzers Polizeiprotokoll fehlten unter anderem seine Talare, eine violette Stola, das Bischofskreuz, Bargeld sowie der ihm vom Papst überreichte Bischofsring. Mehr als 1200 Fensterscheiben des Palais waren bei dem Anschlag zertrümmert worden.

Der damalige Sekretär Innitzers und spätere Weihbischof Jakob Weinbacher berichtete laut Protokoll: »Im weiteren Verlauf des Vormittags fand dann die Einvernahme aller Hauspersonen und der mit den Ereignissen vertrauten Domkuraten statt. Mittags langte die Nachricht ein, der Nuntius sei in Wien angekommen. Um 1/2 3 Uhr fuhr Eminenz zu ihm; er war noch gar nicht informiert und nur zufällig wegen einer anderen Sache nach Wien gekommen. Als Eminenz ihm gegenüber trat und sagte: ›Sie sehen mich ohne Brustkreuz und Solitär, ich bin ausgeraubt‹, wollte es dem Nuntius zunächst wie ein Witz erscheinen … Auch am Sonntag zog HJ mit Gesang und Trommelschlag vorbei und schrie wieder: ›Innitzer nach Dachau!‹«

Drei Tage nach dem Überfall hielt Gauleiter Bürckel in alkoholisiertem Zustand auf dem Heldenplatz eine wüste Drohrede gegen den Kardinal, nach der es an verschiedenen Orten der Innenstadt zu antiklerikalen Demonstrationen kam. Aufgehetzt durch die neuen Machthaber, verließen in den ersten vier Jahren der nationalsozialistischen Herrschaft rund 3000 Katholiken die Kirche. Bis Kriegsende saßen 724 österreichische Priester in Kerkerhaft, davon starben sieben. 116 Priester darbten in Konzentrationslagern, von denen zwanzig ums Leben kamen. Fünfzehn Priester wurden zum Tode verurteilt und hingerichtet.

## »ES IST GANZ PRAKTISCH, EIN BISCHOF ZU SEIN«

*Begegnungen mit Kardinal König*

Ich war darauf gefasst, einem kranken und sehr, sehr alten Menschen zu begegnen. Immerhin hatte Kardinal König nach einem Sturz in Mariazell einen Oberschenkelhalsbruch erlitten, und das war für einen Mann seines Alters alles andere als eine Kleinigkeit. Doch dann kam er mir entgegen, aufrecht und mit forschem Schritt. »Seit einer Woche geh ich ohne Stock«, lachte er, als er mich vor Weihnachten des Jahres 2003 zum Interview empfing. Es war das erste nach seiner schweren Operation. Und das letzte, das ich mit ihm führen durfte. Franz Kardinal König war 98 Jahre alt.

Die Bekanntschaft mit dem eindrucksvollen Kirchenfürsten begann viel früher, ich hatte ihn in den siebziger und achtziger Jahren mehrmals getroffen und ein ausführliches Gespräch mit ihm geführt, als er 83 war. Der Kardinal gewährte mir damals den einen oder anderen Einblick in die geheimnisvolle Welt des Konklaves, erzählte von Päpsten und dem Alltag im Vatikan. Vor allem aber sah er zurück auf sein persönliches Leben, das am 3. August 1905 in Rabenstein an der Pielach begann. Der Bauernsohn erzählte von seiner ersten Zigarre, nach der er nie wieder eine in die Hand nahm, »weil mir schrecklich schlecht geworden war«. Er erzählte vom frühen Tod des Vaters und von seinem Stiefvater, »der Kaiser hieß, wodurch wir zu dem schönen Doppelnamen König und Kaiser kamen«.

Der Stiefvater wurde zur prägenden Figur. »Er war ein fleißiger, aber etwas jähzorniger Mann, zu dem ich – und ich glaube auch meine Geschwister – überhaupt keinen Kontakt hatte. Ich kann mich nicht erinnern, dass er unsere Leistungen jemals mit einem Ausdruck der Zufriedenheit zur Kenntnis genommen hätte. Wenn ich ihm, auf Wunsch der Mutter, meine Schulzeugnisse gezeigt habe, in denen immer nur gute Noten standen, hat er sie angesehen und sie mir wortlos wieder zurückgereicht. Unsere Mutter hat offensichtlich darunter gelitten, doch sie konnte uns auch nicht sehr viel helfen, aber man konnte sich gelegentlich mit ihr ein wenig aussprechen.«

Herr Kaiser, der sich politisch betätigte, war eine Zeit lang Bürgermeister von Rabenstein und sogar Mitglied des Niederösterreichischen Landtags. Später munkelte man, die christlichsoziale Herkunft des ungeliebten Stiefvaters hätte dazu geführt, dass Franz König zum »roten Kardinal« wurde und Sympathien für die Sozialdemokraten und den Gewerkschaftsbund zeigte.

In höchste kirchliche Ämter gewählt, war Franz König »der Kontakt mit den kleinen Pfarrern und dem Kirchenvolk viel wichtiger als der äußere Prunk«. Und wenn er das sagte, dann glaubte man ihm das auch. Ich selbst kann von zwei Episoden berichten, die seine Volksverbundenheit und Bescheidenheit bestätigen. Vor etlichen Jahren fuhr ich mit ihm in der U-Bahn und beobachtete, wie er mit den Fahrgästen sprach. Das war kein Bischof, der sich herabließ, sondern ein gütiger alter Herr, der an seinen Mitmenschen ehrliches Interesse zeigte. Ein andermal sagte ein Taxifahrer zu ihm: »Na, des wird ma mei Frau net glauben, dass i Ihna heut g'führt hab, Herr Kardinal.«

»No, dann geben S' mir einen Zettel, damit ich's Ihnen bestätige.« Und schon schrieb Kardinal König ein paar Zeilen an die Frau des Taxifahrers.

Als der damalige Bischofskoadjutor von St. Pölten nach dem Tod Kardinal Innitzers im Jahre 1957 überraschend zum Erzbischof von Wien ernannt wurde, musste er einen Posten antreten, den er nicht angestrebt hatte, mehr noch: »Wie der Nuntius zu mir gesagt hat, ich soll als Bischof nach Wien gehen, hab ich abgelehnt, hab auf gut Deutsch gesagt: ›Nehmt's euch an Besseren, ich betrachte die Aufgabe als zu schwierig.‹« Dann freilich erfolgte der Auftrag des Papstes, gegen den es keinen Widerspruch gab.

»Herr Kardinal«, fragte ich ihn, »man spricht davon, dass Sie bei der Papstwahl 1978 einer der aussichtsreichsten Kandidaten für den Heiligen Stuhl waren und dass viele Ihrer Kollegen wollten, dass Sie Papst werden.«

König sagte nicht ja und nicht nein, er ließ alles offen: »Jeder Kardinal ist Papstkandidat.« Und fügte dann noch an: »Sie wissen ja, dass ich von den Vorgängen im Konklave nicht reden darf. Ich kann mir aber schwer vorstellen, dass ich's angenommen hätte.«

Dennoch ging er dann geduldig auf ein paar Details ein, die jedenfalls die Atmosphäre schildern, die im Konklave herrscht. Immerhin war Kardinal König an drei Papstwahlen beteiligt und hatte einiges zu erzählen:

»Weil das geheim ist, vermuten die Leute immer ungeheure Dinge dahinter. In Wirklichkeit geht's da recht simpel zu. Die Büros im Vatikan werden ausgeräumt, jedem Teilnehmer wird ein Bett hingestellt, man ist zivil gekleidet, sitzt gemeinsam bei Tisch, redet miteinander. Vor Beginn des letzten Konklaves mussten wir als erstes darüber entscheiden, ob der Leichnam des Papstes obduziert werden soll, nachdem ja kolportiert wurde, Johannes Paul I. sei vergiftet worden. Wir haben uns in einer demokratischen Abstimmung dagegen ausgesprochen, weil nach so einer Obduktion die Gerüchte nur noch schlimmer würden.«

Ob das im Sinne der Wahrheitsfindung kein Fehler war, wollte ich wissen. Und Kardinal König stellte einmal mehr unter Beweis, dass er alles andere als rechthaberisch war: »Intern war der Sachverhalt klar, dass der Papst an Herzversagen starb. Aber sicher kann man geteilter Meinung sein, ob wir da richtig entschieden haben.«

Dass König bei diesem Konklave den Krakauer Erzbischof Karol Wojtyla favorisierte, steht außer Zweifel, in unserem Gespräch ging er aber noch etwas weiter: »Der Kardinal Wyszynski aus Warschau hat mich nach dem Tod von Johannes Paul I. gefragt, ob ich einen Kandidaten sehe. Da hab ich zu ihm gesagt: ›Vielleicht hätten die Polen einen.‹

Darauf sagte Wyszynski: ›Was, Sie glauben ich soll Papst werden, das wäre ja der größte Triumph für die Kommunisten, die wollen mich doch schon die längste Zeit weghaben. Das kommt nicht in Frage!‹«

Lächelnd gestand Kardinal König, dass er damals, noch ehe das Konklave begonnen hatte, nicht Kardinal Wyszynski, sondern Karol Wojtyla im Auge hatte. Der Ausdruck »Papstmacher« trifft – auch wenn er ihn nicht besonders gerne hörte – durchaus auf ihn zu.

Franz König hat vier Heilige Väter aus nächster Nähe gekannt. Johannes XXIII., dem Papst, der ihn 1958 zum Kardinal ernannte, stand er besonders nahe. »Das von ihm einberufene Zweite Vatikanische Konzil war das größte Ereignis meines Lebens.«

Nach Johannes' Tod im Jahre 1963 musste König zum ersten Mal ins Konklave. »Dort hat der damalige Erzbischof von Mailand zu mir

gesagt: ›Es wäre schrecklich, wenn dieses Amt auf mich zukäme‹« –
und gerade er wurde als Paul VI. der nächste Papst. »Ein Mann«,
erinnerte sich König, »den ich sehr geschätzt habe, ein intellektuel-
ler, demütiger Mensch, der überall das Für und Wider gesehen und
darunter gelitten hat.«

»Und der jetzige Papst?«

»Ach ja«, lächelte der Kardinal, »wie sich ein Mensch im Lauf der
Zeit so verändert. Ich erinnere mich, wie ich ihn Anfang der sechziger Jahre zum ersten Mal getroffen habe. Ich wusste vorerst gar
nicht, dass er damals seit kurzem Weihbischof von Krakau war. Als
ich Karol Wojtyla an der polnischen Grenze gegenüberstand, hab
ich mir gedacht, mein Gott, da steht so ein schüchterner Kaplan, der
sich nicht traut, zu den anderen nach vorn zu kommen. No ja, also
davon kann beim Papst heute keine Rede mehr sein.«

Wann immer Franz König den Vatikanstaat besuchte, wurde
er mit allem Pomp, der ihm als Kardinal zustand, empfangen.
»Erscheint Ihnen all der Prunk noch zeitgemäß?«, fragte ich
ihn.

»Sicher könnte man sagen, zieht's euch alle an wie die Hippies«,
antwortete er einmal mehr in seiner unkonventionellen Art. »Aber
die Kirche braucht eine gewisse äußere Form. Das wurde ja ohnehin
schon reduziert. In meiner Jugend wurde der Papst noch in den Vatikan getragen, heute spaziert auch er zu Fuß hinein. Es gibt nach wie
vor gewisse Kleidungsvorschriften, aber das erscheint mir unwesentlich, denn wenn der Papst seinen weißen Talar auszieht und
bergsteigen geht, dann ist er ein Mensch wie jeder andere. Gegen
Prunkexzesse bin ich auch, ich glaube ein Mittelweg ist das richtige
und hoffe, dass sich die Kirche auf diesem Mittelweg befindet.«

»Sie zählen ja nicht gerade zu den Konservativen im Klerus,

bedeutet das, dass die derzeitige Richtung im Vatikan nicht unbedingt die Ihre ist?«

»Ich bin da sehr vorsichtig geworden«, meinte König. »Beim letzten Konzil gab es eine progressive und eine konservative Richtung. Zu meinem Amüsement musste ich feststellen, wie sich das alles innerhalb kürzester Zeit verändert hat. Da war einer einmal ein Konservativer und nach 14 Tagen schon wieder vom Gegenteil überzeugt. Das schaut von außen oft ganz anders aus, als wenn man dabei ist.«

Fünfzehn Jahre später. Kardinal König ist 98 Jahre alt. Seine positive Ausstrahlung und seine außergewöhnliche Persönlichkeit faszinieren mehr denn je. »Ja, wenn man so viele Jahre auf dem Buckel hat wie ich«, meinte er jetzt, »dann empfindet man das Alter nicht als etwas Schreckliches. Ich denke auch nicht dauernd daran, wie alt ich bin, sondern sehe mein Alter als Gnade.«

Er sprach ohne Pathos und zeigte einmal mehr, dass man als Geistlicher auch fröhlich sein darf. »Als ich nach der Operation meines Oberschenkels von der Narkose aufwachte, erzählte mir der Chirurg, dass alle Zeitungen über meinen Unfall berichtet hätten. Da sagte ich zu ihm: ›Ich freu mich, Herr Professor, einen Beitrag geleistet zu haben, dass Sie jetzt noch berühmter sind.‹«

Auf dem Tisch seines kleinen Apartments im Altenheim der Barmherzigen Schwestern in Wien stapelten sich Bücher und Zeitungen, in denen er täglich las. Neben theologischen Werken und den österreichischen Blättern lagen *Herald Tribune* und *Le Monde*, die er nach wie vor alle ohne Brille studierte. Als ich ihn fragte, was er dafür tue, um sich seine körperliche Fitness zu erhalten, antwortete er: »Möchten Sie wissen, was ich tu oder was ich tun soll?«

Johannes Paul II. war jetzt, zu Weihnachten 2003, immer noch Papst, doch bergsteigen konnte er längst nicht mehr. Und so kamen wir auch auf den labilen Gesundheitszustand des Heiligen Vaters zu sprechen und was dieser für die katholische Kirche bedeutet: »Natürlich ist er in seinen Möglichkeiten stark eingeschränkt«, meinte König. »Das ist ein Problem, für das ihn die einen bewundern, das aber andere vor die Frage stellt, warum er nicht in Pension geht. Auch ich wundere mich, warum er so viele Dinge tut, von denen man vorerst meint, dass das nicht geht. Und siehe da, es geht dann doch.«

König war der Meinung, dass es »trotz aller Einschränkungen« richtig sei, wenn Johannes Paul II. im Amt bliebe. »Die Frage ist, wie weit kann er sich noch des großen Apparats im Vatikan bedienen, und wie weit haben sich Teile dieses Apparats selbstständig gemacht. Zwei Päpste wären aber sicher keine gute Lösung – ein aktiver und einer, der in Pension ist. Da sagen dann die einen, ich bin für den, und die anderen, sie sind für den anderen. Nein, nein, das wär nicht gut.«

Schließlich verlangte der Kardinal auch sich selbst keine Schonung ab. Und so erzählte er mir, wie wichtig es ihm gewesen sei, nach seinem Unfall »möglichst bald in die Seelsorge zurückzukehren«. Prompt firmte er schon zwei Monate nach seiner Operation in einer Wiener Stadtpfarre und dann leitete er noch in der Stephanskirche eine Festmesse zum 175. Todestag von Franz Schubert. »Bei solchen Anlässen ist's ganz praktisch, ein Bischof zu sein«, lächelte er verschmitzt, »weil ich mich auf dem langen Gang durch den Dom auf meinen Bischofsstab stützen kann.«

Die überragende und dabei so menschlich gebliebene Gestalt Kardinal Königs hat mich, wie wohl die meisten Menschen in diesem

Land, über viele Jahrzehnte begleitet. Sympathie und Respekt habe ich immer für ihn empfunden. Bei unserem letzten Gespräch aber kam noch die ungeheure Würde hinzu, die er in seinem hohen Alter auszustrahlen vermochte.

»Ich weiß nicht, wie lange mein Weg noch dauert«, sagte er beim Abschied. »Es kann morgen zu Ende sein, aber ich nehme das mit Gelassenheit. Das liegt einerseits an meinem Vertrauen, dass da jemand ist, in dessen Hände ich zurückfalle. Aber auch an der Art, wie ich an die Dinge herangehe und an meinem Wesen.«

Kardinal König starb drei Monate nach dieser Begegnung, am 13. März 2004, in seinem 99. Lebensjahr.

# DIE AHNEN DES ERZBISCHOFS

## Die 700 Jahre alte Familie Schönborn

Am 14. September 1995 wurde Christoph Schönborn von Papst Johannes Paul II. zum Erzbischof von Wien ernannt. Die Schönborns haben Übung im Umgang mit höchsten kirchlichen Ämtern. In der Geschichte Europas gibt es kaum eine Familie, die so viele Kirchenfürsten hervorgebracht hat wie diese. Ein gutes Dutzend Bischöfe trugen in den vergangenen Jahrhunderten den Namen Schönborn.

Man zählt hier zum europäischen Uradel. Im Jahre 1284 durfte sich ein Ritter Eusebius aus dem kleinen Ort Schönborn an der Lahn erstmals »von« nennen. Seit 1663 Freiherren und 1701 in den Grafenstand erhoben, stellten die Schönborns immer wieder hohe kirchliche und weltliche Würdenträger, wobei sie im 18. Jahrhundert als Kurfürsten und Fürsterzbischöfe ihre Blütezeit erlebten. Nicht weniger als fünf Schönborns regierten damals gleichzeitig in Franken und im Rheinland.

Ende des 19. Jahrhunderts gab's dann den ersten Kardinal, nämlich Franz Graf Schönborn, Erzbischof von Prag. »Vom Onkel Kardinal«, wie er in der Familie genannt wird, erbte Wiens heutiger Erzbischof ein Gebetbuch und einige Zeremonienanweisungen. Friedrich von Schönborn, der Bruder des Prager Kardinals, leitete als österreichischer Justizminister von 1888 bis 1895 eine bedeutende Zivilrechts- und Strafrechtsreform ein.

»Onkel Kardinal« und der Minister gehörten, wie auch Wiens heutiger Erzbischof, dem böhmischen Zweig des Geschlechts an. Insgesamt gibt es drei Linien: 1801 teilte Hugo Damian Graf Schönborn seine gigantischen Besitzungen und das Vermögen unter seinen drei Söhnen auf. So entstanden neben der böhmischen eine bayrische und eine österreichische Linie. Letztere besitzt Schloss Schönborn bei Hollabrunn und eines der beiden Wiener Schönborn-Palais – jenes in der Renngasse in der Innenstadt. In dem in der Laudongasse gelegenen Sommerpalais des Grafen Friedrich Karl Schönborn – er war der Reichsvizekanzler Kaiser Karls VI. in Wien und Fürsterzbischof von Würzburg – ist heute Wiens Volkskundemuseum untergebracht.

Im Gegensatz zu der deutschen und der österreichischen Linie ist die böhmische des Erzbischofs völlig verarmt. »Ich kam 1945 mit einem Koffer, ein paar Windeln und zwei Kindern über die Grenze nach Österreich«, erzählte mir Kardinal Schönborns Mutter Eleonore, wobei die Windeln für den heutigen Erzbischof bestimmt waren. Einer seiner Brüder ist Kunstfotograf, der andere Schauspieler.

Christoph Schönborn kam am 22. Jänner 1945 auf dem familieneigenen Schloss bei Leitmeritz in Böhmen zur Welt. Als er drei Monate alt war, wurde die Familie von den Tschechen ausgewiesen. Die Schönborns flüchteten nach Vorarlberg, wo Vater Hugo als Maler und die Mutter als Prokuristin einer Textilfirma arbeiteten. Als Christoph dreizehn war, ließen sich die Eltern scheiden, wobei die Kinder bei der Mutter blieben. Nach Theologiestudium und Eintritt in den Dominikanerorden wurde Christoph Schönborn 1970 von Kardinal König zum Priester geweiht, ab 1991 war er Weihbischof von Wien.

Und auch heute gibt es wieder mehrere Kirchenfürsten in der Familie: Franz Lobkowitz, ein entfernter Verwandter, ist Weihbischof von Prag.

In den Geschichtsbüchern wird »die Schönbornzeit als goldene Zeit« bezeichnet, »da es in den von der Familie regierten Ländern im 17. und 18. Jahrhundert keine Kriege gab«, erwähnte die Mutter des Kardinals nicht ohne Stolz.

Unter der Vielzahl der prominenten Ahnen sticht einer ganz besonders hervor: Erzbischof Johann Philipp Schönborn unterzeichnete 1648 als Kurfürst von Mainz den Westfälischen Frieden, der den Dreißigjährigen Krieg, einen der blutigsten Kriege aller Zeiten, beendete. Nun wurden neben dem Katholizismus auch das Luthertum und der Calvinismus anerkannt, und den religiösen Minderheiten dadurch die freie Religionsausübung garantiert. »Als Folge des vom Kurfürsten ausgehandelten Friedens war der katholischen Kirche im Reich nach einem Jahrhundert des Zerfalls und der Unruhe erstmals wieder eine gesicherte Existenz garantiert«, ist in der Biografie Johann Philipp Schönborns nachzulesen.

# Neues aus letzten Stunden

## »MEHR LICHT!«

*Letzte (und vorletzte) Worte*

Ehe Oscar Wilde im Pariser Luxushotel *d'Alsace* verschied, sagte er: »Ich sterbe, wie ich gelebt habe – über meine Verhältnisse!« Und als Henrik Ibsens Krankenschwester einem Besucher zuflüsterte, es ginge dem Patienten »schon etwas besser«, erwiderte der Dichter: »Im Gegenteil.« Und starb.

Seien sie im Delirium dahingesagt oder mit der vollen Kraft eines großen Geistes. Letzte Worte faszinieren, weil sie eine Situation wiedergeben, in die jeder von uns kommen wird. Früher oder später.

Weniger originell als die letzten Worte der Dichter und Denker sind meist jene aus dem Reich der gekrönten Häupter – auch wenn sie mitunter die Gelegenheit nützen, ihr Vermächtnis darzulegen. Wie dies Österreichs konservativer Kaiser Franz tat, der seinem Nachfolger Ferdinand am Sterbebett zurief: »Verrücke nichts an den Grundlagen des Staatsgebäudes!« Simpler zwar, aber nicht minder charakteristisch, was der pflichtbewusste Kaiser Franz Joseph am Abend des 20. November 1916 zu guter Letzt noch seinem Kammerdiener Ketterl befahl: »Ich bin mit der Arbeit nicht fertig geworden, morgen um halb vier Uhr wecken wie immer!«

Preußens Soldatenkönig Friedrich Wilhelm I. konnte, als er sein Ende nahen sah, nicht glauben, dass er im Bett und nicht auf dem Schlachtfeld dahingehen würde. Seine letzten Worte daher: »Das ist nicht wahr! Ich werde in der Montur sterben!«

In Napoleons letzter Stunde spielte die Politik keine Rolle mehr. Er starb, den Namen seiner geliebten ersten Frau auf den Lippen: »Joséphine!« Und diese, so wird überliefert, versank in Bewusstlosigkeit, nachdem sie einmal noch »Napoleon!« gehaucht hatte.

Dramatisch die letzten Worte prominenter Attentatsopfer. Der Tod kommt so unerwartet, dass sie den Ernst des Augenblicks meist gar nicht erfassen. Erzherzog Franz Ferdinand stöhnte »Oh nein, es ist nichts«, ehe er den Schüssen von Sarajewo erlag. Legendär der Ausspruch Julius Caesars, der seinem Verschwörer und ehemaligen Freund noch ungläubig den Satz »Auch du, mein Sohn Brutus!« ins Gesicht schmetterte.

Es gehört ja fast zum guten Ton, dass Politiker die Nachwelt mit ihren letzten Worten beschenken. Von einer Revolverkugel getroffen, bat der mexikanische Revolutionär Pancho Villa 1923 einen Journalisten, ihn so nicht von dieser Welt gehen zu lassen: »Schreiben Sie, dass ich etwas gesagt hätte!«

Zu einem christlichen Leitsatz wurden die letzten Worte des Jesus von Nazareth: »Mein Gott, mein Gott, warum hast du mich verlassen?«

Oft zitiert wird der Ausspruch des griechischen Mathematikers Archimedes: »Störe meine Kreise nicht.«

So traurig der Anlass ist, mitunter kann man auch lächeln über die lapidaren Sorgen, die manch einer hat, während er stirbt. »Monsieur, entschuldigen Sie bitte!«, soll Marie Antoinette zu ihrem Scharfrichter gesagt haben, dem sie versehentlich auf den Fuß getreten war. Der Hotelmagnat Conrad Hilton rief einem Mitarbeiter als Generalanweisung für alle Zeiten schnell noch »Lasst den Duschvorhang im Inneren der Wanne hängen!« zu. Und als man die englische Schriftstellerin Edith Sitwell fragte, wie es ihr ginge, antwortete sie: »Es geht zu Ende, aber sonst ganz gut!« Egon Friedell rief den Passanten vor seinem Wohnhaus in der Wiener Gentzgasse am 16. März 1938 schnell noch ein warnendes »Vorsicht, bitte!« zu, ehe er sich aus einem Fenster in die Tiefe stürzte. Zwei Dichter flehten um ein schnelles Ende: »Töten Sie mich, sonst sind Sie ein Mörder!«, sagte Franz Kafka zu seinem Arzt Robert Klopstock, der ihm Morphium versprochen hatte. Und Edgar Allan Poe meinte: »Mein bester Freund wäre, der eine Pistole nähme und eine Kugel in dieses verfluchte, elende Gehirn jagte.«

Letzte Worte bedeutender Dichter wurden auch schon zu geflügelten. Was mag Johann Wolfgang von Goethe gemeint haben, als er sterbend »Mehr Licht!« forderte? Der Bericht seines Dieners Friedrich Krause, er hätte ihm zugerufen »Mach den Fensterladen auf, damit mehr Licht hereinkomme«, erscheint den Goethe-Forschern zu banal. Eher vermuten sie, der Dichterfürst wollte ausdrücken, dass er sich einem Ziel näherte, das heller sei als alles auf Erden. Nicht ganz seriös Version Nummer drei. Goethe hätte im Frankfurter Dialekt den Komfort seines Sterbelagers bemängelt »Mer liecht so unbequem!«.

Über die Lippen des sterbenden Mozart drangen keine Worte, er zeigte vielmehr, wie die Pauken in seinem Requiem – das er auf dem Totenbett komponiert hatte – einzusetzen wären. Beethoven werden die Worte »Im Himmel werde ich hören!« in den Mund gelegt. Gustav Mahlers Sorge, als er seinen letzten Atemzug tat: »Wer wird sich jetzt um Schönberg kümmern?«

Die Ansicht, dass große Männer in ihrem Sterbelager prinzipiell »eine Bilanz ihrer Existenz ziehen«, wird durch die schlichten Worte Richard Wagners, der zuletzt nach seiner Uhr, und Thomas Manns, der nach der Brille fragte, entkräftet.

Oft ist's problematisch, die wahren letzten Worte herauszufinden. Picasso soll gemeint haben: »Die Malerei muss erst erfunden werden.« Andererseits hätte er von seinen Angehörigen, um Luft kämpfend, gefordert: »Trinkt auf meine Gesundheit, ich kann nicht mehr trinken.«

Um derlei Unklarheiten zu vermeiden, verfasste der große Spötter Mark Twain Tipps für letzte Worte: »Ein Mann, der etwas auf sich hält, sollte sie beizeiten auf einen Zettel schreiben und dazu die Meinung seiner Freunde einholen. Er sollte sich damit keinesfalls erst in der letzten Stunde seines Lebens befassen und darauf vertrauen, dass eine geistvolle Eingebung ihn just dann in die Lage versetzt, etwas Brillantes von sich zu geben. Nein, in einem solchen Augenblick ist man vermutlich sowohl körperlich wie geistig zu sehr ausgelaugt und müde, um zuverlässig zu funktionieren; vielleicht fällt einem das eine rettende Wort, das man unbedingt sagen wollte, partout nicht ein … Ich würde mir wirklich wünschen, unsere großen Männer würden aufhören, in der letzten Stunde ihres Sterbens diese Banalitäten zu sagen. Sammeln wir lieber vorsorglich ihre vorletzten Worte.«

## »SO WERDE ICH ES MACHEN ... «

*Große der Weltgeschichte begehen Selbstmord*

Selbstmord. Die Tat der Verzweiflung, der letzte Aufschrei einer gequälten Seele macht vor keinem Stand halt. Auch vor den ganz Großen nicht. Tschaikowsky, van Gogh, Hemingway, Adalbert Stifter, Stefan Zweig sind unsterblich. Und waren doch nicht fähig, zu leben. Wie manch andere Künstler, wie Könige, Thronfolger und Politiker.

Ferdinand Raimund hatte so viel Schwermut und Melancholie in sich, dass er sich das Leben nahm, nachdem sein Hund ihn gebissen hatte. Am 29. August 1836 ereignete sich ein zunächst unbedeutend erscheinender Vorfall: der Volksdichter und Schauspieler war, von einer erfolgreichen Gastspielreise aus Hamburg kommend, auf seinen Besitz in Gutenstein zurückgekehrt, wo ihn sein Hund liebevoll empfing. Das Tier hatte kurz vorher mit einem anderen Hund im Dorf gerauft und sich dabei eine schmerzhafte Verletzung zugezogen. Bei der Begrüßung berührte Raimund den geliebten Gefährten unabsichtlich an der Wunde, so dass dieser instinktiv nach seinem Herrchen schnappte und an der Hand verletzte.

Was noch lange kein Drama gewesen wäre, weitete sich infolge der kranken Seele des Dichters zur Katastrophe aus. Nachdem ihm eine Zigeunerin in jungen Jahren prophezeit hatte, er würde dereinst an den Folgen eines Hundebisses sterben, war Raimund nun davon überzeugt, er wäre durch die Verletzung an Tollwut erkrankt und müsse elendiglich zugrunde gehen. Zwar ließ er noch eine Kutsche anspannen, um seinen Arzt zu konsultieren, doch als er unterwegs von einem schweren Gewitter überrascht wurde und im Gasthof *Zum Goldenen Hirschen* in Pottenstein übernachten musste, verlor er die Nerven.

Um vier Uhr früh schoss er sich mit seinem Revolver, den er immer bei sich hatte, eine Kugel in den Kopf. Ferdinand Raimund starb nach einer Woche qualvollen Leidens. Und hatte damit im Alter von 46 Jahren wahr gemacht, wie er es den Tischler Valentin im *Verschwender* ankündigen ließ: »Da leg' ich meinen Hobel hin und sag' der Welt ade . . .«

Vincent van Gogh hatte mehrere Selbstmordversuche hinter sich, ehe er tatsächlich starb: Nach einem Streit mit seinem Freund Paul Gauguin schnitt er sich einen Teil der linken Ohrmuschel ab, worauf er, da er die Aorta durchtrennte, fast verblutete. Wieder genesen, schluckte er mehrmals giftige Malutensilien und begab sich dann freiwillig in die Irrenanstalt von Saint-Rémy in der Nähe von Arles.

Auch – und gerade – in den schlimmsten Phasen der Selbstzerstörung und während stationärer Behandlungen in Nervenheilanstalten schuf van Gogh einige seiner bedeutendsten Werke.

Bis er am 27. Juli 1890 in Auvers-sur-Oise bei Paris zum Revolver seines Zimmerherrn griff, die Waffe gegen seinen Unterleib richtete und abdrückte. Er starb zwei Tage danach.

War es die Verzweiflungstat eines erfolglosen Genies, dessen Bilder als unverkäuflich galten? (Wobei sein Porträt *Dr. Gachet* bei einer Auktion in New York vor einigen Jahren rund 80 Millionen Dollar erzielte.) »Er hat mehr an seinem Innenleben gelitten als an der äußeren Erfolglosigkeit«, meint der Wiener Psychiater Stephan Rudas. »Auch wenn van Gogh seine Bilder verkauft hätte, hätte ihn das nicht geheilt.«

Der Fall Ernest Hemingway untermauert diese These, denn auch er wählte den Freitod, und das, obwohl er überaus erfolgreich war. Freilich ist seine Familie in eine tragische Kette von Suizidfällen verstrickt. Nicht nur der Dichter selbst, sondern auch sein Vater, sein Bruder, seine Schwester und – im Juni 1996 – seine Enkelin Margaux endeten durch Selbstmord.

Ernest Hemingway hatte in Anwesenheit mehrerer Zeugen vorgeführt, dass Suizidgefährdete tatsächlich dazu neigen, ihr tödliches Vorhaben – als Aufschrei, als letzten Hilferuf – anzukündigen. Auf Kuba »spielte« der Literaturnobelpreisträger einmal die Szene regelrecht durch. »Sehen Sie, so werde ich es machen«, sagte er, setzte sich barfuß auf einen Sessel und stellte den Gewehrkolben zwischen seine Beine. Dann beugte er sich vor, schob sich die Laufmündung in den Mund und drückte mit der großen Zehe auf den Abzug, bis es klickte. »So begeht man Harakiri«, erklärte er, »denn der Gaumen ist der weichste Teil des Kopfes.«

In seinem letzten Jahr sprach er immer häufiger vom nahen Ende, stellte sich manchmal neben den Gewehrschrank, hielt seine Waffen in der Hand und starrte zum Fenster hinaus.

Trotz schwerer Depression wurde er wenige Tage vor seiner Verzweiflungstat als Patient der weltberühmten Mayo-Klinik entlassen. »Es ist nicht zu hart ausgedrückt, dass den Ärzten der Klinik hier ein entscheidender Fehler unterlaufen ist. Denn es war ja auch den medizinischen Laien aus Hemingways Umgebung bekannt, welches ausweglose Wahngebilde er aufgebaut hatte«, meint der Arzt und Medizinhistoriker Hans Bankl.

Mehrmals konnte Hemingway durch Freunde und Angehörige von dem immer wieder angekündigten Schritt abgehalten werden, doch als er sich am Abend des 1. Juli 1961 mit den Worten »Gute

Nacht, mein Kätzchen« von seiner vierten Frau Mary verabschiedete, dachte sie nicht an eine gefährliche Situation. Und musste am nächsten Morgen im Flur des Landhauses in Ketchum im US-Bundesstaat Idaho seinen Leichnam entdecken, ein Gewehr zwischen den Beinen. Der Selbstmord war von ihm genauso durchgeführt worden, wie er ihn angekündigt hatte.

Ein Jahr nach Hemingway wurde die Welt durch den Freitod Marilyn Monroes erschüttert. Sie hatte seit langem in einem fatalen Teufelskreis gelebt, nahm nachts Unmengen von Tabletten, um schlafen zu können, und pumpte sich tagsüber mit Aufputschmitteln voll, um wieder wach zu werden. Der 36-jährige Filmstar war immer von Männern umgeben und doch allein, ein Sexsymbol, das kein Glück in der Liebe fand. Das belegen vier gescheiterte Ehen, zuletzt mit Arthur Miller, und zahllose Liebschaften – darunter die Brüder John und Robert Kennedy. Es war ein »chronischer Selbstmord«, meint Professor Bankl, der sich über viele Jahre hinzog. Tatsächlich hatte auch sie sich mehrmals umzubringen versucht, doch das wurde in der Glitzerwelt von Hollywood nicht ernst oder einfach nicht zur Kenntnis genommen.

Als die Haushälterin Eunice Murray am Sonntag, dem 5. August 1962, um 3.30 Uhr noch immer Licht in ihrem Schlafzimmer brennen sah, alarmierte sie Dr. Ralph Greenson, den Psychiater der Monroe, der sofort kam und durch das Fenster in den Raum stieg. »Ich erkannte aus etlichen Metern Entfernung, dass Marilyn nicht mehr am Leben war«, sagte er später. »Da lag sie, mit dem Gesicht nach unten und entblößten Schultern, und als ich näher trat, konnte ich erkennen, dass sie mit der rechten Hand das Telefon umklammert hielt.«

Als ob der Hörer ihr die Einsamkeit hätte nehmen können.

»Es gibt keine Krankheit namens Selbstmord«, sagt der Psychiater Rudas, »aber es gibt verschiedene Ursachen, die eine solche Verzweiflungstat auslösen können«:

- Eine organische Krankheit, die unerträgliche Schmerzen bereitet oder ohne Überlebenschance erscheint. In diese Gruppe von Selbstmördern gehört der Dichter Adalbert Stifter, der an einer schweren Leberzirrhose litt, ehe er sich mit seinem Rasiermesser eine Wunde am Hals zufügte, an deren Folgen er starb.
- Der Betreffende zieht eine Bilanz, in der er das Ziel seines Lebens verfehlt sieht. Adolf Hitler, Joseph Goebbels und weitere Verbrecher, aber auch auf andere Weise gescheiterte Existenzen gehören hierher.
- Oft führen – wie bei van Gogh – psychische Erkrankungen zum Suizid. Auch wenn »das Wort von Genie und Wahnsinn auf den Maler passt, ist er doch eher eine Ausnahme, denn Genies sind selten wahnsinnig und Wahnsinnige fast nie genial«.
- Auch momentane Ausweglosigkeit – wie eine unglückliche Liebe – kann ein Grund für den selbst gewählten Tod sein. »Das sind Situationen, die der Betreffende zehn Tage danach ganz anders sehen würde. Doch bis dahin ist es oft zu spät.«
- Schließlich bilden Drogen-, vor allem aber Alkoholsüchtige die größte Risikogruppe. Die Monroe wie auch Ernest Hemingway waren schwere Alkoholiker.

Den Freitod wählten auch die Dichter Heinrich von Kleist, Georg Trakl und Klaus Mann. Und Stefan Zweig, der am 22. Februar 1942 mit seiner jungen Frau Lotte im brasilianischen Exil eine Überdosis *Veronal* einnahm – aus Verzweiflung, weil für ihn als Österreicher jüdischer Herkunft die Heimat in Verlust geraten war. In seinem

Abschiedsbrief beklagt er, dass »die Welt meiner eigenen Sprache für mich untergegangen ist und meine geistige Heimat Europa sich selbst vernichtet«.

Für einen Neuanfang mangelte es ihm, zermürbt durch langes Exil, an Energie: »Nach dem sechzigsten Jahr bedürfte es besonderer Kräfte, um noch einmal völlig neu zu beginnen. Und die meinen sind durch die Jahre heimatlosen Wanderns erschöpft. So halte ich es für besser, rechtzeitig und in aufrechter Haltung ein Leben abzuschließen, dem geistige Arbeit die lauterste Freude und persönliche Freiheit das höchste Gut dieser Erde gewesen. Ich grüße alle meine Freunde! Mögen sie die Morgenröte noch sehen nach der langen Nacht. Ich, allzu Ungeduldiger, gehe ihnen voraus! Stefan Zweig.«

Wie er wollte auch Kronprinz Rudolf nicht alleine sterben, weshalb der Sohn Kaiser Franz Josephs am 30. Jänner 1889 auf Schloss Mayerling die Baronesse Mary Vetsera mit in den Tod nahm. Bei dem Thronfolger waren gleich mehrere Gründe ausschlaggebend, dass es zu der schrecklichen Tat kam. Er war organisch und psychisch krank, glaubte an die Ausweglosigkeit seines Daseins, und war sowohl Alkoholiker als auch Morphinist.

Drei Jahre vor Kronprinz Rudolf hatte sich sein Cousin, Europas »schönster und jüngster König«, Ludwig II. von Bayern, in den Tiefen des Starnberger Sees ertränkt. »Die moderne Erbforschung hat zweifelsfrei festgestellt«, erklärt Hans Bankl, »dass bestimmte Familien* infolge einer genetischen Konstellation für Selbstmord ganz besonders anfällig sind.«

---

\* Kronprinz Rudolfs Mutter, Kaiserin Elisabeth, entstammte dem bayerischen Geschlecht der Wittelsbacher.

Es mag unverständlich klingen, dass Prominente ihr Leben wegwerfen, obwohl es gerade ihnen so viel geschenkt hat. Doch Künstler und Millionäre sind nicht mehr und nicht weniger gefährdet als der übrige Teil der Bevölkerung. Prominente begehen, statistisch gesehen, genauso oft Selbstmord wie andere Menschen. Eines haben freilich alle, ob berühmt oder nicht berühmt, gemeinsam: Sie haben es verabsäumt, sich rechtzeitig helfen zu lassen.

Das gilt wohl auch für Peter Iljitsch Tschaikowsky, der im Jahre 1893, aus Angst, dass seine homosexuellen Neigungen bekannt würden, von dieser Welt ging.

Tschaikowsky, Hemingway, van Gogh, Ferdinand Raimund, Stefan Zweig schufen Werke, die uns helfen, das Leben erträglich zu machen.

Ihr eigenes ertrugen sie nicht.

# SCHEINTOT

*Von der Angst, lebendig begraben zu werden*

Scheintot. Allein das Wort mutet unglaublich an. In früheren Zeiten gehörte es beinahe zum Alltag. Noch am Beginn des 20. Jahrhunderts war die Angst vor dem Lebendig-begraben-werden größer als die Angst vor dem Tod. Nicht ohne Grund: Sollen doch damals rund drei Prozent der »Toten« zum Zeitpunkt ihrer Bestattung noch gelebt haben!

Als prominentes Opfer unter den Lebendig-Begrabenen gilt der 1852 verstorbene russische Erzähler Nikolai Gogol, dessen Gebeine bei einer Umbettung, wenige Jahre nach der Beerdigung, in derart verkrümmter Haltung vorgefunden wurden, dass man annimmt, der Dichter hätte im Grab verzweifelt um sein Leben gekämpft.

Kaiserin Maria Theresia war es, die vor mehr als zweihundert Jahren gegen das Lebendig-begraben-werden ankämpfte, indem sie per Hofdekret befahl, dass »Todte nicht eher als nach Ablauf von 48 Stunden begraben werden«. Seit damals ist's auch Gesetz, das Ableben eines Menschen mittels ärztlicher Totenbeschau behördlich feststellen zu lassen. Die »Instruktionen für den Totenbeschauer« legen klar und deutlich fest, dass der gerufene Arzt »den Tod nicht bloß auf Grund fehlender Lebenszeichen, sondern auch auf Grund sicherer Todesmerkmale zu konstatieren hat«. Als zuverlässiger Beweis für den tatsächlich eingetretenen Tod gelten Leichenstarre und die so genannten Totenflecke, die ein bis zwei Stunden nach dem Ableben eines Menschen sichtbar werden.

Was freilich kaum etwas daran änderte, dass weiterhin manch »lebender Leichnam« beerdigt wurde. Denn das Amt des Totenbeschauers war damals dürftig honoriert und wurde daher nur von ganz jungen Badern und Wundärzten, die wenig medizinische Erfahrung hatten, ausgeübt.

Verständlich, dass viele Menschen skeptisch blieben. Johann Nestroy, der ein Leben lang fürchtete, lebendig begraben zu werden, vermerkte in seinem Testament: »Die Todtenbeschau heißt so viel wie gar nichts, und die medizinische Wissenschaft ist leider noch in einem Stadium, dass die Doctoren – selbst wenn sie einen umgebracht haben – nicht einmal gewiss wissen, ob er todt ist.«

Der dänische Märchendichter Hans Christian Andersen hatte so große Angst davor, lebendig eingesargt zu werden, dass er jeden Abend vor dem Schlafengehen einen Zettel an sein Bett legte, auf dem geschrieben stand: »Achtung, ich bin nur scheintot!«

Immer wieder wurden Apparaturen erfunden, mittels derer man die Gefahr, bei lebendigem Leib begraben zu werden, abwenden wollte. Viele ließen einen Herzstich vornehmen, um ganz sicher zu gehen, dass sie auf ihrem letzten Weg auch wirklich tot seien. Nestroy bestand ebenso darauf wie die Schriftsteller Edgar Allan Poe und (der ausgebildete Arzt) Arthur Schnitzler.

Auch eher skurrile Methoden sollten davor schützen, allzu früh zur ewigen Ruhe zu gelangen: 1829 wurde eine Art Periskop entwickelt, das dem »Toten« einerseits die Möglichkeit gab, aus dem Sarg hinaus in die Welt zu blicken, ihn aber andererseits im Fall des Falles auch mit Sauerstoff versorgen sollte. Großer Popularität erfreute sich der vom niederösterreichischen k. k. Strafhausverwalter Johann Nepomuk Peter in der Leichenkammer des Währinger Ortsfriedhofs installierte »Rettungswecker«: Jeder Tote bekam eine Schnur um

*Jeder Tote bekam eine Schnur um
die Hand gebunden, bewegte sich der
»Leichnam«, wurde der Wärter mit
Hilfe des »Rettungsweckers« auto-
matisch aus dem Schlaf gerüttelt.*
BESTATTUNGSMUSEUM WIEN

die Hand gebunden, die mittels Läutwerk eine Verbindung zum
benachbarten Haus des Friedhofswärters schaffte. Bewegte sich der
»Leichnam«, wurde der Wärter automatisch aus dem Schlaf gerüttelt. Kaum hatte sich die Existenz der Maschine herumgesprochen,
wollten Tausende Wiener nur noch am Währinger Friedhof begraben werden. Ein Modell des historischen »Rettungsweckers« befindet sich heute noch im Wiener Bestattungsmuseum.

In seltenen Fällen passiert es immer noch, dass ein vermeintlich
Toter zur Bestattung freigegeben wird. So lag der leblose Körper des
Kärntner Pensionisten Josef Ramosch im Jahre 1969 bereits auf dem
Seziertisch der Grazer Universitätsklinik. »Ich war bei vollem
Bewusstsein«, erzählte er nach seiner Rettung, »habe alles mitbe-
kommen, was um mich herum passierte. Aber ich konnte mich nicht

verständlich machen, mein Körper war wie gelähmt.« Gerettet wurde Josef Ramosch durch einen Pfleger, dem aufgefallen war, dass sich seine Finger leicht bewegten. So blieb dem damals 52-jährigen Mann im letzten Moment der Alptraum des Lebendig-begraben-werdens erspart. Er konnte dann an der Seite seiner Frau noch mehr als zwanzig glückliche Jahre verbringen, ehe er 1990 starb.

In der Wiener Städtischen Bestattung schließt man »nach menschlichem Ermessen« aus, dass heute noch jemand lebendig begraben wird.

# TOD DURCH ABERGLAUBEN

## Der letzte Tag im Leben des Arnold Schönberg

Es gibt Menschen, die ihr Leben danach einrichten, nur ja nicht über die Straße zu gehen, wenn diese eben von einer schwarzen Katze überquert wurde. Oder die vor jedem Dreizehnten im Monat von panischer Angst befallen werden. Ein Künstler, der unter solchen Ängsten litt, war der Wiener Komponist Arnold Schönberg.

Der weltberühmte Schöpfer der Zwölftonmusik war in seinen späten Jahren herzkrank, und er war auch krankhaft abergläubisch. Geboren an einem 13. (im September 1874), fürchtete er sich besonders vor eben dieser Zahl und war überzeugt davon, an einem 13. sterben zu müssen.

Man schrieb den 13. Juli 1951. Arnold Schönberg war 76 Jahre alt und wie an jedem 13. des Monats schrecklich aufgeregt. Er wartete sehnsüchtig auf die Minute, in der die Zeiger der Uhr darauf hinwiesen, dass der gefürchtete Tag endlich vorbei sein würde.

Der große Musiker lebte damals mit seiner Frau Gertrud in einem Haus in Los Angeles. Und zwar in unmittelbarer Nachbarschaft des Schriftstellers Thomas Mann, wobei die beiden Ehepaare einander regelmäßig trafen. Katia Mann schildert diesen 13. Juli des Jahres 1951 in ihren Memoiren folgendermaßen: »An jedem 13. war Schönberg unruhig und abends musste sich Gertrud zu ihm setzen und seine Hand halten, und auf der anderen Seite des Wohnzimmers war irgendwo eine Uhr, und er sah die Uhr an und sah zu, wie der 13. verging. Sie saßen da, und die Uhr tickte, und endlich war es

321

Mitternacht. Schönberg stand auf, ging hinauf, um sich schlafen zu legen, und Gertrud Schönberg ging wie immer in die Küche, um seinen Schlaftrunk zu machen. Als sie ihm dann die Tasse hinaufbrachte, lag er leblos in seinem Zimmer. Gertrud Schönberg erschrak zu Tode und schaute auf die Uhr. Sie war schon genauso auf die Uhr fixiert wie er. Da sah sie, dass es noch nicht Mitternacht war.« Jetzt erst fiel Gertrud Schönberg ein, dass die Uhr im Wohnzimmer, in dem sie sich gerade noch aufgehalten hatten, um einige Minuten vorging. Als ihr Mann sein Schlafzimmer betreten hatte, erkannte er, dass in Wahrheit immer noch der 13. Juli war. – Und er fiel tot um.

Schönbergs Witwe Gertrud war – so Katia Mann – bis zum Ende ihrer Tage überzeugt davon, dass ihr Mann sich so sehr über die tatsächliche Uhrzeit aufgeregt hatte, dass ihn der Schlag traf. Er wäre, so behauptete sie immer wieder, nicht in diesem Moment gestorben, hätte er nicht erkannt, dass der 13. Juli noch nicht vorüber gewesen sei.

Durchaus möglich, dass Arnold Schönberg ein Opfer seines Aberglaubens geworden ist.

## DER TOD DES SCHAUSPIELERS

*Wie Josef Kainz vom nahenden Ende erfuhr*

Eine Frage, die wohl jedem am Herzen liegt: Wie erfahren wir dereinst, wenn's soweit sein sollte, vom nahenden Ende? Entweder der Arzt sagt uns die bittere Wahrheit. Oder er verschweigt sie uns, und wir gehen ohne jede Vorbereitung von dieser Welt. Den Theaterleuten jedoch, die ihr Leben lang spielen, kann man nichts vormachen. Und so erfuhr der große Schauspieler Josef Kainz, dass er demnächst sterben würde.

Es war das Gesicht des ihn behandelnden Arztes, das Kainz alles verriet. Er, der das Theater am Beginn des 20. Jahrhunderts prägte, lag auf der Lauer, um die Wahrheit zu erfahren. Mit dem seismografischen Instinkt des genialen Menschendarstellers wusste Kainz, dass sich in den nächsten Sekunden in der Mimik des Mediziners Entscheidendes abspielen würde. Und tatsächlich! Der Arzt zog für einen Moment die Nase kraus, kniff die Augen zusammen, wie man es bei Eintritt von etwas Schrecklichem tut. Es war ein unhörbares »Oh Gott!«, während dessen sich der Doktor von seinem berühmten Patienten unbeobachtet glaubte. Der aber hatte den Paravent beiseite geschoben und sah alles.

»Wie konnte der Arzt nur?«, fragte später der viel jüngere Fritz Kortner. »Hatte er Kainz nie auf der Bühne gesehen, nie das blitzschnelle Reagieren des Hirns verspürt, nie die bloßliegenden, hautlosen Nerven erlebt, das leicht verwundbare Herz?«

323

Hätte der Arzt die Sensibilität des Mimen erkannt, dann hätte er wohl die Hoffnungslosigkeit in seinem Blick zu unterdrücken versucht. So aber erfuhr Kainz vom nahen Ende.

Sollte der große Schauspieler dennoch gehofft haben – und wer hofft nicht in einer solchen Situation? –, dann wurde diese Hoffnung am nächsten Morgen zunichte gemacht. Denn da erhielt er aus den Händen des Theaterdirektors Baron Alfred Berger das Dekret, mit dem er ihn völlig unerwartet zum Regisseur des k. u. k. Hofburgtheaters ernannte. Jetzt gab es für Kainz keinen Zweifel mehr. Er wusste, dass ihm diese Berufung, nach der er sich jahrelang vergeblich gesehnt hatte, nur auf dem Totenbett würde zuerkannt werden. Sein Lächeln sagte: Zu spät!

Die Information, wie der große Kainz von seinem Ende erfuhr, verdanken wir dem Hofschauspieler Ferdinand Gregori, der sie an seinen Schüler Fritz Kortner weitergab. Und dieser schrieb sie in seinen Memoiren nieder.

Kainz starb am 20. September 1910, nur 52 Jahre alt, im Sanatorium Löw in der Wiener Mariannengasse an Darmkrebs.

Der Blick seines Arztes hatte es ihm zuvor schon verraten.

# DEM SOHN IN DEN TOD GEFOLGT

*Hofmannsthals letzte Stunde*

Der Tod steht dicht hinter Jedermann, er hält ihm seine weiße, knochige Hand aufs Herz – und nimmt ihn mit sich.« Kaum ein Dichter hat das Erscheinen des Todes so drastisch beschrieben wie Hugo von Hofmannsthal. Er konnte nicht ahnen, auf welch dramatische Weise »Freund Hein« ihn selbst einmal zu sich rufen würde. Der Dichter starb in der Stunde, da sein Sohn begraben wurde. Am 15. Juli 1929.

Hofmannsthal lebte in seinem in Rodaun, am Stadtrand von Wien, gelegenen Schlösschen, das Kaiserin Maria Theresia einst ihrer Hofdame Maria Gräfin Fuchs geschenkt hatte. Dieses Fuchs-schlösschen war zum Treffpunkt vieler Künstler geworden; in Hofmannsthals Gästebuch finden sich Namen wie Hermann Bahr, Gerhart Hauptmann, Max Reinhardt, Felix Salten, Arthur Schnitzler, Franz Werfel und Stefan Zweig.

An jenem Sommertag des Jahres 1929 aber war in dem Barock-schlösschen, in dem so viele Große ein- und ausgegangen waren, Stille eingekehrt. Hugo von Hofmannsthal hatte seinen schwarzen Anzug angelegt, um seinen Sohn zu begraben, der wenige Tage davor aus dem Leben geschieden war. Franz Hofmannsthal, Mitte zwanzig, konnte mit seinen Problemen nicht fertig werden – auch, weil er dem Vorbild des unerreichbaren Vaters nicht entsprochen hatte.

Der 55-jährige Dichter war krank, als ihn die Nachricht vom Ableben des Sohnes erreichte. In einem Brief an seinen Freund Carl

Burckhardt zeigt der verzweifelte Vater den Hintergrund der Tragödie auf: »Gestern Nachmittag ist ein großes Unglück über unser
Haus gekommen. Während eines schweren Gewitters hat unser
armer Franz sich durch einen Schuss in die Schläfe das Leben
genommen. Die Ursache dieser Tat liegt unendlich tief: in den Tiefen des Charakters und des Schicksals. Eine äußere Ursache war
nicht. Wir hatten noch zusammen gegessen – lieb und gemütlich. Es
liegt etwas unendlich Trauriges und unendlich Nobles in der Art,
wie das arme Kind aus dem Leben gegangen ist. Er konnte sich nie
mitteilen. Auch sein Weggehen war schweigend!«

Hofmannsthal wollte eben das Haus verlassen, um seinen Sohn zu
begraben. Da erlag er einem Schlaganfall. Der Dichter wurde seinem
letzten Wunsch entsprechend im Habit des Franziskanerordens auf
dem Friedhof in Kalksburg beigesetzt. Ganz nahe seinem Sohn, der
ihm in den Tod voraus gegangen war.

# EINE NEUE BEGEGNUNG,
## DIE NICHT STATTFAND

# Freud kann Hitler nicht heilen

### Eine Therapie, die die Welt hätte
### verändern können

Nehmen Sie Platz«, sagte Dr. Freud. Es war in den ersten Frühlingstagen des Jahres 1913 in der Ordination des Facharztes für Neurologie und Psychiatrie im Mezzanin des Hauses Wien IX., Berggasse 19. Der sonderbar wirkende Besucher setzte sich auf einen Sessel und wartete.

Während der Professor in seinem Schreibtisch kramte, um nach der Füllfeder zu suchen, mit der er üblicherweise Notizen über die mit seinen Patienten geführten Gespräche anfertigte, sah sich Herr »Hitler, Adolf, geb. 20. 4. 1889 in Braunau am Inn, dzt. ohne Beschäftigung« – so stand's in der Kartei – im Behandlungszimmer um. Auf dem voll geräumten Schreibtisch stapelten sich lederne Mappen, Brieföffner, Futterale, Schalen, eine Vase und Zigarren in verschiedenen Größen. Hinter dem Fauteuil, auf dem Freud saß, stand ein schweres Bücherregal, daneben eine Vitrine, an den Wänden hingen Lithographien. Vor allem aber wurde – unübersehbar – jeder Quadratzentimeter des heillos überfüllten Raumes durch chinesische, ägyptische, griechische und römische Antiken geziert. Schließlich stand da noch eine mit einem unruhig gemusterten Tuch überzogene Couch.

»Nun, Herr Hitler, was führt Sie zu mir?« Freud hatte seine Feder gefunden, sah auf – und erschrak. Er maß den Mann, den er nie zuvor gesehen, von Kopf bis Fuß. Die steife Körperhaltung, die dämonische Erscheinung und der starre Blick übten eine eigentümliche Wirkung auf ihn aus.

»Man hat Sie mir empfohlen, Herr Doktor«, sagte der 24-jährige Besucher mit stockenden Worten. Seine Bewegungen waren ebenso abgehackt wie seine Sprache. »Man hat mir berichtet, dass Sie mit der von Ihnen entwickelten Psychoanalyse große Erfolge erzielen. Darum bin ich zu Ihnen gekommen.«

»Was sind denn Ihre Beschwerden?«

»Ja, wie soll ich sagen? Ich leide schrecklich darunter, von meiner Umwelt verkannt und nicht beachtet zu werden. Ich weiß, dass ich über große, ich würde sagen, geniale Fähigkeiten verfüge, und doch – oder vielleicht gerade deshalb – werde ich von der Gesellschaft ausgegrenzt. Diese ungeheuerliche Missachtung führt zu Magenkrämpfen, Schweißausbrüchen, Depressionen, und häufig denke ich an Selbstmord.«

»Was haben Sie denn gelernt, was ist Ihr Beruf?«, fragte Freud.

»Nun, ich bin … eigentlich wollte ich an der Akademie der Bildenden Künste studieren, hier in Wien. Aber …«

»Aber?«

»Sie haben mich zweimal abgewiesen.«

»Aus Mangel an Talent?«

»Wo denken Sie hin, Herr Professor!« Hitler steigerte sich in eine eigenartige Erregung. »Man hat auch dort meine Fähigkeiten ignoriert. Die Prüfer sind ahnungslos, inkompetent, arrogant. Heute zählt nur, was entartet ist, die wahre Kunst aber – meine gegenständliche Malerei –, die wird missachtet.«

»Was taten Sie, als Sie Ihren Traum, ein großer Künstler zu werden, zerstört sahen, Herr Hitler?«

»Ich musste mich als Hilfsarbeiter und Postkartenmaler durchschlagen, lebte in Untermiete, im Obdachlosenasyl, und derzeit wohne ich in einem Männerheim.« Die Stimme des Patienten überschlug sich fast, als er weiter sprach: »Stellen Sie sich diese Schmach vor, Herr Professor – die Schmach, die ein Mann meines Genies erleiden muss …«

»Sie sehen sich also tatsächlich als Genie?«

»Die Welt hat mit mir durch die Ignoranz der Herren von der Akademie einen Künstler mit wahrhaft übermenschlichen Talenten verloren.« Waren Freud die Gesichtszüge des Patienten gerade noch hysterisch verzerrt erschienen, so gelang es Hitler im selben Moment die Fassung wieder zu finden: »Es besteht die Möglichkeit, dass mich das Schicksal zu etwas anderem, viel Größerem ausersehen hat.«

»Das zu beurteilen ist nicht meine Sache, Herr Hitler. Wir sollten in die Tage Ihrer Kindheit zurückgehen, um an die Wurzeln Ihrer Probleme zu gelangen.«

»Über meine Kindheit möchte ich nicht sprechen.«

»Die Psychoanalyse beruht darauf, dass man in frühe Lebensphasen des Patienten vorzudringen versucht. Wir alle haben die Erlebnisse aus unseren Kindertagen teilweise vergessen oder verdrängt. Das findet aber nicht zufällig statt, sondern ist die Folge einer systematisch durchgeführten Verschleierung. Man verdrängt Unangenehmes, um sein Selbstbildnis zu idealisieren, und unterliegt damit einer Selbsttäuschung. Das Bewusstmachen kann zur Heilung psychischer Erkrankungen führen. Vielleicht sollten Sie damit beginnen, mir etwas von Ihren Eltern zu erzählen.«

Hitler überlegte kurz und sah zu dem Fenster hinüber, das einen Blick in den grauen Innenhof der Berggasse freigab. »Meine Mutter

*Eine Begegnung, die die Welt hätte verändern können: Sigmund Freud, Hitler.*
ZEICHNUNG: EMIL

war eine wunderbare Frau, die mir ihre ganze Liebe schenkte. Auf
der anderen Seite war da mein Vater – ein biederer Zollbeamter, der
nach seiner Frühpensionierung eine kleine Landwirtschaft führte.
Er war ein jähzorniger, streitsüchtiger Mann, der uns Kinder demü-
tigte und züchtigte, indem er mit seiner Nilpferdpeitsche regelmäßig auf uns einschlug. Soweit meine Erinnerungen zurückreichen,
hat er uns immer nur tyrannisiert. Wenn er etwas wollte, rief er nicht
meinen Namen, sondern pfiff nach mir wie nach einem Hund.«

»Wie verhielt er sich Ihrer Mutter gegenüber?«

»Ebenso brutal, er erniedrigte und misshandelte auch sie. Sie
musste immer ›Onkel Alois‹ zu ihm sagen – auch, als sie längst schon
verheiratet waren ...«

»Onkel Alois?«

Hitler blickte zu Boden. »Ja, meine Eltern waren nahe Verwandte.«

»Sie sind das Produkt einer inzestuösen Beziehung?«

Der Patient wartete eine dem Arzt sehr lange erscheinende Minute, ehe er fortfuhr. »Meine Mutter war die Nichte meines Vaters. Sie war ihm blind ergeben, ließ alles über sich ergehen. Und hat aus lauter Angst immer nur zugesehen, wenn er uns Kinder schlug.«

»Weil sie Ihnen nie zu Hilfe kam, wurde Ihrem Unterbewusstsein eröffnet, dass man nur durch rücksichtslose Brutalität siegen könne. Wie war das bei Ihren Geschwistern?«

»Drei meiner Geschwister starben, bevor ich zur Welt kam. Ein Bruder gleich nach seiner Geburt, der andere Bruder und eine Schwester an Diphtherie.«

»Ihre Mutter lebte wohl in der ständigen Angst, dass auch Sie nicht überleben würden, und hat die Liebe für die Verstorbenen auf Sie projiziert, Sie vermutlich in übertriebener Weise verwöhnt.«

»Ja, sie gab mir die Überzeugung, etwas Außergewöhnliches zu sein, las mir jeden Wunsch von den Augen ab, bevorzugte mich auch meinen jüngeren Geschwistern gegenüber.«

»Diese auf grenzenlose Verwöhnung aufgebaute Mutterbindung hat zu einer übersteigerten Form von Narzissmus geführt, der Ihren Charakter pathologisch geprägt haben dürfte«, sagte Freud. »Haben Sie nie darüber nachgedacht, wie es möglich ist, dass Sie sich für besonders begabt, ja sogar für genial halten, aber beruflich kein Fortkommen finden?«

»Dafür kann ich nichts, schuld waren immer nur andere. Mein Vater, die Professoren der Akademie, meine Lehrer an der Realschule …«

» … alle waren also schuld, nur Sie nicht. Sind Sie bis zur Matura gekommen?«

»Ich hatte ganz andere Interessen, befasste mich damals schon mit der Geschichte der alten Teutonen, organisierte Kriegsspiele unter meinen Mitschülern, begeisterte mich für die Musik Richard Wagners. Und sah meine Zukunft als großer Künstler. Wozu sollte ein Mann mit meinen Fähigkeiten einen Schulabschluss benötigen?«

»Ihre Flucht in eine Traumwelt beweist eine stark gestörte Beziehung zur Realität.« Freud kritzelte ein paar Worte auf seinen Schreibblock, ehe er zur nächsten Frage überging: »Wie sieht denn Ihr Verhältnis zu Frauen aus?«

»Frauen?« Hitler schien für kurze Zeit die Beherrschung zu verlieren, als er wild gestikulierend weiter sprach. »Die einzige, die ich achten konnte, war meine Mutter. Alle anderen sind nutzlos, nicht wert, von mir geliebt zu werden …«

Freud beobachtete die unkontrollierten Bewegungen des Patienten und sprach weiter: »Wir wissen, dass sich bei Kindern aus engen inzestuösen Verbindungen oft ähnlich pervertierte Wünsche fortsetzen. Haben Sie je Gefühle entwickelt, die über das Maß einer Mutter-Sohn-Beziehung hinausgehen?«

Nervös strich Hitler über den Schnurrbart, der nicht breiter war als seine Nase. »Sie schneiden Themen an, Herr Professor, über die ich nicht sprechen möchte.«

»Sie müssen mir alles mitteilen, was Sie von sich wissen, auch Träume und Fehlhandlungen, besonders das, was Sie sonst zu verdrängen versuchen. Ich kann Ihnen nur helfen, wenn ich Einblick in Ihr Unbewusstes erhalte. Denn hinter jedem Verhalten stehen auch Motive, die dem Menschen unbewusst sind. Unbewusste Prozesse sind ein wesentlicher Teil unserer Psyche. Wie sehen Ihre sexuellen Erfahrungen aus?«

»Ich hatte nicht sehr viele. Großen und überdurchschnittlich begabten Männern wie mir genügen zur Befriedigung der sexuellen Wünsche primitive und dumme Mädchen.« Hitler wischte sich den Schweiß von der Stirn und setzte mit brüchiger Stimme fort: »Die wahre Liebe wird immer nur meiner Mutter gehören.«

»Ist sie noch am Leben?«

»Nein, meine Eltern sind tot. Der Vater starb, als ich vierzehn, meine Mutter, als ich achtzehn war. Sie hatte Brustkrebs.«

»Wurde ihre Krankheit behandelt?«

»Ja, von Doktor Bloch. Er veranlasste eine Operation in Linz, die aber keinen Erfolg brachte. Ich habe mit meiner Mutter den einzigen Menschen verloren, den ich auf der Welt hatte.« Freud sah in ein hasserfülltes Augenpaar, als Hitler weiter sprach: »Der Jude Bloch trägt die Schuld am Tod meiner Mutter.«

»Nun, Herr Hitler, Sie sind hier nicht an der richtigen Adresse, um über jüdische Ärzte herzufallen. Die bösartige Geschwulst Ihrer Mutter war vermutlich so weit fortgeschritten, dass Doktor Bloch ihr nicht mehr helfen konnte.«

»Ein anderer hätte es gekonnt! Über Juden werden Sie von mir nichts Gutes zu hören bekommen, Doktor Freud«, brüllte Hitler jetzt, als müsste er ein riesiges Forum überzeugen. »Der Jude ist Ursache und treibende Kraft allen Übels dieser Welt. Er ist der Bazillus, der die Gesellschaft zersetzt.«

»Woher beziehen Sie denn diese Weisheiten, Herr Hitler?«

»Ich befasse mich seit Jahren mit der alldeutschen Bewegung, vor allem mit den Ideen des Ritters von Schönerer, und ich studiere die Schriften des Lanz von Liebenfels, eines genialen Rassentheoretikers. Schließlich fühle ich mich von der göttlichen Vorsehung berufen, deren Abhandlungen in die Tat umzusetzen, unwertes Leben und Andersdenkende auszuschalten, zu vernichten.«

Freud versuchte nach außen hin ruhig zu bleiben. »Soso, von der göttlichen Vorsehung sind Sie zu all dem berufen … Sie schaffen sich Feindbilder und würden Ihren unbändigen Hass – so ferne Sie die Möglichkeit dazu hätten – auf unschuldige Menschen übertragen, diese ebenso erniedrigen, wie Sie von Ihrem Vater erniedrigt wurden. Sie sind in einem totalitären Regime aufgewachsen, an dessen Spitze Ihr Vater als alleiniger Führer stand. Hätten Sie Macht über Menschen, würden Sie sich an ihnen rächen, sie ebenso brutal behandeln, wie Sie behandelt wurden. Wen hassen Sie denn, abgesehen von den Juden, sonst noch?«

»Alles rassisch Minderwertige. Zigeuner, Farbige, Mischlinge, Slawen. Auch Bolschewiken, Marxisten, Liberale und Freimaurer. Sie sind unsere Feinde, die nichts anderes im Sinn haben, als das deutsche Volk in seinen Grundfesten zu bedrohen.«

»Soweit ich Ihrer Kartei entnehme, stammen Sie aus Oberösterreich, Herr Hitler. Warum machen Sie sich denn solche Sorgen um das deutsche Volk?«

»Das Deutsche Reich ist mein Vaterland …«

»Ich würde eher sagen, es dient Ihnen als Ersatz für die tote Mutter.«

»Wie immer Sie es sehen wollen, Herr Professor. Wien und die ganze Habsburgermonarchie sind nichts als ein Schmelztiegel unterschiedlicher Völker und Rassen, der Deutsche hingegen entspricht dem Idealbild der europäischen Herrenrasse, die es durch Bewahrung ihrer absoluten Reinheit vor der Vernichtung zu retten gilt. Es wäre daher unmöglich für mich, gemeinsam mit Tschechen und

Juden in der österreichischen Armee zu dienen – für das Deutsche Reich zu sterben bin ich aber jederzeit bereit.«

Je länger Freud Hitler zuhörte, desto stärker wurde sein Unbehagen. Stärker, als er es je bei einem seiner Patienten empfunden hatte. Und so wich der Seelenarzt noch einmal von der Fragestellung des Mediziners ab: »Haben Sie auch schon andere Leute mit Ihren sonderbaren Thesen beglückt?«

»Ich habe einen Raum des Männerheimes in der Meldemannstraße zu einem Diskussionsforum umgewandelt und mich an die Spitze meiner Mitbewohner gestellt. Dort habe ich Gelegenheit, meine Begabung als politischer Redner unter Beweis zu stellen und mich auf spätere, größere Aufgaben vorzubereiten ...« Eindringlich fixierte Hitler sein fassungsloses Vis-à-vis, er schnaubte, rang nach Luft und schrie lauter als bisher, während er sich an Freuds Schreibtisch festklammerte: »Die Welt wird noch von mir hören, Herr Doktor Freud! Warten Sie ab, bis meine Zeit gekommen ist!«

»Wenn Sie glauben, Herr Hitler, dass irgendjemand auf Ihre Tiraden hereinfallen wird – bitte sehr. Ich kann nur versuchen, die Wurzeln Ihres krankhaften Hasses, Ihrer Zwangsvorstellungen, Ihrer Identitätsprobleme und Ihrer Rachsucht zu erkennen: Bei der von Ihnen geschilderten Familienkonstellation liegt die Vermutung einer schuldhaften inzestuösen Fixierung gegenüber Ihrer Mutter nahe. In manchen Fällen – und einen solchen sehe ich hier – kann eine ödipale Mutter-Sohn-Fixierung bösartige Formen annehmen. Solche Kinder bleiben zeitlebens kalt, narzisstisch, unfähig zu Gefühlsreaktionen. Die maligne inzestuöse Fixierung, wie wir das nennen, führt oft zu Nekrophilie – dem Angezogenwerden von allem, was tot, vermodert, krank ist. In solchen Fällen wird eine Leidenschaft entwickelt, zu zerstören um der Zerstörung willen, zu zerstückeln, zu töten. Sollten Sie also je Politiker werden – wie Ihnen das offensichtlich vorschwebt, Herr Hitler –, könnte es passieren, dass Sie die durch Ihren Vater und Ihr berufliches Scheitern erlittene persönliche Demütigung in eine nationale Niederlage transformieren. Ihre kranke Psyche verfügt über keinerlei Kontrollmechanismen, Sie würden vor keinem Verbrechen zurückschrecken, alles aus dem Weg räumen, das Ihrem Ziel, Macht über Menschen auszuüben, im Wege stünde.«

Freud wusste, dass er einen außergewöhnlichen Fall vor sich hatte. Der 57-jährige Professor zündete sich eine Zigarre an und sprach ruhig weiter: »Ich will ganz offen sein. Ich sehe in Ihnen alle Symptome einer stark psychopathischen Veranlagung, die einer intensiven Behandlung bedarf.«

Klar und eindringlich sagte er dann noch: »Und doch sind Sie für alle Taten, die Sie in Ihrem Leben setzen werden, voll verantwortlich. Denn geisteskrank sind Sie nicht, Herr Hitler, man muss Sie aus ärztlicher Sicht als zurechnungsfähig betrachten. Aber es wäre dringend nötig, sich einer Therapie zu unterziehen. Das Gespräch in der Analyse könnte erhebliche Besserung hervorrufen. Es könnte Sie von Ihren paranoiden Wahn- und Angstvorstellungen, von Ihren perversen Phantasien, Ihrem pathologischen Juden- und Fremdenhass, Ihrem Größenwahn, aber auch von Ihren vermutlich psychosomatisch bedingten Magenbeschwerden befreien.«

Freud erhob sich aus seinem Sessel und sagte zum Abschied: »Ich lasse Sie ungern in diese Welt hinaus, Herr Hitler. Sie sollten ein-, zweimal in der Woche zu mir kommen, sich auf die Couch legen, die Sie dort drüben sehen, und sich im Gespräch mit mir Ihrer Probleme bewusst werden.«

Doch der Patient kam nicht wieder. Adolf Hitler übersiedelte nach München, wo er sich um die Aufnahme an der Kunsthochschule bewarb. Er wurde auch dort abgewiesen.

Die Weltgeschichte nahm ihren Lauf.

Sigmund Freud aber musste mit seiner Familie am 4. Juni 1938 seine Ordination, die Wohnung, das Haus in der Berggasse, die Stadt – seine Heimat – fluchtartig verlassen.

Weil Herr Hitler nie geheilt wurde.

# QUELLENVERZEICHNIS

Wladimir Aichelburg, *Sarajevo 28. Juni 1914, Das Attentat*, Wien 1984.

David Axmann, *Und Lächeln ist das Erbteil meines Stammes, Erinnerungen an Friedrich Torberg*, Wien 1989.

A. Scott Berg, *Charles Lindbergh, Ein Idol des 20. Jahrhunderts*, München 1999.

Hans Bankl/Hans Jesserer, *Die Krankheiten Ludwig van Beethovens*, Wien 1987.

Ernst Pinchas Blumenthal, *Diener am Licht, Eine Biographie Theodor Herzls*, Frankfurt am Main/Köln 1977.

Egon Caesar Conte Corti, *Elisabeth*, Salzburg 1934.

Felix Czeike, *Historisches Lexikon Wien*, Wien 1992–1997.

Max Edelbacher/Harald Seyrl, *Wiener Kriminalchronik*, Wien 1993.

Giuseppe Farese, *Arthur Schnitzler, Ein Leben in Wien 1862–1931*, München 1999.

Anne Frank, *Tagebuch*, hrsg. von Otto Frank, Heidelberg 1949.

Otto Friedländer, *Letzter Glanz der Märchenstadt*, Wien 1985.

Walter Fritz, *Kino in Österreich 1896–1930*, Wien 1981.

Fürstin Nora Fugger, *Im Glanz der Kaiserzeit*, Wien 1932.

*Große Komponisten und ihre Zeit*, Eltville am Rhein 1989.

Graf August de La Garde, *Gemälde des Wiener Kongresses*, Wien-Leipzig 1912.

Sigrid-Maria Größing, *Die Liebschaften Napoleons*, Wien 2003.

Karl S. Guthke, *Letzte Worte*, München 1990.

Brigitte Hamann, *Die Habsburger, Ein biografisches Lexikon*, Wien 1988.

Matthias Heyl, *Anne Frank*, Hamburg 2002.

Paul Hörbiger, *Ich hab für euch gespielt, Erinnerungen*, aufgezeichnet von Georg Markus, Wien-München 1979.

Ottmar Katz, *Prof. Dr. med. Theo Morell, Hitlers Leibarzt*, Bayreuth 1982.

Helen Keller, *Die Geschichte meines Lebens*, Stuttgart o. J.

Thilo Koch, *Die Goldenen Zwanziger Jahre*, Frankfurt am Main 1970.

Fritz Kortner, *Aller Tage Abend*, München 1967.

Karl Kraus, *Die Fackel*, München 1968–1976.

Anton Kuh, *Luftlinien*, Feuilletons, Essays und Publizistik, hrsg. von Ruth Greuner, Wien 1981.

Winfried Löschburg, *Kunstdiebstähle der letzten Jahrzehnte*, Berlin 2000.

Georg Markus, *G'schichten aus Österreich*, Wien-München 1987.

Georg Markus, *Geschichten der Geschichte*, Wien-München 1992.

Georg Markus, *Kriminalfall Mayerling, Leben und Sterben der Mary Vetsera*, Wien-München 1993.

Georg Markus, *Tausend Jahre Kaiserschmarrn, Eine satirische Geschichte Österreichs*, Wien-München 1995.

Georg Markus, *Das kommt nicht wieder*, Wien-München 1997.

Georg Markus, *Katharina Schratt, Die zweite Frau des Kaisers*, Wien-München 1998.

Georg Markus, *Die Enkel der Tante Jolesch*, Wien-München 2001.

*Das Mayerling-Original, Offizieller Akt des k. k. Polizeipräsidiums*, Wien-München 1955.

Jean Mathé, *Leonardo da Vinci, Erfindungen*, Genf 1989.

Leo Mazakarini, *Das Hotel Sacher zu Wien*, Wien 1983.

*Die Briefe Napoleons I. an Marie Louise*, Berlin 1935.

Anton Neumayr, *Diktatoren im Spiegel der Medizin*, Wien 1995.

Emil Pirchan, *Therese Krones, Die Theaterkönigin Altwiens*, Wien 1942.

Johann Recktenwald, *Woran hat Adolf Hitler gelitten?*, München-Basel 1963.

*Hugo Thimig erzählt, Briefe und Tagebuchnotizen*, ausgewählt und eingeleitet von Franz Hadamowsky, Graz/Köln 1962.

Helga Thoma, *Madame, meine teure Geliebte, Die Mätressen der französischen Könige*, Wien 1996.

Friedrich Torberg, *Die Tante Jolesch oder der Untergang des Abendlandes in Anekdoten*, Wien-München 1975.

Friedrich Torberg, *Die Erben der Tante Jolesch*, Wien-München 1978.

Sándor von Ujváry, *Ferenc Molnár, der lachende Magier, Satiren, Anekdoten, Humoresken*, Vaduz 1965.

Renate Wagner, *Würde, Glanz und Freude. Vom festlichen Treiben in den Zeiten*, Graz-Wien-Köln 1981.

Poldi Waraschitz, *Erinnerungen*, unveröffentlichtes Manuskript, aufgezeichnet von Nora Gray, Wien o. J.

# PERSONENREGISTER

# Georg Markus
## *Die Enkel der Tante Jolesch*

*Ein Buch der heiteren Erinnerungen*

Friedrich Torberg schilderte in der »Tante Jolesch« den »Untergang des Abendlandes in Anekdoten«. Bestsellerautor Georg Markus lernte ihre Enkel kennen: Originale, die Krieg und Emigration überlebten und berühmte Schauspieler, Kabarettisten, Anwälte, Musiker oder Schriftsteller wurden, aber auch Typen und Käuze aus den Kaffeehäusern.

Sie alle beherrschen die Kunst der geistvollen Pointe und stehen in ihrem Witz und Esprit der »Tante« um nichts nach. Georg Markus zeichnet ihren Humor in amüsanten Anekdoten nach.

304 Seiten, ISBN 3-85002-466-0
Amalthea

BUCHVERLAGE
LANGEN MÜLLER HERBIG
WWW.HERBIG.NET

# Georg Markus
## *Die ganz Großen*

*Erinnerungen an die Lieblinge des
Publikums*

Ein faszinierendes Buch, das die Lieblinge des
20. Jahrhunderts zeigt, wie man sie bisher
nicht kannte. Denn auch die großen Film- und
Theaterstars, die stets als unnahbare Helden
präsentiert wurden, waren Menschen wie du
und ich und wurden vom Schicksal nicht verschont.

Georg Markus hatte zu vielen der ganz Großen
des 20. Jahrhunderts ein sehr persönliches
Verhältnis. Porträtiert werden: Paula Wessely,
Curd Jürgens, Hans Moser, Romy Schneider,
Oskar Werner, Heinz Rühmann, Hedy Lamarr
u. v. a.

336 Seiten, ISBN 3-85002-448-2
Amalthea

Lesetipp

BUCHVERLAGE
LANGEN MÜLLER HERBIG
WWW.HERBIG.NET